埼玉の大絵馬 小絵馬

大久根　茂

身延山参詣図（安政6年　蕨市・本法院）

山梨県の身延山久遠寺への参詣。女性が参詣する様子を描いた絵馬は珍しく、当時の旅姿がよくわかる。

伊勢参宮図（明治9年　行田市谷郷・春日神社）

案内人（江戸時代は御師の手代）が13名を先導して内宮に向かい、人力車を仕立てて一行をもてなしている。右上には外宮、左上には二見浦の夫婦岩が描かれている。

酒造図（元禄15年　春日部市倉常・倉常神社）

酒造図としては県内最古。太い締木の端に数個の大石を下げ、その力で槽の中の原酒を絞り出す。左下では新酒の味見をしている。

桶職人図（明治23年　杉戸町茨島・稲荷神社）

右下の親方の指導で、15名の弟子が酒造用の桶を作っている。印半天の背中には、親方の名前である相島留吉の「留」が染め抜かれている。

直実と敦盛図（文久年間　行田市樋上・天満天神社）

『平家物語』一ノ谷の戦いの一場面。この画題の大絵馬は20点以上確認されているが、武者絵馬は奉納目的が不明なものが多い。

産婆と産湯図（明治41年　草加市吉町・日枝神社）

75歳の産婆が、これまでに2000人の赤子を取り上げたことに感謝して奉納したもの。赤子を産湯に入れている様子が描かれている。

渡良瀬川重助裏護岸工図〈部分〉（明治18年　加須市栄（栄西）・鷲神社）

粗朶沈床という河川工事の様子。紅白の内務省の旗の下、役人の指示で大勢の人が作業をしている。

寺子屋図〈部分〉（文久4年　加須市・徳性寺）

子供たちがにぎやかに手習いをしている様子を、住職が優しく見守っている。男女の衣装や髪型の違いも興味深い。絵師は館林の北尾重光。

大絵馬の奉納状況（八潮市柳之宮・氷川神社）

伊勢講、富士講、大山講など参詣記念の絵馬がたくさん奉納され、なかでも富士山を描いた富士講関係の絵馬が多い。

小絵馬の奉納状況（朝霞市宮戸・天明稲荷神社）

個人持ちの神社だが、篤い信仰を受けて膨大な数の小絵馬が奉納されてきた。「向かい狐」に混じって「女拝み」もある。

地蔵に供えられた小絵馬（飯能市上直竹）

誰が何を祈って供えたものか、お地蔵さんに「地蔵」の小絵馬。上段のものの方が新しい。

絵馬をもつ羅漢様（川越市・喜多院）

喜多院境内の五百羅漢のなかに、絵馬を手にした羅漢様がいる。絵馬の図柄はフクロウのようだ。

絵馬を製作中の絵馬師（熊谷市・小板徳治氏）

東松山市上岡観音の絵馬市で売られる絵馬を描く小板氏。ツナと呼ぶ7頭つなぎの絵馬である。1997年撮影。

上岡観音の絵馬市（東松山市岡）

2月19日の縁日には今でも「馬」を描いた小絵馬が販売されている。盛時には100軒を超す絵馬売りが店を並べたという。

はじめに ―絵馬の魅力―

絵馬は今でも各地の社寺で目にすることが多い。吊り紐のついた小さな板に願い事が書かれ、所狭しと懸かっている。その図柄は社寺ごとに特徴があり、社殿・本堂などの建物を描いたもの、祭神や本尊を描いたもの、十二支を描いたものなどさまざまである。そして裏面には奉納者の真摯な願いの言葉が書かれていることが多い。「家内安全」「健康祈願」「合格祈願」といった抽象的な言葉もあるが、たいていはもっと具体的な内容だ。「〇〇さんと結婚できますように」とか「元気な赤ちゃんが無事に生まれてきますように」など、小さな望みから大きな願望まで、人それぞれが神仏にお願いしているのがわかる。

最近は、縦横数メートルもある特大の絵馬を掲げることを新年を迎える前の恒例行事にしている社寺も珍しくない。また、いわゆる家型の絵馬ではなく、五角形の「合格絵馬（五角絵馬）」（さいたま市岩槻区・久伊豆神社）とか、野球のバットやベース型の絵馬（東松山市・箭弓稲荷神社）のような趣向を凝らしたものもある（**写真**）。こうした絵馬にも前者なら「〇〇高校絶対合格！」、後者なら「今年こそレギュラーをとるぞ！」といった願いの言葉が書かれている。

こうした現代の絵馬にも興味深いものがあるが、私が長年関心を抱いてきたのはこれではなく、古くからの伝統的な絵馬であった。そのきっかけは五〇年近く前にさかのぼる。一九七五年に埼玉県立博物館（現在の県立歴史と民俗の博物館）に学芸員として採用され、最初に担当した大きな展示が一九七九年秋に開催し

ベース型の絵馬（東松山市・箭弓稲荷神社）

た特別展「絵馬」だった。当時上司であった島田桂一郎氏が、埼玉県における絵馬研究の〝先駆者〟でもあり、同氏の指示で私が担当することとなった。ところがその時点では、絵馬を調査している市町村は県内にほとんどなかった。そこで先輩の加藤功氏の協力を得て、加藤氏と私とで所在確認の調査をすることになった。市町村の教育委員会などで絵馬のありそうな社寺を紹介していただき、直接現地を訪ねて確認調査を行った。空振りに終わることもあれば、小さなお堂いっぱいに大小の絵馬が奉納されていて感動したこともあった。こうして収集した膨大なデータを元に、九〇の社寺と数名の個人からさまざまな絵馬をお借りして展示した。さらに、絵馬の歴史を紹介するため、当時最古の絵馬とされていた浜松市の伊場遺跡出土絵馬や、奈良県内の寺で発見された室町時代の絵馬なども展示することができ、大きな反響を得た。

今から思えば、この特別展を担当したことが、絵馬に深い関心を抱くきっかけであった。しかし一口に絵馬といってもその範囲は広い。古代までさかのぼる絵馬の歴史を追うことや、著名な絵師による美術的な作品に目を向けることもできるし、大絵馬と小絵馬という形態上の違いから迫ることもできる（大絵馬・小絵馬については次項で扱う）。ただ私の場合は専門が民俗学のため、とりわけ庶民の暮らしを描いた大絵馬に興味をもった。武者絵、神話、物語、拝みの図などが圧倒的に多いなかで、人々の暮らし、生業や風俗を描いた絵馬が散見される。農業・林業・養蚕などの作業の様子、職人の仕事場風景、商家の店先、そして祭りや芸能などである。これらは江戸時代から明治・大正にかけて、写真のなかったもしくは珍しかった時代における貴重な記録にもなっている。

なぜそのような絵馬を奉納したのか、その図柄の信憑性の有無をも考慮しながら絵馬を見ていくのがたまらなく面白い。それらを描いているのは名の知れた絵師であることはまれだ。無名であっても、達筆とはいえなくても、地元に関わりの深い絵師ならば、人々の暮らしの様をていねいに描き出すことができる。だからこそ、このような絵馬をも各市町村では文化財として指定しているのだろう。文化財に指定されている絵馬の一覧を巻末に掲載した。二〇二三年度末現在、県内三九の市町村で計一二六件の絵馬が指定されている。社寺単位での一括指定もあるが、大半は一面ごとの指定だ。画題に歴史的な価値を認めたものや美術的に優れているものは有形文化財（歴史資料・絵画）に、庶民生活を表わすものは有形民俗文化財に指定されているものが多い。そして後世まで保存する必要性と公開のしやすさから、それまで社寺にあったものを寄託という形で博物館などに移管しているところも少なくない。

巻末には、これまでに刊行された絵馬の調査報告書と、博物館・資料館等で開催された特別展や企画展の展示図録・目録も、個人の著作と併せて掲載した。大半は市町村の教育委員会あるいは県立や市町村立の博物館・資料館で刊行したものである。大絵馬だけを扱ったものが多いが、大絵馬と小絵馬の双方を取り上げたものもある。そして調査や展示を行ったなかで貴重な絵馬が確認され、文化財に指定されるということもままあった。

これらの刊行物に掲載された絵馬のうち、特に大絵馬だけを抜き出し、さらに私個人が調査したものを加えて「埼玉県の大絵馬データベース」なるものを作成してみた。名称・奉納先・奉納年代・絵師名・寸法などをデータ化し、二〇二四年五月の時点で計四七六二点のリストがまとまっている。これを画題別に分類してみると、最も多いのが拝みなどの祈願で九二一点、次いで伊勢講や富士講などの講関係七〇五点、神話や物語四九九点、武者絵四四六点となった。このほか戦争関係も一五五点あり、特に日清・日露戦争の前後の奉納が多く、時代性を知ることができる。私が最も関心をもっている生業関係の絵馬も二三〇点あり、これは次項以降で詳細に取り上げている。

以上は大絵馬についてであるが、一方の小絵馬はどうだろうか。伝統的な絵馬を対象にした場合、大絵馬よりも小絵馬に魅力を感じる人の方が多いかもしれない。最初に紹介した現代の絵馬もほとんどは小絵馬であり、それぞれの社寺では印刷業者に発注して大量に仕入れたものを販売している。こうした絵馬のコレク

眼病治癒祈願の「向かいめ」（小鹿野町・薄薬師堂）

ターもいるが、地域や画題をしぼらないと、あまりの多さに収集しきれないのではないだろうか。

伝統的な小絵馬の魅力は、手描きの味わいと画題の面白さにある。小絵馬を製作する絵馬師（絵馬屋）はたいていが兼業であった。製作には型紙を用いることが多いのだが、面相（顔の表情）などは必ず手描きになるので、手作りの味わいが感じられるとともに製作者の特徴を見ることができる。

画題の面白さは、祈願内容や奉納先との組合せにある。平仮名の「め」の字を向かい合わせた「向かいめ」の絵馬は、眼病治癒を祈って薬師様へ（写真）、二匹の狐が向かい合った絵馬は稲荷様へという具合である。鶏は夜には鳴かないので、赤ん坊の夜泣き封じに鶏の絵馬を奉納するという判じ物（なぞ解き）のようなものもあった。

伝統的な小絵馬でもうひとつ面白いのは、家に持ち帰る絵馬のあったことだ。絵馬は本来、社寺に奉納するものである。現代の小絵馬でも同じことで、コレクターは別として、普通は社寺で買い求めたものに願い事を書き入れ、社寺に納めてくる。ところが伝統的な小絵馬のなかには、社寺などで買い求めて家に持ち帰り、玄関に貼り付けたり神棚に供えたりしたものもあった。前者を代表するのが嵐山町・鬼鎮神社の「赤鬼青鬼」の小絵馬、後者を代表するのが火の神である荒神様の神棚に供えた「鶏」の小絵馬だろう。これらについての詳細も本書で取り上げておいた。

現代の小絵馬はますます盛んになっている感じを受けるが、残念ながら伝統的な小絵馬は今や風前の灯火となっている。かつてはあちこちにいたはずの絵馬師が、廃業したり鬼籍に入ってしまったりで、私の知る限りでは今や県内には一人もいない。製作に使っていた筆や型紙などの道具類は、博物館で保存されているものもあるが、大半は破棄されてしまったようだ。ただ前記の鬼鎮神社の「赤鬼青鬼」の小絵馬や、さいたま市岩槻区・第六天神社の「向かい天狗」の小絵馬など家に持ち帰る小絵馬のなかには、同じ絵柄を印刷業者に発注して需要に応えているものもある。

埼玉の大絵馬　小絵馬　＊目次

目次

春日部市西金野井　香取神社

川越市松江町　出世稲荷神社

I

絵馬について

1 小絵馬と大絵馬

小絵馬

絵馬とは、人々が様々な思いを込めて社寺に奉納した板状の絵額である。一般には、社寺の格子や壁に掛けられ風雨にさらされていたり、あるいは境内に設けられた奉納所などに掛かっている小さな板絵を思い浮かべる人が多いだろう。かつては合掌する人物の姿を描いたものが多く、一枚一枚が手作り・手描きであったが、最近では印刷によるものがほとんどである。描かれる内容も伝統的な図柄から外れたものもあれば、社寺という信仰の場から離れ、土産物屋の店先に置かれている観光的な絵馬も少なくない。

このような小型の絵馬を、分類上「小絵馬」と呼んでいる。図柄はバラエティに富み、埼玉県内で確認されている伝統的なものだけを取り上げても、拝み、目、天神、地蔵、弁財天、天狗、河童、相撲、馬、牛、猿、狐、狼、鹿頭、蛇、雀、鳩、鳥、どじょう、たにし、大根、剣、草鞋、鳥居、繭、宝珠、団子などがある（写真1―1）。この中で、拝みの図は社寺を問わず広く奉納されたものだが、それ以外の図柄の小絵馬は、それぞれ奉納先が決まっているものが多かった。目は薬師様、狐は稲荷様というのはよく知られているとこ

1-1　拝み・鹿頭・蛇の小絵馬（飯能市阿寺・諏訪神社）

ろで、そのほか猿は山王様（日枝神社）、鳩は八幡様、剣は不動様といった具合である。

小絵馬の奉納目的は、個人的な祈りや願いを神仏に聞き届けてもらうためというのがほとんどであった。自分自身が合掌して祈るだけでは満足できず、より確実に自分の思いを伝えるための表現方法の一つとして小絵馬を奉納したのである。画面に書き込むのは本人の性別と年齢くらいであって、名前や祈りの内容が明記されることはまれであった。

大量生産・大量消費という点も小絵馬の特徴といえる。製作者は、型紙を使って同じ図柄のものを多数こしらえた。目（向かいめ）の図柄のように願主みずからが描いた稚拙なものを見かけることもあるが、大半は絵心のある職人、例えば提灯屋、傘屋、人形屋などが本業の合間に製作していた。そして奉納後は風雨にさらされ、しかも同じ場所に次から次へと奉納されるから、社寺の側ではある程度たまると、これをお焚き上げと称して燃やした。そのため古い小絵馬が残りにくく、江戸時代まで遡るものは非常に少ないようである。

小絵馬の中には社寺に奉納するのとは別に、家に持ち帰って玄関や床の間、厩などに掲げておくものもあった。例えば、さいたま市岩槻区・第六天神社の「天狗」や、比企郡嵐山町・鬼鎮神社の「鬼」の小絵馬は、家内安全や火難・盗難よけに玄関に貼り、東松山市・上岡観音（妙安寺）の「馬」の小絵馬は、馬の守護のため厩に貼った。これらは個人的な祈りのためではなく、毎年繰り返されるいわば年中行事のようなものであった。社寺で買い求めるお札（神札）やだるまと同じ意味合いを持っていたといってもいい。

大絵馬

小さな小絵馬に対して、大型の絵馬を分類上「大絵馬」と呼んで区別している。両者の違いを明確な一線で画すのは多少の無理があるが、長辺がおおよそ一尺（約三〇㎝）以下で民間信仰的要素の強いものを小絵馬、それ以上のものを大絵馬としている。ただし、厳密に定義付けられているわけではなく、例外も多い。

大絵馬の一番の特徴は、大きさよりも奉納目的にあるといえる。小絵馬は庶民の切ない祈りを表現するために奉納されたものが大半を占めているが、大絵馬はそれとは大きくかけ離れていた。社殿やお堂の中に掲げられ大事に保存されてきた大絵馬の中には、ケヤキの良材を用いて、額縁に見事な飾り金具を施したもの

1-2　堂内に掲げられた大絵馬（加須市・総願寺）

もあり、そこに描かれた極彩色の絵から受けるイメージは、「庶民の切ない祈り」とは異なるものであった。

大絵馬の場合、画面の片隅に「大願成就」とか「心願成就」と書き入れてあるのをしばしば見かける。しかし、この言葉は、願いがかないますようにという祈願の意味よりも、「おかげさまで願いがかないました」という感謝の表現として使っていることの方が多いようである。成願、報謝のための奉納である。神仏の加護によって大望を成し遂げることができた喜びとお礼の気持ちを、大絵馬という目に見える形でもって表現したのである。絵師に依頼して大絵馬を描いてもらうことは、当時としてもかなりの費用がかかったはずである。その出費をいとわなかったのは、大願成就の喜びがそれだけ大きかったものといえよう（写真1―2）。

喜びの奉納だから、画面には奉納者の名前や年号が明記されているものが多い。ときには、奉納の目的を長々と書き記したものも見られる。絵師の名前が入っているものも少なくなく、美術作品として第一級のものも残されている。

大絵馬の画題（図柄）は、小絵馬と異なるだけでなく、その種類も非常に多岐に亘っていた。それをどのように分類するかに決まりはないが、ちなみに私個人は次のような分類で整理している。

①動物　②神仏　③祈願（拝み）　④社寺（境内および参詣の様子）　⑤武者　⑥物語（武者を除く）　⑦神話　⑧生業　⑨風俗　⑩祭礼（芸能を含む）　⑪武道　⑫文芸　⑬戦争　⑭その他

これを見てもわかるように、大絵馬の画題はとりとめもなく広い。伝統的な小絵馬の場合には①②③⑭くらいだから、大絵馬の画題がいかに多様かがわかるというものである。ただ、はじめに記したように、小絵馬では画題と祈りの対象（奉納先）との間に一定の約束事があるのに対して、大絵馬はそうした関連性が読みとれないものがほとんどである。数多くの武者絵にしても、画面に書かれている文字が「奉納」や「大願成就」だけでは、家内安全なのか商売繁盛なのか、祈願なのか報謝なのかといったことの判別は難しい。

2 絵馬の歴史

1−3〈右〉 大阪市難波宮跡出土絵馬（複製）
〈左〉 奈良市平城宮跡出土絵馬（複製）
（ともに奈良文化財研究所所蔵）

最古の絵馬

国内において、これまでに知られている最古の絵馬は、発掘による出土資料の中にあった。平成十六年（二〇〇四）、大阪市の難波宮跡から計二六点の小さな板絵が出土し、これが現在のところ最古の絵馬とされている（写真1―3右）。いずれも一部が破損していて完形ではないが、縦が十数㎝（推定）、横が二二〜二四㎝の小絵馬である。ほとんどは墨書きの馬だが、なかには鞍をつけた飾り馬や、赤色顔料で彩色されたものもあった。時代は七世紀中頃、飛鳥時代とされている。

次いで古いのが、平成元年（一九八九）に奈良市の平城宮跡から出土したもので、縦一九・六㎝、横二七・二㎝、厚さ七㎜のヒノキの薄板に、鞍をつけた飾り馬が描かれている（写真1―3左）。墨で輪郭線を描き、赤色顔料・白粘土・銀泥などを使って鮮やかに彩色されていたと見られる見事な絵馬である。同時に出土した木簡の年号から、八世紀前半、奈良時代天平年間のものとされている。

この二か所からの出土でかすんでしまったが、それまでは昭和四十七年（一九七二）に浜松市の伊場遺跡から出土したものが、長い間最古の絵馬とされていた。難波宮や平城宮のものよりかなり小型で、縦七・三㎝、横八・九㎝、厚さ五㎜のヒノキの薄板である。墨で簡素な馬が描かれ、上部中央に小さい穴があけられていることから、この穴に紐を通してつり下げたもののようである。時代は八世紀後半とされている。

一方、伝世品として残っている絵馬では古代まで遡るものはなく、すべて中世以降のものとなる。一つは奈良県葛城市の当麻寺に伝わるもの、もう一つは奈良市の秋篠寺に伝わるものである。いずれも馬を描いた小絵馬で、前者は鎌倉時代と推定、後者は室町時代の応永年間（一三九四～一四二八）の文字が見られ、年号の明記された絵馬としては最古のものとなっている。

生馬献上から絵馬奉納へ

出土資料によって絵馬の発生が古代まで遡ることはわかったが、それだけでは絵馬がなぜ発生したのかは明らかにできない。その謎を埋めてくれたのが、様々な文献に記されている絵馬に関する記述であった。奈良時代に書かれた『常陸国風土記』や『続日本紀』を見ると、当時馬は神の乗り物として大事にされていたとともに、神に願い事をするにあたっては生きた馬を捧げるという習わしのあったことが書かれている。例えば『続日本紀』には、日照りが続いているときには雨乞いに黒毛の馬を奉納し、逆に長雨が続いたときには白馬を奉納して雨の止むことを祈ったとある。

しかし、生きた馬を奉納することは、誰しもできたわけではない。奉納後もその馬の飼料代などを負担し続けなければならないから、かなりの財力が必要であった。そこで、生馬に代えて別のものを奉納しようとする習わしが生じたとされる。ずっと後の江戸時代に書かれた『閑窓随筆』という本には、「往古は神社へ馬を献《ささげ》る、これを神馬といふ、神馬を献ること力の及ばざる人は木にて馬を造りて献る、これ又及ばざるものは、馬を画きてたてまつる、この故に絵馬といふ、後生は馬にあらず、種々のものを画きて奉ることになりぬ」とあり、また同時代の『神道名目類聚抄』にも、生馬を奉納できない者は木で馬を作って奉納し、それすらできない者は馬の絵を描いて奉納するようになったと記されている。

江戸時代に書かれたものなので、どこまで真実なのか疑問ではあるが、これを裏付ける文献がいくつか見つかっている。例えば、奈良時代の『肥前国風土記』には、荒ぶる神を鎮めるために土で人形と馬形を作って奉納したという記述が見られる。土製や石製の小さな馬は、各地の遺跡からも出土しており、いずれも信仰との結び付きが指摘されている。木製の馬形を用いることもあったようで、板を馬の形に切り抜いたものが出土しているほか、立体的に彫った木馬もあって、江戸時代以降のものならば各地の社寺に伝わっている

1–4　観音堂に奉納された木馬（ときがわ町・慈光寺）

（写真1―4）。平安時代の『類聚符宣抄』には、雨乞いには黒毛の馬を奉納すべきであるが、それが難しいなら代わりに「板立御馬」でもよいとある。板立御馬（板立馬）とは板を馬の形に切って彩色し、台を据えて立つようにしたもので、木馬よりもっと簡素なものであった。そして、同時代の『今昔物語集』には「板ニ書キタル絵馬」という表現が見られ、鎌倉時代の『年中行事絵巻』『天狗草紙絵巻』『春日権現験記絵巻』などの絵画資料には、小絵馬が奉納されている場面が描かれている。

これまで絵馬の起源は生馬の献上に始まり、それが木馬（木製の馬形）や土馬（土製の馬形）に変わり、さらに板製の絵馬になったとの説が一般化されていた。ところが生馬献上と同時期の遺跡から木馬や土馬や絵馬が出土していることがわかり、絵馬の起源は上記のように順序立てて生まれたのではなく、いくつもの習俗が同時に行われていたのではないかとされるようになった。

大絵馬の登場

このように古代から中世にかけて、すなわち奈良から平安、鎌倉という時代に、絵馬を奉納するという習俗はかなり広まっていたものと見られる。しかし、そのころまでの絵馬はいずれも小絵馬で、描かれているのは馬であった。

それが室町時代になって大きな転機が訪れた。その一つが小絵馬の図柄の変化である。それまではほとんどが馬（または人が馬をひく牽馬図）を描いたものであったが、このころから馬以外の図柄の小絵馬が見られるようになってくる。獅子であったり、仏の姿であったり、「絵馬」という名にふさわしくない画題が登場する。ただ、この時代はまだ多様化が始まったばかりであり、小絵馬独特のさまざまな画題が登場するのは、のちの江戸時代になってからのようである。

小絵馬に変化が現れるのと同じ頃、絵馬の大きさと性格にも新たな動きが生じてきた。絵馬の大型化であり、社寺の内外に掲げる扁額形式のものが生まれた。特にそれは畿内で始まり、桃山時代になると著名な絵師が腕をふるって描いたものが、有名な社寺に奉納される状況を生んだ。社寺では、そうした美術的な大絵馬の展示場所として、境内に絵馬堂を設けるところもあった。奉納者は上流武士や貿易商人たちであり、奉納目的も純粋な信仰心から次第に離れ、みずからの力を鼓舞したり、業績を知らしめるための奉納になっていった。京都の清水寺や北野神社に残る大絵馬や絵馬堂はその代表的なものといえる。馬を描いたものも少なくはないが、馬以外の画題が多く描かれるようになった。

前記『閑窓随筆』の著者は、こうした風潮をなげき、「何もなく妄《みだり》に（絵馬を）社頭にかくるは、其名を世に流布せしめん為なるべし、是等の人は神を尊敬して奉納するにあらず、其芸術にほこりて社頭を借りて筆戦をなすものなり」と書いている。

だが、この風潮はやがて全国的なものとなっていった。絵師が絵馬を描く参考にするためにと、『扁額軌範』などの画題集も刊行され、著名な絵師のみならず、在野の無名の絵師もが願主の求めに応じて絵馬を描くようになった。願主も上層階級の者ばかりとは限られなくなった。中流の人たちも絵馬奉納の風習に加わり、さらに村や組、講といった団体で一枚の絵馬を奉納することも盛んに行われるようになった。奉納先も有名な社寺だけでなく、小さなお堂や鎮守の社に至るまで見られるようになったから、その数は膨大なものに及んでいる。

Ⅱ 埼玉の大絵馬

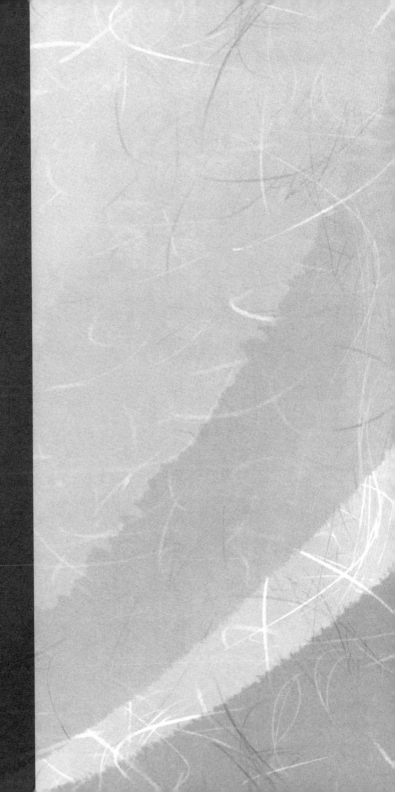

1 大絵馬の概要

調査と展示

埼玉県内の社寺に奉納された絵馬がどれほどの数になるのかは、まだ把握しきれていない。これまでに約三〇の市町村において絵馬の所在調査が実施され、古くは昭和四十九年（一九七四）刊行の『北本の絵馬』をはじめ、多数の市町村で調査報告書を刊行してきているが、県全体を見る限りでは未調査のところが多い状況にある。また、絵馬を取り上げた展覧会も、昭和四十四年（一九六九）に埼玉会館郷土資料室で開催された「埼玉の絵馬」を手始めとして、三〇館ほどの博物館や資料館、公民館等での実績が上がっている。

これらの調査報告書に掲載されたり展覧会に出品された大絵馬の総数は四七〇〇点に及んでいる。この数字に小絵馬は含まれていない。以下、データベース化した資料に基づいて、埼玉の大絵馬について取り上げてみることにしよう。

古絵馬

まず、県内の大絵馬はどのくらいまで古く遡ることができるのだろうか。隣接する群馬、茨城両県では、江戸時代より前のものが確認されているが、本県では残念ながらこの時期のものは今のところ見つかっていない。すべて江戸期になってからであり、最も古いのは熊谷市三ヶ尻・八幡神社の寛永六年（一六二九）の「鷹図」と思われる（写真2―1）。計五面からなり、箱入りで蔵に保管されていた。縦長で板戸のような形状をしているが、「奉納立願之鷹絵意願成就皆令満足所　願主天野彦右衛門」の墨書があり、大絵馬とみなすことができる。

2-1　県内最古と思われる寛永6年の「鷹図」（熊谷市・個人蔵）

それに比べると、ふじみ野市・長宮氷川神社の「大天狗小天狗図」は、典型的な家型の大絵馬である（写真2―2）。天狗と烏天狗が描

2−2　寛永年間の「大天狗小天狗図」（ふじみ野市・長宮氷川神社）

かれ、画面片隅に「寛永庚」の文字が読みとれる。寛永年間で庚の年は七年（一六三〇）と十七年（一六四〇）となり、いずれにしても県内最古の部類に入る。

次いで古いのが、秩父市・三峯神社に奉納された寛永十二年（一六三五）の銅板絵馬。薄い銅板を裏から叩き出して神馬を表現している。同社にはこのような銅板絵馬が計四点あり、全国的に見ても珍しい貴重な資料となっている。

これらを含め、一七世紀まで遡る大絵馬はわずか二七点しか確認されていない。調査した中には年号不明のものも多く、また廃仏毀釈や神社合祀などで廃棄されてしまったものもあるだろうが、一七世紀の大絵馬が本県において希少であることは確かである。社宝や寺宝とみなされたわけでもないのに、三〇〇年から四〇〇年もの長い間、失われず残されてきたということは驚きとしか言いようがない。

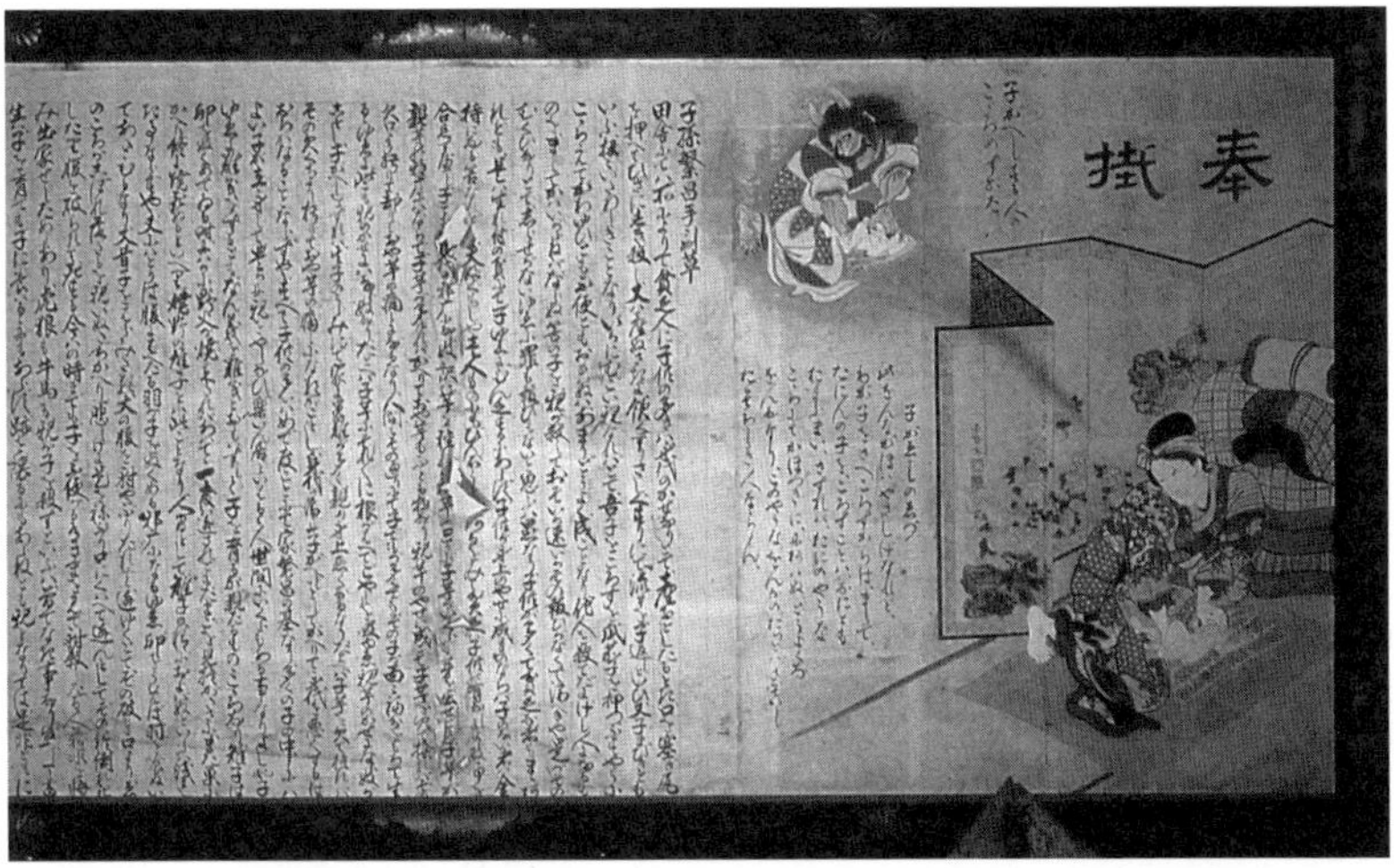

2-3　県内最大と思われる「子孫繁昌手引草」（秩父市・菊水寺）

大きさと形態

次に形態面で見てみよう。大きさの上では、秩父市・菊水寺（秩父札所三十三番）の「子孫繁昌手引草」、俗に「子返しの図」とも言われ、間引きの風習をいましめるために奉納された絵馬で、縦一七一cm×横三八三cm（写真2―3）。加須市・総願寺の「日本武尊図」（堀越雪兆筆）が縦二〇五cm×横三〇五cmで、このあたりが最大かと思われる（ただし、剣術や弓術に関連して木刀や弓矢を貼り付けた額にはこれを上回るものが見られる）。

材質の面では、欅の一枚板を用い、額縁に彫刻や飾り金具を施した豪華なものから、数枚の杉板を貼り合わせた簡素なものまで様々なものが見られる。桐の薄板を用いたものも多く、これは大きさのわりに軽量である。前記の「子孫繁昌手引草」の場合、画面本体は板ではなく、格子状に組んだ桟に紙を貼った、いわば襖と同じ構造をした珍しい形態をしている。同様に、板の上に和紙を貼り、その上に描いたものも時折り見かける。板の木目や傷を隠したり、節から生じる脂で画面が汚れるのを防ぐ目的があったようである。

絵馬の形を見ると、小絵馬では家型が一般的である。それに対して大絵馬の場合は、家型もあるが最も多いのは長方形の額である。時代的な差異はないようで、家型の大絵馬は一七世紀から明治以降まで普遍的に見ることができる。

板に何らかの絵を描いた板絵が絵馬の基本だが、板の部分に何らかの物を貼り付けた大絵馬や、板以外の材料を利用した大絵馬、長方形や家型でない異形の大絵馬もある。これらについては「特殊絵馬」として後述する。

2 画題と奉納目的

大願成就?

絵馬は、庶民の切ない祈りを表現したものだという。「拝み」の図に代表される小絵馬の場合は、確かに祈願のために奉納したものが大半を占めているから、そう言っても間違いではない。しかし、社殿やお堂の中に掲げられ、大事に保存されてきた大絵馬は、単純にそうとは断定できない。大絵馬の中には、欅の良材を用いた上に、額縁に豪華な飾り金具を施したものもあり、そこに描かれた極彩色の絵から受けるイメージは、「切ない祈り」とは程遠いものが感じられるのである。

大絵馬の画面の片隅には「大願成就」とか「心願成就」と書かれているものをしばしば見かけるが、これは何を言わんとしていたのであろうか。願いが成就するようにという、まさに祈願の意味をこめているものもあろうが、その多くは「おかげさまで願いがかないました」という感謝の表現と言っていいだろう。神仏の加護によって大望を成し遂げることができたお礼の気持ちを、大絵馬という目に見える形でもって表したのである。絵師に依頼して大絵馬を描いてもらうことは、当時としてもかなりの費用がかかったはずであり、その出費をいとわなかったのは、大願成就の喜びがそれだけ大きかったことを示すものではないだろうか。

大絵馬の中には、まれに奉納理由を記したものを見かけることがある。裏面に記されていることが多いので取り外してみないと確認できないが、そこに書かれているのはたいてい感謝の文面なのである。「大願成就」の四文字だけでは表しきれない感謝の気持ちを、こと細かにつづったものもある。絵馬イコール祈りという図式が、こと大絵馬に限っては当てはまりにくいことを、県内各地に残る大絵馬を例に見てみることにしよう。

参詣記念

「一生に一度の伊勢参り」と言われたように、旅は庶民のあこがれであった。各所に関所が設けられて往来に対する取り締まりの厳しかった時代でも、有名な神社仏閣を巡る旅人にはチェックが甘いこともあって、信仰目的の旅は盛んに行われていた。旅の費用は地区ごとに講を組織して積み立てを行い、代参の形で毎年順番に行くか、あるいは何年もためおいて全員で一緒に行くかのどちらかの方法をとることが多い。その代表が伊勢講で、そのほか富士講、大山講、御嶽講、戸隠講などさまざまなものがあり、ひとつの地区で複数の講を組織するところも少なくなかった。

県内の社寺には、そうした講の人たちによって奉納された大絵馬が多数残されている。図柄は神社仏閣を

2-4　安政4年の「伊勢参宮図」（行田市谷郷・春日神社）

描いたもの、旅の途中の様子を描いたものなどいろいろあり、伊勢講の場合だと太々神楽を舞っている場面や、神話「天の岩戸」の一場面を描いたものも多い。画面に数名から十数名の人物が登場しているものは、旅に出た彼ら自身の姿である。とは言っても、絵師をその旅に随行させていたわけではない。絵師の手元には各種の見本帳があり、頼まれると適当な図柄を選んでそこに依頼者の旅姿をはめ込んで完成させた（写真2−4）。

旅から帰ると、このような大絵馬を絵師に描いてもらい、地元の社寺に奉納した。それはあくまでも記念の奉納であり、願いを達成できた感謝の気持ちをこめたものでもあった。飯能市下名栗・諏訪神社に奉納された「伊勢参り」の大絵馬の裏面には、「明治十五年　午一月発足ニ而伊勢参宮仕　其願成就為献之」と書かれている。

こうした参詣記念の大絵馬は、特に県東部にたくさん残されている。八潮市柳之宮・氷川神社には、富士講関係のものばかり三〇枚が所狭しと掲げられ、圧巻を呈している（口絵）。富士登拝後の行為として、大絵馬の奉納が慣例化されていたのではないかと思えるほどである。

なお、伊勢参宮図についての詳細は、別項で後述する。

五穀豊穣

大絵馬の画題の一つに「四季農耕図」と呼ばれるものがある。種蒔きに始まり、田植えや稲刈りを経て収納に至るまでの稲作の様子を、一枚の画面の中に描きこんである。屏風や絵巻の画題として、すでに江戸時代前半から著名な絵師によって取り上げられていたが、やがて大絵馬にも登場するようになり、幕末から明治半ばにかけて描かれたものが全国各地の社寺に奉納されている。その数は決して多いとは言えないが、これまでに確認した四季農耕図絵馬は、北は岩手県から南は福岡県まで四〇点以上に及ぶ。埼玉県内では加須市、吉川市、吉見町などに計八枚残っていることがわかった（一部の農作業だけを描いたものを含む）。

そこに描かれた絵は、私たちにかつての農作業の様子を事細かに教えてくれる。農具の形や農業技術、さらには当時の農民の服装や風俗を知る上での貴重な資料になっている。

ただ、ここで問題にしたいのは、四季農耕図を大絵馬に描いてまで奉納した理由である。絵馬調査報告書などでは、豊作祈願に奉納されたものだろうと解説していることが多いが、果たしてそうであろうか。奉納された時期を見てみると、もちろん春先に奉納されたものもあるが、旧暦八月九月のものが少なくない。豊作祈願にしてはあまりにも時期がずれている。おそらくは、秋に入って豊作間違いなしとの見込みがついた段階で、その喜びを大絵馬という形で表し、神仏に感謝するために奉納したものと思われるのである。

なお、農耕に深く関連するものに雨乞いの大絵馬がある。県内で確認されているのは計五点で、さいたま市桜区・身形神社には三枚の雨乞い絵馬が奉納されている。うち二枚は境内で雨乞いをしている様子、一枚は黒馬を描いてある。興味深いのは、前者の裏面には「雨之御礼」、後者の裏面には「明治二十六年の夏は大旱魃のため、村人がそろって神社に雨を祈願したところ、霊験があって雨がもたらされたのでこの絵馬を奉納する」といった内容の墨書があることである。雨乞いという言葉からは、「雨を降らせたまえ」という祈願に結び付けたくなるが、このように願いが成就したお礼の奉納の方が、全国的にみても一般的であった。

〈農耕図と雨乞い図については別項でも扱う〉

商人・職人

商人や職人が仕事をしている様子を描いた大絵馬も多数奉納されている。大工、樵、屋根葺き、酒造、油搾り、紺屋、鍛冶屋などその種類は多い。登場人物は一人のこともあるが、多人数を描いたものが一般的で

2–5　社殿造営作業図（ふじみ野市・長宮氷川神社）

ある。このような大絵馬の場合も、奉納目的は祈願よりも記念や感謝の意味合いをもたせたものが多いようである。

一例として上福岡市・長宮氷川神社に明治三十年（一八九七）に奉納された「社殿造営作業図」を見てみよう（写真2―5）。畳一枚以上もある大きな画面の中で、三〇名を超す職人たちが、立木の伐採や木挽き、材木の輸送などの仕事に励んでいる。画面片隅には工事にかかわった立木伐採業者、木挽き、材木商らの名前が連ねてある。神社に伝わるところでは、これは社殿改築の様子を描いたものというから、その工事が無事終了したことに対する感謝の奉納とみて間違いないであろう。〈職人図絵馬については別項でも扱う〉

拝み

「拝み」の図は小絵馬だけでなく、大絵馬の画題にもなっている。小絵馬との違いは、必ずしも祈願のためとは限らないことである。大量生産の小絵馬と違って、こちらは絵師に依頼して願主自身の姿を描いてもらっていることが多い。稀に裏面に奉納目的を記したものがあり、その文面を見るとやはり祈願ではなく感謝の気持ちが記されている。

蕨市・和楽備神社に奉納された天保六年（一八三五）の「拝み図」には、「一七日断食病気全快致、絵真（馬）差上大願成就」とあり、断食して病気が治ったお礼の気持ちを大絵馬にしていることがわかる。また、三芳町・多福寺地蔵堂に奉納された弘化年間（一八四四〜四八）の「樵拝み図」には、「若いころから樵の仕事にたずさわり、怪我ひとつせずに七〇歳を迎えようとしているのは、ひとえに神仏のおかげである」といった内容の墨書がある。三方にのせた斧に額づく姿を描き、感謝の気持ちによる奉納であることを伝えている。

その他

大絵馬の画題は非常に多岐にわたっている。県内のデータでは、「はじめに」で書いたように、「拝み」などの祈願図、社寺参詣の図に次いで、神話や物語、武者絵が多数を占めている。具体的には、神話では天の岩戸、伊弉諾・伊弉冉尊、神功皇后、日本武尊、神武天皇など、物語は中国の物語（故事）と日本の物語とがあり、前者では三国志、韓信股くぐり、司馬温公瓶《かめ》割りなど、後者では牛若丸と天狗、山吹の里、金太郎と山姥などがある。武者絵は枚挙にいとまがないが、特に源義家、頼朝、義経といった鎌倉武士や、信玄、

2-6　直実と敦盛図（北本市石戸・天神社）

謙信、秀吉といった戦国武将が数多く描かれている。埼玉の武将を代表する武蔵武士では、熊谷直実の大絵馬が圧倒的に多い。計二一点を確認し、そのほとんどが一の谷の戦いにおける「直実と敦盛」（写真2―6）の物語であった。武蔵武士では畠山重忠の方が有名かもしれないが、大絵馬になっているのは春日部市・富多神社に奉納された天明九年（一七八九）の「重忠の大力」一点しかない。

こうした画題の大絵馬では、奉納者の名前は明記されていても奉納目的が不明なものが多い。ただまれに画面の銘文からわかることもあり、白岡市・白岡八幡神社の「巴御前と木曽義仲」の図には「奉納西国順礼同行拾四人」と書かれていて、西国三十三か所順礼を無事終えたときに奉納されたことがわかる。また久喜市佐間・八幡神社の「ひよどり越え」の図には「当初筆子中」とあり、寺子屋の教え子たちが手習いの上達祈願もしくは何らかの記念に奉納したものと思われる。

3 特殊絵馬

絵馬とは、何事かを祈願したりその願いが叶った感謝のために社寺に奉納する、絵が描かれた木製の板とされている。その形は、奉納されている大小の絵馬のほとんどが、長方形もしくは家型をしている。ところが、なかには板に何かしら貼り付けたものや、板以外の材を用いたもの、あるいは長方形や家型以外の形態をしたものもある。それらをここでは「特殊絵馬」として取り上げ、県内でどのような特殊絵馬が確認されているかを紹介したい。

最も多く見られるのが、額状の板に何らかの物を貼り付けた絵馬である。なかでも多いのが、寛永通宝や文久永宝といった穴銭（穴あき銭）を鋲で打ち付けたもので、これまでに七七点が確認できた。最多は鳥居をかたどったもので、三重塔や五重塔もときおり見かける。数は少ないが宝剣、御幣、重ね餅、ざくろ、鷹、鶏、富士山などもあり、また「御嶽山」「成田山」「天満宮」「大願成就」「め」などの文字をかたどったものもあった（写真2―7）。

奉納年代を見ると、ほとんどは明治から大正初期であって江戸期のものは少ない。ただ川口市・観福寺観音堂（前川観音）の「五重塔」の絵馬は、寛政六年（一七九四）という年号で江戸時代半ばまで遡っている。

2-7　穴銭を並べた「富士山図」（春日部市・扶桑教先達）

穴銭を貼り付けるのは、賽銭を意識したものと思われる。

　穴銭以外では、多種多様な品の貼り付けが見られた。宝剣、御幣、鳥居、経巻、鉄の草鞋、鎌、田下駄、鰻掻き、刀、木刀、蹄鉄、プロペラ、戦利品、砲弾、弾丸、小銃、扇子、軍配、鎖鎌、笛、面、錨、染め糸、墨壺と墨差し、裁縫道具、手芸作品、着物、腹掛と足袋、船模型、餅搗き杵などである。貼り付けられた品から、軍人、職人、芸人といった奉納者を推測することもできるが、奉納目的が不明なものが多い。「田下駄」は昭和三十三年（一九五八）に志木市柏町・氷川神社に奉納されたもの。今まで湿田の作業で田下駄を必要としていたのだが、土地改良によってその必要がなくなり、感謝の気持ちをこめてそれまで使っていた田下駄を額に貼り付けて奉納したのだという。非常に珍しい絵馬だが、社殿の焼失で残念ながら失われてしまった。

奉納年代を見ると、入間市・明王寺に元文二年（一七三七）と宝暦八年（一七五八）の「宝剣」があるが、大半は幕末から大正時代にかけてである。戦利品・砲弾・銃弾などは日露戦争直後に奉納されたものが多く、時代性を表わしている。

額に貼り付ける特殊絵馬のなかには、「押絵絵馬」とも呼べるものがある。押絵とは布と綿とでレリーフ状にこしらえる技法で、押絵羽子板に代表される。押絵羽子板では歌舞伎役者や舞踊などの人物が主題となることが多いが、押絵絵馬の場合は絵柄に統一性は見られず、北本市下石戸・八幡社の「神功皇后」、鴻巣市吹上・吹上神社の「母子拝み」、熊谷市久下・久下神社の「恵比須」、行田市佐間・天満宮の「菅原道真」、幸手市西関宿・保食神社の「巴御前」、草加市吉町・日枝神社の「富士浅間講」の六点が確認されている。

押絵の製作者が不明なものが多いなかで、北本市の八幡神社に奉納された「神功皇后」は、雛人形や押絵羽子板の製作で知られる鴻巣市の人形師の作である。草加市・日枝神社の「富士浅間講」も非常に繊細な作りをしているので、おそらく専門職人の手によると思われる。

特殊な材料と技法を用いて作られた絵馬もある。壁材である漆喰で画題を立体的に表現する鏝絵《こてえ》の技法を用いた絵馬は「漆喰絵馬」とも呼ばれ、二一点を確認した。このうち年代が明らかなのは半数に過ぎないが、明治から昭和初期までのものが多い。江戸時代に遡るのは、文久四年（一八六四）奉納の川越市藤間・諏訪神社の「白蛇」一点のみである（写真2―8）。画題は馬・狐・鶏などの動物や竜が多く、さいたま市中央

2–8　漆喰絵馬「白蛇図」（川越市藤間・諏訪神社）

区の円乗院と志木市上宗岡・氷川神社には「八岐大蛇退治」の漆喰絵馬が奉納されている。これらはいずれも表面が鮮やかに彩色され、左官職人が祈願あるいは成願のため自ら製作して奉納したもののようである。

彫刻で作られた絵馬は一九点確認している。小鹿野町両神薄・薬師堂の絵馬は、根付師・彫刻師として有名な森玄黄斎の作で、平仮名の微細な「め」三千文字を彫り並べてある。また戸田市下笹目・笹目神社には、江戸の彫工として知られた嶋村家の九代目嶋村俊豊の作になる「竜」の彫刻絵馬がある。最古の彫刻絵馬は、川越市古谷本郷・古尾谷八幡神社の「鷹」で、享保七年（一七二二）の銘を記している。

銅板絵馬として有名なのが、江戸初期の寛永年間に秩父市・三峯神社に奉納された四点である。寛永十二年（一六三五）の「曳馬」、同十六年（一六三九）の「裸馬」、同二十年（一六四三）の「曳馬」と「駒引き猿」で、いずれも銅板を裏から打ち出して立体感をもたせたもので、絵馬の歴史を知る上にも貴重な資料となっている（写真2—9）。また、蕨市錦町・御嶽山の「向かい狐」も、元禄十年（一六九七）という古い年号を記している。

平板な石材に動物や天狗を浮き彫りにした、石刻絵馬とも呼べるものが一一点確認できた。石工が製作したのであろうが、石工自身が奉納したのか、奉納者が石工に彫らせたのか明らかでない。そうした中で、志木市柏町・行屋稲荷の「親子狐」は、明治十五年（一八八二）に悪病が流行った際、村中そろって稲荷社に祈願したところ悪病を退散させることができたので、石工に彫ってもらったのだという。奉納年代では文政元年（一八一八）の久喜市太田袋・琴平神社の「天狗」が最古で、大半は明治時代である。

2-9　寛永16年の円形の銅板絵馬（秩父市・三峯神社）

数は少ないが瓦製の絵馬もあり、三点が確認できた。粘土を成形して焼いているので、瓦の製造業者が製作したと思われる。図柄は「向かいめ」が二点、「不動剣」一点で、深谷市・正福寺の「向かいめ」

には「田島瓦屋」と刻まれている。

特殊絵馬として「ガラス絵馬」は外すことができない。これは板絵ではなく、ガラスの裏面に油絵具や泥絵具で直接描いて額縁をつけてある。褪色しにくいため、何十年経っても鮮やかさを残している。計八五点を数え、特に旧大宮市と川越市周辺で多数確認されている。画題は「拝み」が最も多く、男性・女性・夫婦・軍人などの拝みだけで六〇点を超えている。一般的な「拝み」の絵馬では、合掌している人物は左向きなのだが、ガラス絵馬の「拝み」は右向きとなっていることに特徴がある。また、製作者（絵馬師）は同じ絵柄のものを何枚も描いており、奉納者は画面の片隅に自分の名前を書いた紙を差し入れていたようである。「拝み」に次いで多いのが、有名な景勝地を描いた風景画で、「三保松原」や「田子の浦」などがある。

ガラス絵馬の奉納年代は明治半ばから大正初期にかけて集中しており、一時的な流行のようにも見える。ただ奉納数が多いにもかかわらず製作者、技法、販売方法など不明な点が多い。川越にガラス絵馬を作る絵馬師がいたので、旧大宮市では川越に近い西部にガラス絵馬が多く残されているとの指摘もある（大宮市立博物館特別展図録「絵馬」より）。

時代性をよく表わしているものに「繭額」がある。ガラス入りの額の中を格子に区切り、数個なり十数個ずつ繭を収めてある。個人での奉納もあれば、養蚕組合の農家から提供された繭をまとめて額に入れてあるものも見られる。繭は中央部がくびれた、いわゆる繭型をしているので、当時の品種を知ることができる。奉納年代は明治二十年代から昭和一桁までの間に集中しており、県内で養蚕が盛んだった時期に見られた奉納習俗といえる。当時は県内広く養蚕が行われていたので、県の東部や南部の社寺への奉納も珍しくない。

写真や印刷物を額装して奉納したものも非常に多い。写真では伊勢神宮などの社寺参拝記念や公共工事の竣工記念など、印刷物では伊勢太々神楽や戦争物など、さまざまなものが奉納されている。これらを絵馬に含めるのは疑問があるが、奉納者の心情は一般的な絵馬と変わるところはないといえよう。

これまで取り上げてきたのは、特殊絵馬といっても基本となる形は長方形もしくは家型であるが、まれにこれを逸脱した形のものを見かけることがある。円形が六点、扇形が三点ということで数そのものは非常に少ない。ただ前出の三峯神社の銅板絵馬四点のうち、寛永十六年（一六三九）の「裸馬」は円形（写真2―9）、寛永二十年（一六四三）の「駒引き猿」は扇形をしており、歴史的には江戸時代初期まで遡るものである。

Ⅲ　大絵馬に描かれた庶民生活

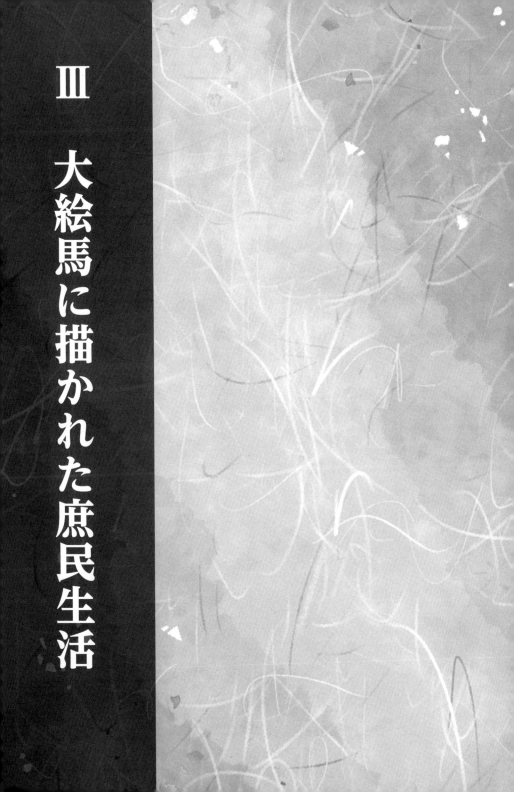

1 絵馬に描かれた晴《はれ》の生活・褻《け》の生活

はじめに

一年の生活にはリズムがある。春夏秋冬という自然界の変化に対応しての暮らしのリズムはいうまでもないが、年中行事という折り折りの節目は、単調な日常生活にリズムをつける重要な役目を果たしていた。また、生から死に至る人間の一生をみても、お七夜・お食い初め・初節供……と続く祝い事は成長の過程にリズムをつけ、節目ごとにそれまでの無事成長への感謝と以後への期待をもたらしている。

褻（ケ）というのは、そうした年中行事や人生儀礼といった晴れやかな生活ないしは舞台の裏にある、ごく日常の暮らしである。そして、褻は常に晴（ハレ）と対比される。晴は年中行事に顕著なように、神ごと・神まつりを伴う場でもあり、逆に褻の生活の中には神事が入り込む余地はほとんどない。

社寺に奉納された数々の大絵馬・小絵馬。このうち大絵馬の大半は、晴の生活に結びついたものであった。奉納目的にしても描かれた図柄にしても、そこには日常生活からの脱皮が感じ取れるのである。ところが、中には褻そのものともいえる大絵馬を見受けることがある。調査の折りには褻の生活を描いた絵馬と神仏との同居に驚くとともに、時には不自然さを感じることさえあった。

本稿では、こうした晴の生活・褻の生活の描かれた絵馬を紹介するとともに、なぜこのような絵馬が奉納されるに至ったかをも考えてみるつもりである。

なお、本稿は昭和五十四年度特別展「絵馬」のために実施した所在調査（埼玉県内二一六か所）で確認した大絵馬を整理したものであることを断っておく。また、本稿中で表記している「絵馬」とは、断りのない限り「大絵馬」のことである。

1 絵馬に描かれた晴の生活

絵馬の図柄をみる前に、まず調査によって確認した絵馬の時代的推移をみておきたい。調査総数は約一一〇〇点、このうち年代の明記されたものが六四〇点あった。

埼玉県内の古い絵馬の筆頭は、秩父市・三峯神社に残る寛永年間奉納の四枚の銅板絵馬である。薄い銅板を裏から叩き出したもので、板絵のものとは製法が異なるが、曳馬あるいは繋馬の脇に、「奉掛」「寄進」といった文字とともに「絵馬一疋」の文字がみえ、絵馬奉納の由来を知る上に貴重な資料となっている。四枚のうち最古のものは、寛永十二年（一六三五）の奉納である。

板絵の絵馬の初出は、万治三年（一六六〇）、小川町・円光寺の寒山・拾得図（一対）がそれで、以後元禄年間に至るまでの約四〇年間では、一二点が残るにすぎない。このうち複数の連名による奉納絵馬は、元禄十六年（一七〇三）の七福神図（滑川町・慶徳寺薬師堂）のみで、他はいずれも個人による奉納となっており、幕末から明治にかけて頻繁に現われる講中による奉納絵馬とは大きな違いがある。

一七〇〇年代前半の絵馬がほとんどないのも一つの特徴で、再び現われるのは宝暦年間（一七五一～六四）からである。そして天保年間（一八三〇～四四）以降その数を増し、明治初期の数年間に一時的な減少をみるが、その後明治年間を通じて流行のごとく各地の社寺に奉納されてきたことがわかる。奉納の風習が衰えるのは大正時代に移ってからのようであるが、急激な衰微とはならず、第二次大戦後も時折り奉納がなされて今日に至っている。

以上は、描かれた図柄や奉納目的を無視したもので、本稿の意図するところではない。図柄の上では、馬図はそれほど多くはなく、武者・合戦図、神話や伝説の類、中国の故事等を表わしたものが絵馬の主流を占め、図柄から奉納者の意図は推し量り難い。伊勢講の講中による奉納絵馬を例にみても、上記の図柄のほとんどが使われており、さらに個人名の奉納ともなれば、「奉納」あるいは「大願成就」という定まりの文句では、その目的を知るのはまず不可能といえよう。

それでは庶民生活そのものを題材とした絵馬はどの程度あるのであろうか。年代の明らかな絵馬だけでみると、六四〇点中一六八点。このうち約半数が信仰的な講に伴なう参詣風景や伊勢神楽・御嶽神楽の奉納の場面、あるいは地元の社寺への参詣の姿を表現したもので占められている。そして残る半数が農林業や商売

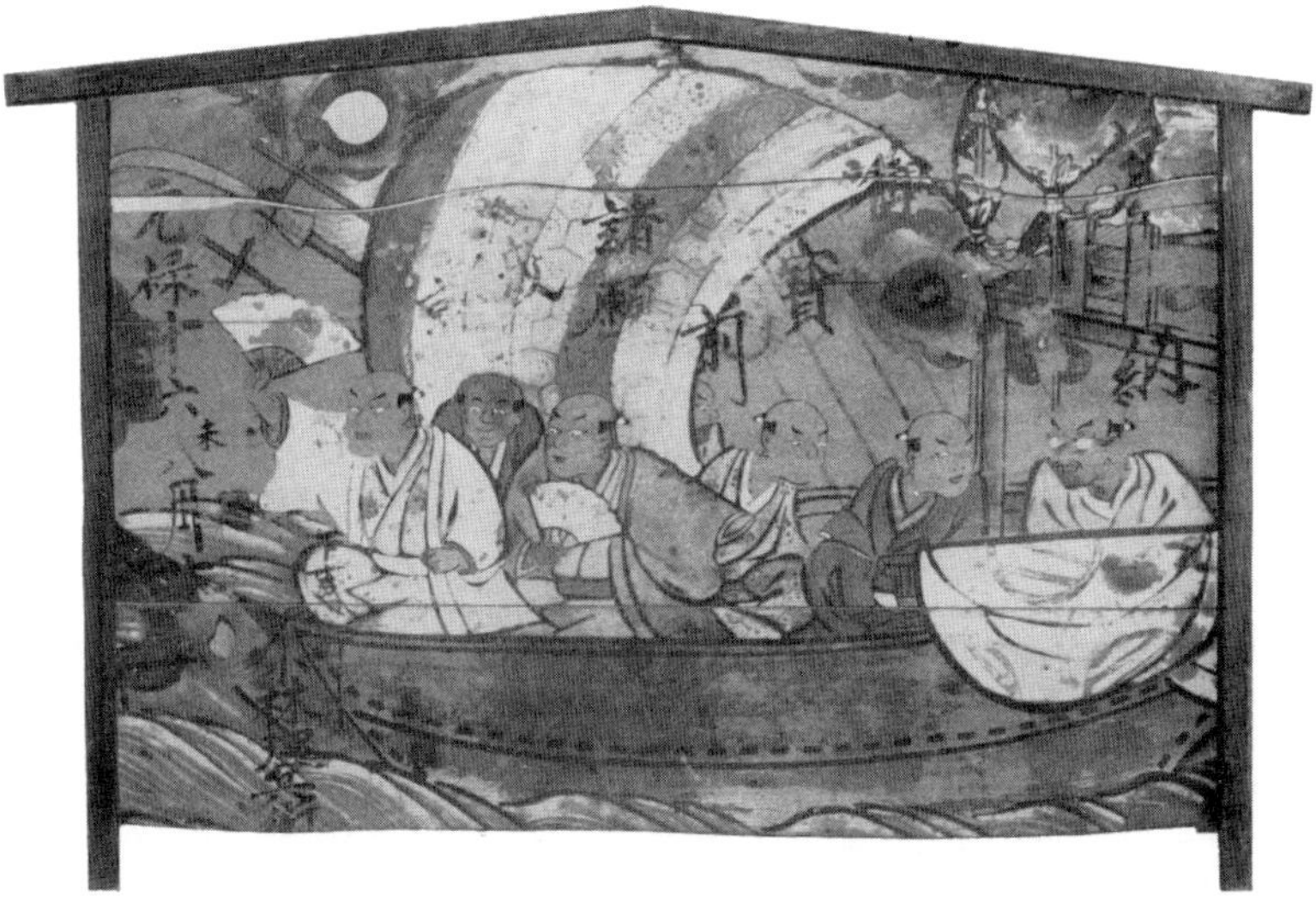

3-1　元禄16年の「舟遊び図」（秩父市下吉田・二十三夜堂）

の図、交通、祭礼、年中行事などである。

庶民生活を描いたと思える絵馬の初出は元禄十六年（一七〇三）の舟遊び図（秩父市下吉田・二十三夜堂）（写真3―1）で、これに続くのが正徳六年（一七一六）の踊りの図（久喜市佐間・八幡神社）、寛延四年（一七五一）の秩父札所参り図（朝霞市・内間木神社）、宝暦八年（一七五八）の獅子舞図（狭山市・入間野神社）、明和五年（一七六八）の醤油搾り図（北本市・味噌観音）の四点である。舟遊び図は、小さな帆掛け船の上で扇子を手に遊ぶ六人の町人風の男を描いたもので、表情の描写に元禄期の特徴がよく表わされている。

庶民生活の図が頻繁に奉納されるのは、天保年間（一八三〇～四四）以降のようで、幕末から明治年間を通じては相当な数にのぼっている。しかし、このうちの過半は前述の信仰的な講に付随して奉納されたものであり、いかに講が盛んであったか、また伊勢神宮、富士浅間神社、大山阿夫利神社などへの参詣がどれほど記念すべき行為であったかを教えてくれる。ただここで注意しなければならないのは、これら多数の講関係の絵馬の大部分は、多人数の連名による奉納であったり、「講中」という言葉を用いての奉納であって、二〜三人の代参の結果として納められた絵馬はほとんど皆無なことである。そして絵馬の中の人物は奉納者自身の姿であって、たいていの場合、連記された人数と図中の人数とは一致している。富士山や大山への登拝場面、伊勢ならば五十鈴川や二見浦をバックに描かれた人物は一〇人から時には数十人にも及ぶ。これは代参ではなく、全員で行く総参りの記念としての奉納が多かったのではないかと考えられる。〈伊勢参り図絵馬についてでは別項でも扱う〉

図柄の上で特異なものでは、明治二十六年（一八九三）のまき銭の光景を描いた絵馬（熊谷市肥塚・伊奈利神社）がある。これは伊勢に着いた一行が、五十鈴川にかかる宇治橋の上から、橋の下にいる人たちに向かって銭をまいている様子を表わしたもの。「太々御神楽」の旗を振りながら派手に振舞っている（写真3―2）。明治十三年（一八八〇）の日光参り図（さいたま市岩槻区増長・香取神社）と、同十四年の大山参り図（草加市金明町・氷川神社）の二点は、先達一人を除いていずれも一〇人の女性による参拝の記念である。旅姿といっても着物の尻をはしょり、股引を履くか脚半を巻く程度の出で立ちであったことがうかがえる。また、一年の違いでありながら、前者は笠を手にし、後者では全員が洋傘を持っているのもおもしろい。こうした女性の参詣姿は、江戸時代の絵馬にはまったくといっていいほど見られないが、明治以降は男

3-2 「宇治橋からのまき銭の図」(熊谷市肥塚・伊奈利神社)

女混合の一行も現われ、時にはこのように女性だけの遠出も行われるようになったわけである。伊勢参りの関係では、明治三十年(一八九七)に東京からの行程を双六風の絵図にした絵馬(さいたま市岩槻区増長・香取神社)があり、これなどは記録を兼ねた記念ともいえるものであろう。

社寺参詣では伊勢参りの絵馬の奉納数が圧倒的に多い。そのため時代時代による参詣方法の移り変わりも、絵馬が明らかにさせてくれる。徒歩による移動が当然の時代であったが、この時ばかりはという贅沢な旅をした講中も多かったようで、駕籠や人力車を使っての参詣を描いた絵馬が何点もある。文化年間(一八〇四〜一八)頃と推測される熊谷市上之・上之村神社の絵馬と、嘉永三年(一八五〇)の行田市谷郷・春日神社の絵馬には駕籠が描かれている。明治になると人力車が登場し、熊谷市広瀬・浅間神社、同市上之・上之村

3-3　天保15年の「川越氷川祭礼絵馬」(川越市宮下町・氷川神社)

神社、行田市谷郷・春日神社、飯能市下名栗・諏訪神社には、全員が人力車で乗りつけた様の絵馬が奉納されている。殊に明治九年（一八七六）の春日神社のものは、一同揃ってチョンマゲに合羽姿をしており、奇異な印象を受けるが、伊勢参りが相当豪華な旅であった証左でもある。

庶民生活を示す絵馬の代表例として、講関係の絵馬の説明が長くなってしまったが、この例でも明らかなように、絵馬は「晴」の行為と深く結びついて奉納されたものが圧倒的に多数を占めている。講以外のものでは祭礼を題材にした絵馬も多い。県指定有形民俗文化財になっている天保十五年（一八四四）の川越氷川祭礼絵馬（川越市宮下町・氷川神社）（写真3―3）は、一〇台の山車を描いた代表的なものであり、川口市八幡木・八幡神社に伝わる嘉永七年（一八五四）の絵馬も、畳大の額に二台の山車を配し、賑やかな祭りを表現している。こうした豪華な祭礼とは別に、村々の鎮守の祭りや縁日を描いた絵馬も比較的多く、獅子舞の図も現在六点を確認している。

「晴」の行為を絵馬にして納めるのは、記念と感謝の意味に他ならない。奉納者の真意は、一枚の絵馬に願いを託すのではなく、自分らの関わった行為が無事成就したことへの感謝である。立願ではなく成願、画面にみられる「大願成就」は、「成就するように」ではなく「成就しました」を意味するものといえよう。奉納目的を具体的に記した絵馬は少ないが、稀に次のように画面もしくは裏面に墨書された絵馬に出会うことがある。

日光参り図（さいたま市岩槻区増長・香取神社）

〔画面〕大正二年丑ノ十月十五日　日光山及二荒山等ヲ参拝シテ為紀念ノ其略図ヲ写シテ此ニ奉ズ一額ヲ

伊勢参り図（飯能市下名栗・諏訪神社）

〔裏面〕明治十五年午一月発足ニ而伊勢参宮仕　其願成就為献之　願主　下名栗村字コサハ　岡部芳三郎

また、記念としての心情は、行為の成就を他人に知らせ、後世に伝えたい気持ちとも一致する。これは民間信仰的な小絵馬の奉納目的と最も異なる点である。

記念や感謝を目的とする絵馬は、それを社殿や堂内に懸けた時点で、奉納者の意図はほぼ達成する。あとは第三者の目に触れ、後世に残ることを期待するばかりであって、奉納後の絵馬と自分との結びつきは非常に稀薄なものとなる。

3-4　富士講の大絵馬が多数奉納（八潮市柳之宮・氷川神社）

奉納者の絵馬に対するこうした意識は、絵馬奉納の習俗が流行性を帯びる一因になっているとも考えられよう。その端的な例が、前述の講関係の絵馬であって、幕末から明治にかけての奉納数の多さは、流行を抜きにしては考えられない状況である。熊谷市広瀬・浅間神社には、明治三十二年（一八九九）に二枚の伊勢参りの図が奉納されている。雀里・雲松という別々の画家によるものではあるが、いずれも人力車を連ねて外宮に向かう様子を表わしており、そこには奉納者の競争心さえ垣間見ることができる。八潮市柳之宮・氷川神社には、富士講にともなって富士山そのものや富士山への登拝の様子を描いたものばかり約三〇点が所狭しと懸けられ圧巻を呈している（写真3―4）。これなどは絵馬奉納が富士登拝後の行為として慣例化されていたためではないかと考えられる。

2　絵馬に描かれた褻の生活

一般に褻の生活（普段の生活）の中では、神ごと・神まつり的な要素は非常に稀薄である。逆にいえば、神仏への拝礼は晴の意識を伴うものであり、ましてや社寺に対して何らかの奉納物を納める行為には、相当強烈な晴の心情が伴っているものである。奉納者は、褻の生活をしているときとはまったく違う心持ちになっているともいえよう。ところが数々の絵馬の中には、褻の生活そのものを題材としたものが、時折り見出される。このような絵馬を納める奉納者の意図はどこにあったのであろうか。

調査で得た褻の生活に関すると思われる図柄の絵馬を表3─1にまとめてみた。

1・2は四季農耕図ないしは春秋農耕図ともいえるもので、1には揚水・除草・稲刈り・脱穀、2には耕起・代掻き・施肥・苗取り・田植・除草・稲刈り・脱穀・籾すり・選別・収納・出荷という稲作の作業過程が描かれている。2は村絵図をも兼ねた珍しい絵馬である。3〜5は林業に関するもので、3では伐木・搬出・木挽き、4では伐木・根掘り・搬出・そま取り・墨付け・木挽き・鋸の目立て、5では墨付けとそま取りを描いている。6は横五三・八㎝の小型の絵馬で、しかも上下の画面の一部が紛失しているが、掃き立てから上簇に至る養蚕過程を描いた稀少なものである。

7〜13は職人関係の図柄。7は船大工と名付けてはおいたものの、中川の船着場の様子と思われ、船大工を始め木挽き・臼作り・車曳き・郵便配達夫ほかさまざまな人たちの姿がある。職人全員が同じ印絆纏を着

No.	名　称	和暦	西暦	奉納先・管理者	備考
33	権現堂堤修復	明治28年	1895	幸手市中 熊野神社	※
34	利根川 ケレープ工事	明治16年	1883	加須市本郷 鷲神社	※
35	井戸掘り			行田市谷郷 春日神社	※
36	井戸掘り			松伏町魚沼 香取神社	
37	船	寛政元年	1789	行田市斉条 剣神社	
38	船	嘉永６年	1853	八潮市八条 大経寺観音堂	※
39	船	明治６年	1873	行田市下忍 金毘羅神社	※
40	船	明治		吉川市高久 蕎高神社	※
41	お針稽古	安政５年	1858	草加市金明町 氷川神社	※
42	お針稽古	安政５年	1858	草加市金明町 天神社	
43	お針稽古	明治32年	1899	熊谷市三ヶ尻 八幡神社	
44	お針稽古	明治39年	1906	行田市藤間 藤間神社	
45	お針稽古	大正６年	1917	久喜市北広島 地蔵堂	
46	お針稽古			行田市渡柳 長福寺文殊堂	
47	お針稽古			羽生市東 天満宮	※
48	寺子屋	元治２年	1865	吉見町下細谷 天神社	※
49	菅公と手習い			さいたま市見沼区東新井 天満宮	
50	手習い道具	寛政２年	1790	行田市佐間 天満宮	
51	子供の遊び			松伏町下赤岩 蓮福寺	
52	子守り			越生町成瀬 見正寺観音堂	
53	境内風景			行田市前谷 光明寺不動堂	
54	博労	大正14年	1925	吉川市高久 蕎高神社	
55	博労			皆野町国神 国神神社	
56	曳き馬	天保３年	1832	川口市三ツ和 氷川神社	※
57	曳き馬	嘉永元年	1848	所沢市上山口 山口観音	
58	曳き馬	元治２年	1865	春日部市飯沼 香取神社	※
59	曳き馬			所沢市上山口 山口観音	
60	曳き牛	明治15年	1882	川越市砂新田 春日神社	

備考欄の※は埼玉県立博物館特別展「絵馬」の展示品図録に写真を掲載したものである。
(1)(2)は後に酒造図であることが確認されている。

表3-1　夔の生活を描いた絵馬

No.	名　称	和暦	西暦	奉納先・管理者	備考
1	農耕	寛政12年	1800	吉見町御所 安楽寺	※
2	農耕	明治13年	1880	久喜市北広島 地蔵堂	※
3	林業	明治24年	1891	飯能市下名栗 諏訪神社	※
4	林業	明治30年	1897	ふじみ野市長宮 長宮氷川神社	※
5	製材	明治35年	1902	飯能市久須美 白鬚神社	※
6	養蚕	明治26年	1893	加須市本郷 鷲神社	※
7	船大工	明治23年	1890	吉川市高久 蕎高神社	※
8	鳶職	大正10年	1921	春日部市西金野井 香取神社	※
9	刀鍛冶	安政３年	1856	飯能市赤沢 星宮神社	
10	刀鍛冶	安政４年	1857	加須市不動岡 総願寺	※
11	刀鍛冶	明治30年	1897	行田市谷郷 春日神社	※
12	刀鍛冶			東松山市箭弓町 箭弓稲荷神社	
13	刀鍛冶			東松山市箭弓町 箭弓稲荷神社	
14	煙草屋	文化２年	1805	所沢市上山口 山口観音	
15	お茶屋			さいたま市中央区 与野郷土資料館	※
16	呉服屋	明治12年	1879	羽生市東 天満宮	※
17	紙問屋	慶応元年	1865	小川町奈良梨 諏訪神社	
18	桶川宿商家店先絵図	文久３年	1863	桶川市寿 個人	※
19	帳場			所沢市上山口 山口観音	
20	茶店			朝霞市浜崎 氷川神社	
21	物売り			小鹿野町両神薄 薬師堂	※
22	藍染め	天保10年	1839	熊谷市下川上 愛染堂	※
23	藍染め			熊谷市下川上 愛染堂	
24	藍染め			熊谷市下川上 愛染堂	※
25	藍染め			熊谷市下川上 愛染堂	※
26	油搾り	天明６年	1786	行田市谷郷 春日神社	※(1)
27	油搾り	享和２年	1802	所沢市上山口 山口観音	※
28	油搾り	安政４年	1857	行田市斉条 剣神社	
29	醤油づくり	明和５年	1768	北本市荒井 味噌観音	※(2)
30	富岡製糸工場	明治13年	1880	深谷市田谷 永明稲荷社	※
31	深谷八須製糸工場	明治23年	1890	深谷市田谷 永明稲荷社	※
32	堤防工事			羽生市中新田 天神社	

ているので、同じ家に出入りしている職人であることがわかる。8は棟梁の指図の下に一四人の鳶職が家の骨組みを造作している図である。9～13は刀鍛冶であるが、少しずつ異なっている。9は注連縄の下で刀を打つ盛装の二人の姿を神事のごとくとらえ、11は社前で鍛造している点や、鬼、春日神社の神使である鹿を描いていることから、やはり鍛冶を神事として扱っていることがわかる。12は稲荷神社奉納の絵馬のため、向槌（相槌）を打つのが狐となっている。13は9に似た図柄であるが、板絵ではなく、レリーフによる額である。10は刀鍛冶という名称がついているものの、研師や塗師など都合九人の職人で刀の出来るまでを表現したものである。

14～19は商家の店頭図であるが、14・16は客を主に、15・17・18・19は店の者を主にして描いてあるのは、両者の奉納意図に違いがあるためと考えられる。20は街道筋の茶店に立ち寄ろうとする三人の旅人。奉納者が三名の連記となっているので、図柄の中心は旅人の側であり、代参帰りの記念の奉納であろう。21は傘を手に唐人風の姿で壺をかついだ二人の行商の図。江戸市中に来たという長崎の飴売りに似ている。奉納者が「甲陽住　養菊丸　芦野義助」となっており、甲州の人が峠越えで秩父に入り、これを奉納したと思われる。

22～29は醸造などの作業の様子であるが、紺屋・油屋・醤油屋の店頭図として、前掲の煙草屋やお茶屋と同様にとらえることもできる。ただし前掲の店頭図が客や店の者の姿に主眼を置いているのに対し、ここにあげた八点の絵馬は、作業そのものの描写が中心である。四点の藍染め絵馬のうち24には発酵させた藍葉を踏臼で搗いて手でまるめるという藍玉作りの様子も描かれ、阿波藍に次ぐ生産量を誇っていた武州の藍業を知る貴重な資料である。26～28は草種油を搾り取る油屋の描写。荏胡麻などの原料の粉砕作業はいずれも踏臼によるものの、圧搾作業の道具には違いがみられ、26は梃子状の丸太の先端に重石を吊り下げる長木による圧搾、27・28は楔を利用しての圧搾で、時代の差が表われている。29は明和年間の絵馬でありながら、圧搾に長木を用いている点を除けば、最近まで行なわれていた醤油醸造と何ら変わるところがない。

30・31はともに製糸工場の図でありながら、前者は建物の描写、後者は工場内の女工と道行く人々に焦点を当てた描写ということで違いがある。前者では建物のうちでも特に壁のレンガを細部にわたって描いており、奉納者が榛沢郡明戸村（現深谷市明戸）の人であることから、自分の所で焼いたレンガが富岡製糸工場に使われたことに対する記念の絵馬であろう。

32～36は工事に類する場面である。33では役人の視察する中での地固め作業が詳細に描かれ、34は工事用の小舟が行きかう中を帆掛け船と外輪船が航行するという、河川交通史の視点でとらえてもおもしろい絵馬である。35・36はいずれも江戸時代から明治初期の頃のもので、人々の見守る中で揃いの絆纏を身につけた人々が井戸を掘っている。掘る場所に櫓を組む点は共通しているが、櫓の組み方や地面への穴のあけ方に違いがみられる。

船絵馬は内陸県のため点数は少ないが、河川交通の手段として利用された船を描いたものが四点確認できた。37は古利根川の舟運で、「江戸□□御蔵前」とあるので、米の輸送にたずさわったものと思われる。38は中川の舟運。前景に観音堂と合掌する三人の姿を描いて、何ごとかを祈願している。39は「新川早船」と

3−5　お針稽古図（草加市金明町・天神社）

墨書してあり、熊谷市久下付近にあった荒川の河岸場の様子を描写している。40も中川の舟運だが、米俵を積んだ平凡な図柄である。なお、奉納者が7の絵馬と同一人物のため、この船絵馬も明治半ばのものと思われる。以上のほかに、鴻巣市大芦・氷川神社には、金毘羅参りの記念に奉納した蒸気船の絵馬が三点（いずれも明治年間）、幸手市中・菅谷不動（通称たにし不動）には明治二十七年（一八九四）の船下ろし（進水式）の図があるが、「晴」の行為を記念する絵馬とみなされるので、ここでは取り扱いを避けた。

41〜47はいずれも似かよった図柄ではあるが、奉納者をみると師匠個人、針子の連名、師匠と針子の連名の三種類があって、奉納目的に多少の差があったのではないかと思われる（写真3−5）。48〜50は手習いに関するもので、中でも寺子屋の図は48一点しか見出されていない。三点とも奉納目的や奉納者名は書かれ

3-6　曳き馬図（所沢市・山口観音）

ていない。

51は大勢の子供が境内で遊ぶ図柄で、この蓮福寺には無数の「乳しぼり」の小絵馬も奉納されて子育ての信仰を集めていた。この絵馬も子供の成長祈願を目的としての奉納と思われる。52は産婆が赤児を抱いて四人の子供と遊んでいる図で、子育観音に産婆が奉納したものであることから、やはり51と同じ目的の絵馬であろう。53は不動堂境内に子守りの女性二人を含めた六人の女たちと、三人の子供を描いたもの。それぞれの人物は、話すでもなく遊ぶでもなくバラバラに存在し、一人の子供は「奉納」と書かれた小絵馬を手にしている。

54・55は数頭の馬を曳いて街道を行く博労を表わしたもの。祭礼時の飾り馬を曳く博労の図が多い中で、この二点は馬を飾り立てることもなく、博労自身も普段着姿である。56～59も他の多くの飾り馬の図と異な

3–7　曳き牛図（川越市砂新田・春日神社）

り、普段の仕事の様子を表わしたもので、三俵の米俵をつけた馬を馬子が曳くという、共通した図柄となっている（写真3–6）。60は牛の利用度の低かった埼玉では珍しい曳き牛の図で、しかも飾り立てない黒牛である（写真3–7）。

以上、解説が長くなってしまったが、調査で得た絵馬の中から、特に褻の生活を題材にしたと思われるものを抽出してみた。それというのも、はじめに述べたようになぜ褻の生活を絵馬にして奉納する必要性があったのかを、ここで考えてみたかったためである。

抽出した六〇点の絵馬には、奉納目的を明記してあるものは見当たらなかった。ほとんどは「奉納」「奉献」「奉掛（奉懸）」「献納」といった決まり文句があるのみで、奉納者名すら書き入れない絵馬も何点かある。しかし、図柄を見ての判断で抽出した絵馬のため、実際にはそこに描かれたものが晴の場面のこともある。

例えば、地元の人の説明で明らかになったことではあるが、4は社殿改築にあたって「立木伐採業・木挽業・材木商」が記念の意味で納めたもの、8は社務所造営の様子であって、それに関わった鳶の頭が竣工の記念に奉納した絵馬であった。

六〇点中、「大願成就」や「心願成就」と書かれていたり、奉名者名に「願主」や「願人」と添え書きしてある絵馬が一五点(3・5・7・13・16・19・22・24・28・29・31・33・39・42・55)あった。この場合、立願に際しての奉納なのか、成就のお礼の奉納なのか判断しにくい。しかし、活気を呈した状況を表わしていることから、成願のお礼とみていいのではないだろうか。すなわち、なんらかの行為や事業を行なう前や、あるいは大きな目標を抱いたときに願を掛け、それがかなったときに絵馬を奉納する。前者の場合には行為や事業が順調に進行している様を描き、後者の場合は大望がかなった現在の姿を描写したわけである。

立願の際に、期待する結果を絵師に描かせて奉納することも考えられなくはない。しかし、いずれも非常に写実的に描かれていることから、このような褻の生活の絵馬は、画家をその場に呼び寄せて描かせたとみる方が妥当であろう。この点は講による参詣風景を描いた絵馬との大きな違いである。さらに推測を加えるならば、武者・合戦図や神話・伝説図、そして参詣風景などは、遠隔地の絵師に依頼することも可能であるが、褻の生活に関する図柄では、よほどの財力がない限り地元の絵師に頼らざるを得ない。

ただし農耕図の場合は趣が異なってくる。農耕図は二点のみで、ともに四季農耕図ともいえる稲作の作業過程を一枚の画面にまとめたものである。ここで想起されるのが、県内では秩父市の秩父神社や椋神社に伝わる御田植神事である。また、小正月や春先に稲作の作業過程を模した予祝行為をすることによって、その年の豊穣を神に約束させる年中行事は、各地に伝承されている。農耕図もこれと同様の意味をもつものとされている。個々の作業は写実的に描かれており、すべての作業が図の如く順調に進めば、豊穣が約束される。豊穣を期待する絵馬ではあっても、農業先進地の農業の様子、つまり農民が望む先進的農耕技術を描いたわけではない。今現在の農耕技術が自然の災いに邪魔されることなく年間を通じて最良の状態で発揮できれば豊作となるわけだから、そこに表現された個々の作業は、その時代その土地のものであり、当時の農業の姿を知る上には貴重な資料となり得る。

〈追記〉農耕図絵馬についての考察は、別項「農耕図絵馬をどう見るか?」で再考する。

これと同じことは6の養蚕図についてもいえよう。掃き立てに始まる一連の作業過程を一つの部屋の中で描いているのだから、実際にはあり得ない図柄であるが、当時の養蚕技術を知る上には好資料である。ただし、埼玉における養蚕が飛躍的な発展を遂げた時期の奉納であることから、豊産祈願というよりも豊産御礼の絵馬といえるかもしれない。なお養蚕図絵馬は熊谷市・聖天院にも畳大のものが奉納されているが、風雨に晒されやすい場所のため剥落がひどく、図柄はほとんど識別できない状態にある。

画面に残る添え書きや図柄そのものから、一部の絵馬について考察を加えてみた次第であるが、残る多数の絵馬はどのように考えてみたらよいであろうか。一般に生業図や風俗図といわれている絵馬は、商売の図なら商売繁盛祈願、職人の図なら技能上達祈願、船絵馬なら航行安全祈願というように、安易に祈願と結びつける傾向がある。しかし、前述のように成願御礼の奉納と思われる絵馬も多数あり、奉納目的の判別は容易ではない。また、もしそれが祈願を目的としたものであったにしても、褻の生活を絵馬にした奉納者の真意は、社寺に奉納することで神仏の加護を求めることにあったのではないだろうか。絵馬が社寺に懸けてある間は、常にその絵馬を通じて奉納者の日常生活は神仏に見守られ、神仏の加護はやがて商売繁盛や技術の上達に結び付くことを期待する、いわば他力本願の絵馬とでもいえようか。

〈追記〉本稿は昭和五十四年度特別展「絵馬」に向けて実施した所在調査で確認したものをもとにまとめたものである。その後、各市町村の調査でさらに多くの大絵馬が確認されていることを付記しておく。そのうち生業関係の大絵馬については、巻末に「生業関係の絵馬」として掲載したので参照されたい。なお、本稿の市町村名は合併後の最新の名称に書き換えた。

2 絵馬に見る伊勢参宮

はじめに

かつて代参という方法による社寺参詣が盛んに行われた時代があった。遠方の名山霊場などを信仰する人たちが講を結成し、積み立てた金を使って数人ずつ順番に参詣に行くものである。埼玉県内では、県外まで行くものとして大山講、古峰講、大杉講、富士講、木曽御嶽講、武州御岳講などが知られ、県内の社寺では三峯講、両神講、釜山講などがあった。時代的には江戸時代にまで遡るものが多い。当時は足だけが頼りの旅だったが、近代を迎えて鉄道が開通すると鉄道利用の旅行となり、さらに車社会の今日でも形を変えて続けているところもある。

このような代参に対して、有志が数年がかりで費用を積み立て、全員が一緒に参詣する方法もあった。これを「総参り」とか「総参」と称し、その代表が伊勢講であった。集落単位で構成されることの多い代参は、人数も多く、一回りするのに長期を要した。伊勢講でも代参で行くこともあったが、たいていは総参講の形をとったため、代参講に比べて講中の構成人数も少なく、一度の参詣で目的は達成、終了した。

「一生に一度の伊勢参り」という言葉がある。伊勢まで行くには往復に一か月以上、コースによっては三か月近くかかることもあり、(1)費用も他の代参に比べると膨大になるので、誰もが行けるものではなかった。そのため伊勢参りから戻ると、目的を達成し無事帰って来られたことに対する記念と感謝の気持ちで、地元の神社に石造物や扁額などを奉納することが多く見られた。絵馬（大絵馬）もそうした奉納物のひとつである。

本稿は、伊勢講によって県内の神社に奉納されたさまざまな絵馬を通して、かつて非常に盛んだった伊勢参りについて取り上げてみようとするものである。

1　伊勢講中による奉納物

県内の神社を巡ってみると、伊勢講の講中による奉納物の多いのに気づく。社殿の内部にもあれば境内にもある。社殿内では扁額（文字額）や写真額が多く、境内では圧倒的に石造物が多い。ちなみに埼玉県神社庁発行『埼玉の神社』(2)に掲載されている熊谷市内と深谷市内の神社をみただけでも、下記のような奉納物が境内にあることが記録されている。

○鳥居、狛犬、幟立、灯籠、手水鉢（御手洗石）、社号標、玉垣、石段、敷石、参宮記念碑、苗木奉納記念碑、宮城遙拝所、神楽殿

数量の多いのは狛犬と灯籠で、これらは多くの神社に奉納されている。珍しいのは神楽殿で、これは深谷市矢島・神明社への奉納である。講員が費用を出し合って建てたものだろうが、その負担は相当なものであったろう。

ここに載せた境内図（図3―1）は、同書に掲載されている熊谷市村岡・登由宇気神社のものである。境内にさまざまな石造物があるが、伊勢参宮記念に奉納されたものとして、鳥居（二基）、狛犬（二対）、灯籠（三対）、手水鉢、玉垣、基本金奉納碑、神鏡基本金奉納碑がある。これほどまでにたくさんの伊勢講関係の石造物が奉納されている神社は珍しい。社名が伊勢神宮の外宮「豊受大神宮」と同じため、特に伊勢信仰と深く関わってきたためかもしれない。

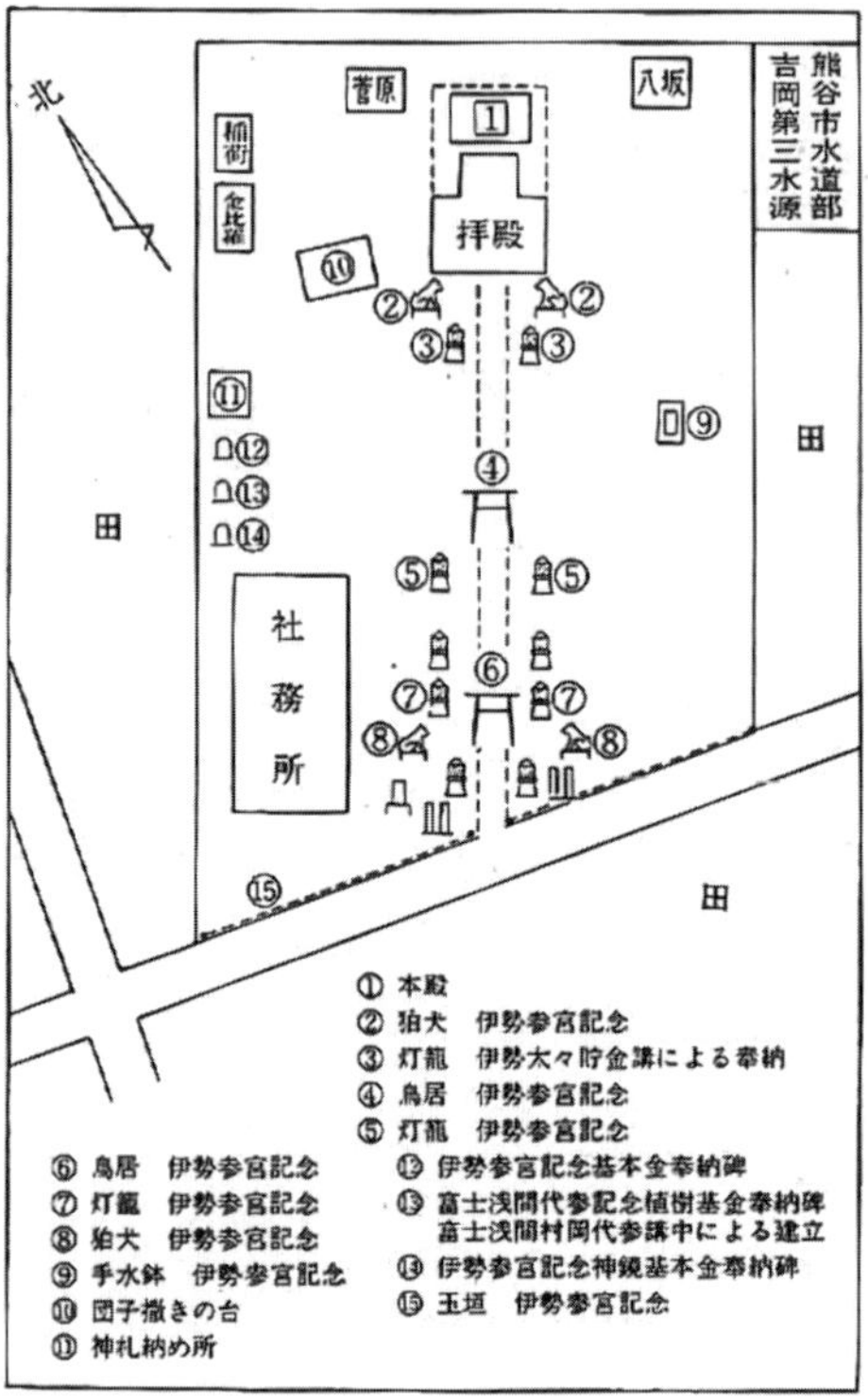

図3-1　境内図　登由宇気神社境内の奉納物

奉納物にはたいてい奉納者の名前が明記されている。講員の名前が列挙されていることもあれば、講中の名称になっていることもある。後者の場合は、「太々講中」「伊勢太々講中」というものが多い。宮代町東・

五所神社にある明治十四年（一八八一）奉納の狛犬には、右側上段の台座に「伊勢」、左側上段の台座に「太々連」の文字が大きく陰刻され、下段の台座には講元・世話人・講員の名前が列挙されている。[3]「太々」とは伊勢太々神楽のこと。伊勢神宮に行って太々神楽を奉納することが伊勢参りの最大の目的でもあり、当時は「太々」とか「太々講」というだけで伊勢講を表していた。

社殿内に掲げられている扁額類も多い。伊勢参宮から帰ってきて奉納したものであり、「奉納」の文字とともに講員の名前と奉納年月日が墨書されている。昭和になってからのものには「伊勢神宮参拝記念」「伊勢参宮記念」などと書かれているものが多いが、明治時代までのものを見ると「伊勢太々御神楽」「伊勢太々連」と書かれたものが多く、「記念」の言葉はほとんど見られない。昭和になってから奉納されたものも多数ある。宮代町国納・雷電社に残る六点の額はいずれも昭和で、最新のものは昭和五十六年（一九八一）に五名の連名で奉納されている。[4]

2　絵馬奉納年代の推移

県内全体での奉納絵馬の総数は、あまりに膨大で把握することは難しい。そのなかで伊勢講関係の絵馬（以下、伊勢講絵馬とする）がどのくらいあるのかを調べてみた。各市町村で刊行した絵馬調査報告書や、博物館・資料館・公民館等で開催された絵馬展覧会の出品目録、ならびに私自身の調査をもとに数えてみたところ、現在までに三八九点の伊勢講絵馬が確認できた。絵馬全体（小絵馬を除く）ではこれまでに約四七〇〇点を確認しているので、八％強を伊勢講絵馬が占めていることになる。ただ、この三八九点というのは、後述する画題のものに限った数値であって、画面からは判断できない伊勢講絵馬が、ほかにも相当数あるものと思われる。絵馬の奉納者や奉納目的が非常に多岐にわたっているにもかかわらず、伊勢講絵馬が一割近くを占めているのは驚きでもあった。

一般に絵馬の多くは画面に奉納者と奉納年代が記され、それを描いた絵師の名前が添えられていることも少なくない。また、まれではあるが奉納理由を詳細に書いてあるものも見られる。三八九点のうち、奉納年代がわかるのは二九三点、不明が九六点であった。不明の中には最初から年号が書かれていないもののほかに、褪色や剥落によって判読不能になったものや、裏面に書かれているかもしれないものも含まれている。

奉納年代を一〇年単位でグラフ化してみると、その推移の特徴がよくわかる（図3―2）。最も古いのは、川口市三ツ和・氷川神社と、春日部市西金野井・香取神社の天明八年（一七八八）の絵馬。前者は太々神楽を奉納している場面、後者は義経八艘跳びの図で画面に「伊勢太々神楽執行成就」と記されている。一方、最も新しいのは、ふじみ野市亀久保・神明神社の昭和四十七年（一九七二）の絵馬で、これも太々神楽奉納の場面である。

このデータだけをもって、天明八年以前には奉納する習俗がなかったと判断することはできないが、このグラフから伊勢講絵馬の奉納が、江戸時代半ばから昭和四〇年代までの約二〇〇年間における出来事だった

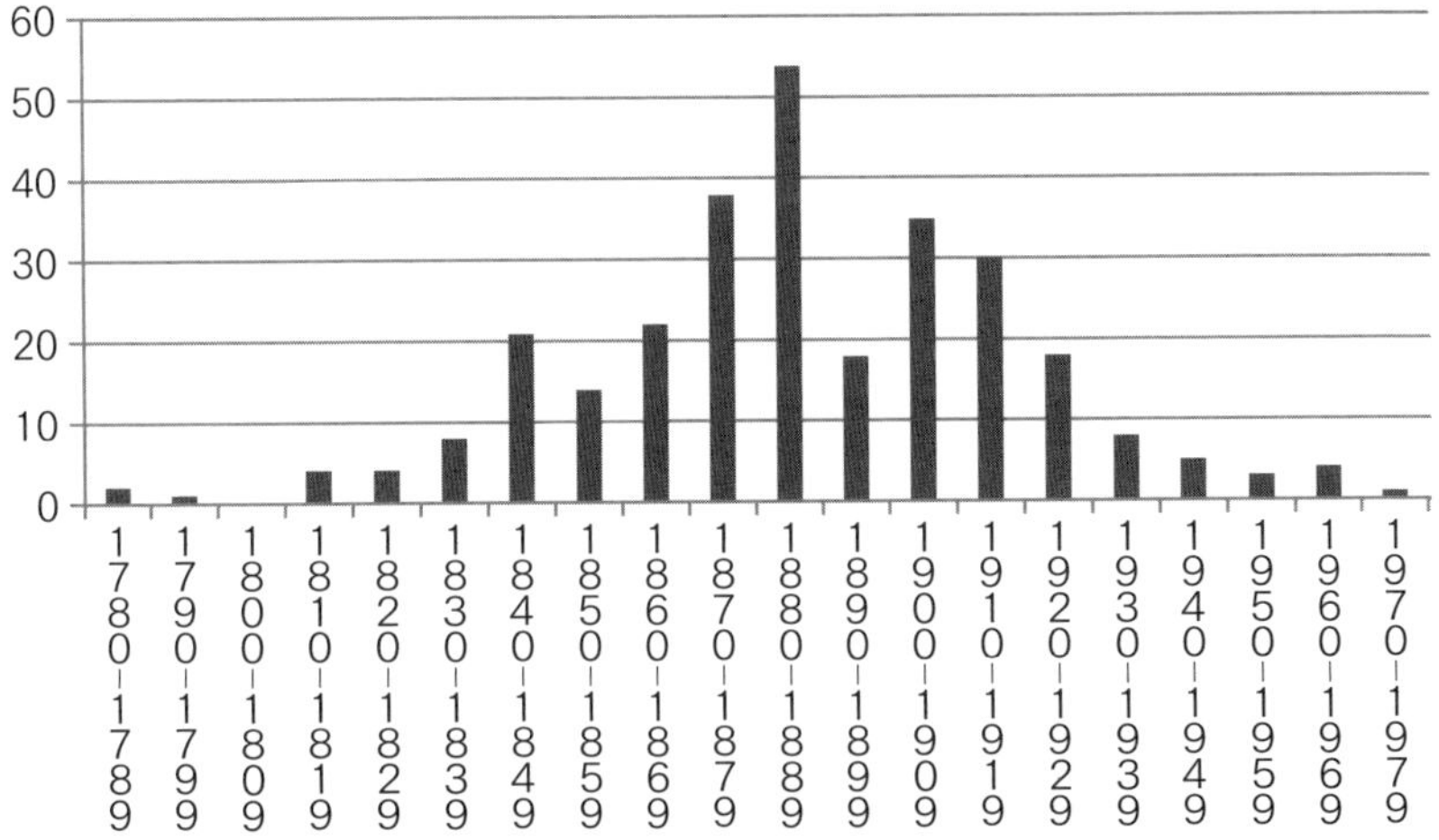

図3-2　**絵馬奉納数の推移**

ことがわかる。増え始めるのは天保年間以降のことで、特に多くなるのが明治時代から大正時代にかけてであった。昭和になると絵馬としての奉納は急激に減るが、「伊勢参宮記念」などと書いた文字額は、その後もかなりの数が奉納されているので（実数は把握しきれていない）、絵馬の減少が伊勢講の衰退を表しているとは言い切れない。

江戸時代には数度の「おかげ参り」があった。「抜け参り」ともいい、特定の年に起こった爆発的な伊勢参宮の現象である。大規模なものは慶安三年（一六五〇）、宝永二年（一七〇五）、明和八年（一七七一）、天保元年（一八三〇）の四度で、さらに安政二年（一八五五）、慶応三年（一八六七）を加えて六度ともいう。通常は年間七〇万人程度の参宮者が、おかげ参りの年には五〇〇万人にも達したとされる。このおかげ参りと絵馬奉納との関連をみてみると、安政二年には行田市樋上・天神社と八潮市井草・天神社、慶応三年には熊谷市新堀・諏訪神社、行田市堤根・天神社、春日部市薄谷・香

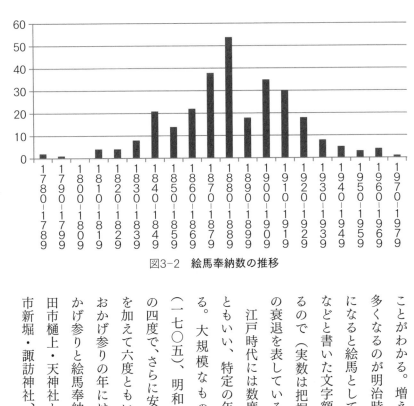

取神社、三郷市寄巻・水神社に、それぞれ一点ずつあるのが確認できた。ただ、おかげ参りの年に特に奉納数が多いという現象はなく、内容的にも他の年の絵馬との違いは見受けられない。熊谷市上之・上之村神社には一二点の伊勢講絵馬がある。その中の一点は伊勢神宮の手前を流れる宮川に船橋をかけ、橋の上には群衆が押しかけている状況が描かれている。年代不詳だが、その様子はおかげ参りを表しているようでもある。

江戸時代から明治初期までの伊勢参りは、当然ながら徒歩の旅であった。それが明治になって鉄道が開通すると、旅の様子も大きく変わることになる。品川―横浜間の開通は明治五年（一八七二）だが、その後西に向かって延伸し、関西まで一本の路線としてつながったのは明治二十二年（一八八九）のことだった。そして明治二十六年（一八九三）に参宮鉄道（現在の紀勢本線と参宮線）が開通すると、関東から伊勢神宮に近い宮川駅まで鉄道で行くことが可能になった。一八七〇年代以降の絵馬奉納数の急激な増加は、鉄道の利用によって伊勢参宮が一気に広まった結果ではないだろうか。

3　多様な画題

絵馬は小絵馬と大絵馬に分類されることが多い。これは大きさの違いによる分類であるが、同時に奉納者や奉納目的の違いにもなっている。小絵馬が祈願を目的として個人によって奉納されるのに対して、大絵馬は記念や感謝などの目的で個人もしくは団体によって奉納されたものが多い。伊勢講絵馬は、当然ながら小絵馬ではなく大絵馬である。そして奉納者は個人ではなく、講中とか太々連と呼ばれる人たちであった。

彼ら（近代になると女性も参加するようになるが）は伊勢参りを終えて帰ってくると、記念と無事帰村できたことへの感謝の気持ちをこめて地元の神社に石造物や絵馬を奉納した。さいたま市中央区上峰・諏訪神社にある絵馬には「明治二十九年二月二十六日出発　伊勢両大神宮へ参拝　一同芽出度帰宅ニ付献之」とある。

こうした絵馬は、絵師に描いてもらって奉納するわけだが、そのためには相応の金額が必要となる。あらかじめ石造物や絵馬の製作費も含めて積み立てておいたのか、帰村してから金を出し合ったものか、それとも帰村して精算したところ、余剰金が生じたので何か記念になるものを奉納しようという話が持ち上がったのかは詳らかでない。

絵馬に描かれた画題はさまざまであった。①伊勢への往復の風景を描いたもの、②伊勢神宮の境内や建物を描いたもの、③参詣する様子を描いたもの、④太々神楽の様子を描いたもの、⑤伊勢信仰に関わりのある神話を描いたもの、⑥その他のもの、である。⑥その他とは、伊勢信仰とは関係のない武者絵などを描いたものであるが、銘文などから伊勢講中による奉納と判断できる絵馬である。このうち①から④までは、ほとんどが鳥瞰的な技法で描かれている。写実的ではあるが、伊勢参りに絵師が同行していたわけではないので、何らかの粉本（手本、見本）を参考にして描いたものと思われる。この点についてはあとで触れることにしたい。

①往復の風景を描いた絵馬

江戸時代の道中日記を見ると、関東地方の村々から伊勢参りに行くルートは、往路は東海道経由、帰路は中山道経由というのが一般的であった。埼玉から行く場合は東海道を西に向かい、四日市宿の先にある日永の追分（現三重県四日市市）から伊勢参宮街道を通って伊勢神宮に行く。帰路は中山道を利用して途中善光寺に立ち寄り、軽井沢から碓氷峠を越え、高崎を経て戻ってきている。

ただし、参宮のあとすぐに帰路につくことは少なく、たいていは伊勢からさらに西に向かって西国三十三か所霊場や高野山、奈良・京都を廻り、ときには讃岐の金刀比羅宮（金比羅宮）、安芸の宮島まで足を延ばす人たちもいた。小野寺淳氏によれば、関東からのルートには次のように「伊勢＋西国巡礼ルート」と「伊勢参宮モデルルート」という二つの基本型があったという[5]。

「伊勢＋西国巡礼ルート」の基本型は、伊勢から紀伊半島を南下し、一番札所の青岸渡寺から西国三十三か所霊場を巡り、三十三番札所の谷汲寺から中山道に出るルートである。「伊勢参宮モデルルート」の基本型は、伊勢から奈良へ出て、奈良・大阪・京都の社寺を巡り、草津から中山道に出るルートである。この両者の基本型は、一八〇〇年前後を境として、以後それぞれのルートに瀬戸内海を海路で渡る金比羅参詣を加えたルートが一般的となっていく。同時に、東海道では秋葉山・鳳来寺参詣、中山道では長野の善光寺を経由するルートが選択されるようになった。

絵馬にも西国三十三か所霊場、四国八十八か所霊場、金刀比羅宮、善光寺などが描かれたものを散見する

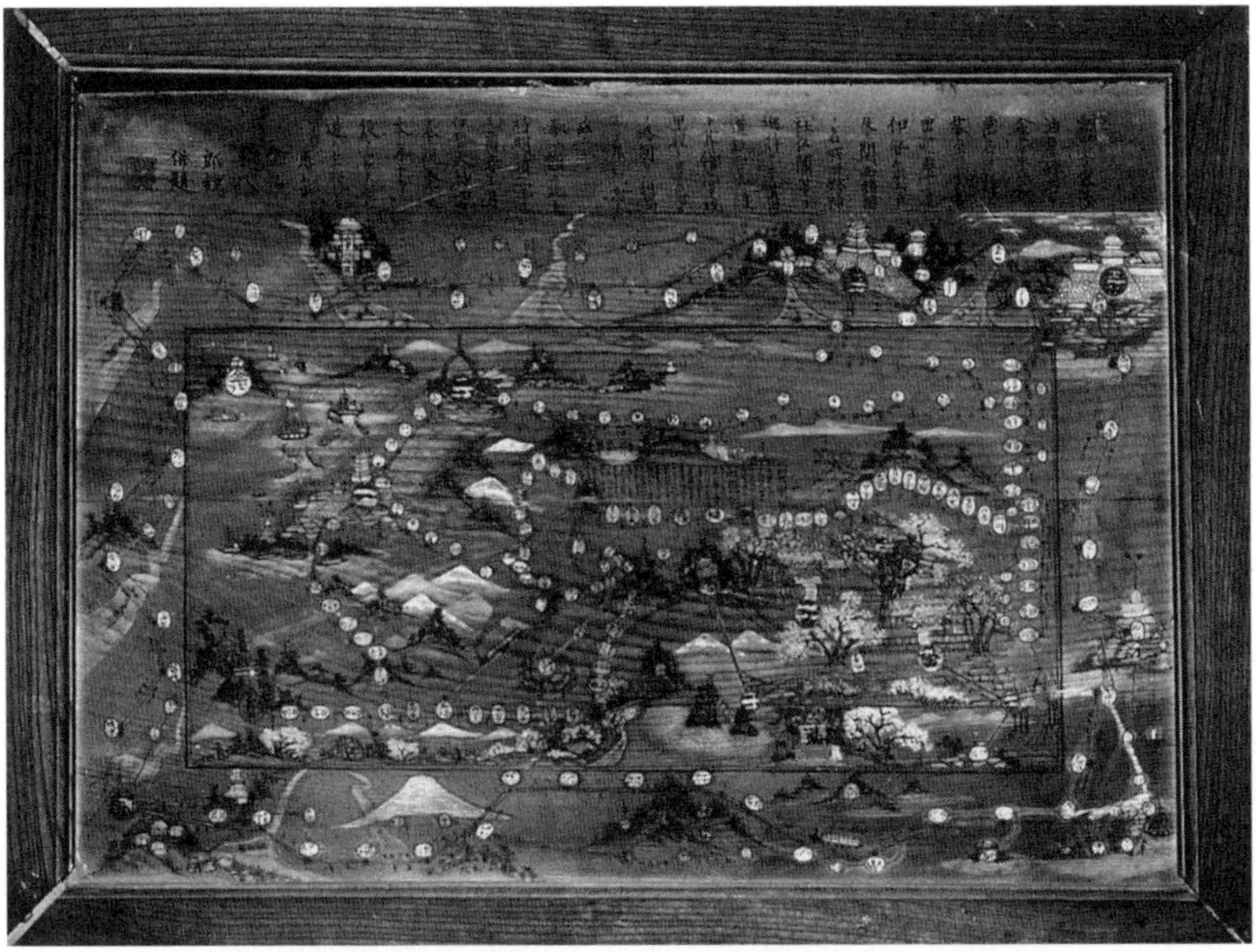

3-8　伊勢参宮旅程図（さいたま市岩槻区増長・香取神社）

が、数は多くない。善光寺の場合は、そこだけを目的に出かけることもあったので、伊勢参りと結びつけるのは早計であろう。さいたま市岩槻区増長・香取神社には、地元を出発して伊勢参りしたときのルートを道中双六のように表したものがある（**写真3―8**）。伊勢参宮のついでに高野山、西国札所、金刀比羅宮などを巡っている。奉納されたのは明治二十年（一八八七）で、画面には蒸気機関車の絵も添えられ、すでに鉄道が利用されていたことがわかる。

　伊勢参りの途中の風景として最も多いのは、伊勢神宮に近い朝熊山（朝熊ヶ岳）や二見浦の風景である。伊勢音頭に「お伊勢参らば朝熊をかけよ、朝熊かけねば片参り」と謡われているように、参宮のあと朝熊山の金剛證寺に詣でるのが恒例になっていた。そしてそれ以上に多いのが二見浦の

3-9　桑名の渡し（熊谷市上川上・伊弉諾神社）

風景であった。二見浦のシンボルである夫婦岩を描いたものや、海岸から夫婦岩を眺める講中の人たちを描いた絵馬が多数奉納されている。後述する②伊勢神宮の境内や建物を描いた絵馬の中にも、遠景に小さく朝熊山や夫婦岩が描かれたものがあり、参宮後のコースとして欠かすことのできない場所だったようだ。

東海道で唯一の海上渡しになっている桑名の渡しを描いたものもある。広重の「東海道五十三次・桑名」の画題にもなっていることで知られている場所である。海のない埼玉の地で育った人にとって、「七里の渡し」ともいわれるこの渡しに来て、海を渡るのは初めての体験だったかもしれない。そのときの感動を絵馬にして残そうとしたのではないだろうか。

写真3－9は熊谷市上川上・伊弉諾神社にある文化十三年（一八一六）の絵馬。画面の下半分に海を

3-10　伊勢全景（川口市三ツ和・氷川神社）

描き、波高い中に数艘の帆掛け船が航行している。上半分に描かれているのは海岸に石垣を築いた桑名城で、三棟の櫓が海を見下ろしている。右下は桑名の船着き場で、奉納者八人がたった今船から降りてきたように描かれている。

②伊勢神宮の境内や建物を描いた絵馬

伊勢参りの絵馬の中で、最も数多く奉納されているのが伊勢神宮の境内や建物を描いたものである。伊勢神宮に参拝することが最大の目的だったわけだから当然のことといえる。参宮の順序としては、渡し船で宮川を渡って外宮に参り、そのあと間の山、古市を通り、五十鈴川にかかる宇治橋を渡って内宮を参拝するというのが一般的なコースであった。絵馬には、外宮と内宮が鳥瞰的に描かれているものが多い。外宮と内宮は三㎞ほど離れているのだが、中心となる正殿の建物だけを描くことで、一枚の画面の中に両宮とも取り込んでいる。中間に古市の家並みや宇治橋、遠景に朝熊山や二見浦を描き、いわば伊勢全景図になっているものも少なくない。

風景の中に参詣者を配置しているものもあるが、その姿は小さく、点景として何十人も描かれていることが多い。後述する③参詣する様子を描いた絵馬のように、その絵馬を奉納した講中の姿を画面に登場させているものは少ない。

写真3−10は、川口市三ツ和・氷川神社に奉納された明治十一年（一八七八）の絵馬。中央に朝熊山を大きく描き、その右手に内宮、宇治橋、古市、左手に外宮と山田の町並みを配置し、遠くには二見浦と、その先に白帆の船が見える。まさに伊勢全景と言えるものだ。七名の参詣者は、宇治橋を渡った先に小さく描かれているにすぎない。

③参詣する様子を描いた絵馬

昭和になると、参宮の際に現地で撮影した記念写真を額に入れて神社に奉納することも行われるようになった。江戸時代、あるいは明治以降でも写真が普及していない時代には、絵馬の中に自分たちの姿を描きこんでもらうことで、絵馬に記念写真的な意味をもたせたと言ってもいい。旅姿のものが多いが、なかには古市の歓楽街を着流し姿で歩いている様子を描いたものもある。前述の伊勢全景図ともいえる画面のなかに自分たちが特定できるように配置したものもあれば、行動そのものに焦点を当てて描いたものもある。

3-11　宇治橋からのまき銭（熊谷市肥塚・伊奈利神社）

興味深いのは、服装や持ち物、あるいは乗り物などに時代の特徴が表れていることである。また、江戸時代には女性は皆無であり、おかげ参りは別として、一般的な伊勢講による参宮は男性だけのものであった。絵馬の中に参詣者として女性が登場することは、江戸時代はもちろん、明治以降でもほとんど見ることができない。

絵馬の中に描かれている人数は、たいていは絵馬奉納者として列記されている人数と同じである。表情や着物の柄を描き分けているものもあり、個々の人物まで特定しているのではないかと思われるものさえある。

写真3－11は、熊谷市肥塚・伊奈利神社にある明治二十六年（一八九三）の絵馬。宇治橋の上から橋の下にいる人たちに向かって銭をまく「まき銭」と「網受け」の様子だけを描いている。橋の上には「太々御神楽」と書いた旗を手にした案内人らしき人物とともに八人の姿があり、橋の下では数人の男女子供が柄のついた網を手

3−12　渡し場（寄居町小園・壱岐天手長男神社）

にして銭を受け取っている。

写真3−12は、寄居町小園・壱岐天手長男神社にある弘化四年（一八四七）の絵馬。裏面に「伊勢参宮同行」の文字と同行者の名前が記されている。帆掛け船なので宮川の渡しではなく、桑名の「七里の渡し」の様子であろうか。帆に「仐」とあるので、参宮のあと讃岐の金毘羅（琴平）参りに行くときに乗った船かもしれない。船には大勢の人物が乗っているのだが、そのうちの七名だけは表情も豊かで衣装も描き分けているのに対して、それ以外の人たちは笠だけを描き、顔も体も省略している。寄居町小園はそばを荒川が流れており、川船は身近にあったであろうが、海上の船に乗るのは貴重な体験だったに違いない。

宮川を渡って船着き場に到着すると、御師の手代が迎えに出た。そこから先は手代の案内で一生に一度ともいえる歓待を受けながらの参宮となる。

3-13　駕籠での参詣（熊谷市上之・上之村神社）

3-14　駕籠での参詣（行田市谷郷・春日神社）

3-15　人力車での参詣（行田市谷郷・春日神社）

写真3―13は、熊谷市上之・上之村神社にある嘉永二年（一八四九）の絵馬。船着き場をあとにして一七丁の駕籠の行列が描かれている。駕籠に乗るのも初めての体験だったことだろう。行列の先頭には御師の手代がいるので、このあとまずは御師の屋敷に向かうものと思われる。

写真3―14は、行田市谷郷・春日神社にある嘉永三年（一八五〇）の絵馬。これにも駕籠が描かれているが、二見浦ではみな駕籠から下りて夫婦岩を眺め、子供たちの踊りを見物しているようである。画面中央を霞で区切り、上半分には朝熊山を中央にして左右に外宮と内宮、宇治橋と古市の家並みなどが描かれている。

明治時代になると駕籠に代わって人力車での接待となる。写真3―15は、同じく行田市谷郷・春日神社にある明治九年（一八七六）の絵馬。霞を境にして上半分に朝熊山、外宮、内宮などを配置している点は前記の絵馬とよく似た構図となっている。画面下半分では、宇治橋に向かう一三人の一行を案内人が先導している。伊勢参りは農閑期となる冬場に行われるのが普通であり、彼らの旅姿も道中合羽を羽織った冬の衣装になっている。一行の後ろには人力車が続いている。これ以外にも人力車に乗った姿を描いた絵馬は多数あり、人力車に乗れた喜びが大きかったものと思われる。

④太々神楽の様子を描いた絵馬

伊勢講のことを「太々講」とか「太々神楽講」と呼ぶこともあるように、伊勢参りの際に太々神楽を奉納することは一大イベントであった。奉納といっても自分たちで神楽を舞うわけではなく、神楽料を納めて神楽師に神楽を舞ってもらい、その様子を見守るものである。神楽料の金額によって大々神楽、大神楽、小神楽に分かれ、それによって楽人（男性）や舞人（女性）の人数が決まっていた。

神楽を奉納する場所や奉納の仕方は、江戸時代と明治以降とでは大きな違いがある。江戸時代には神楽料は御師に対して支払われ、神楽は広大な御師の屋敷内に設けられた神楽殿において舞われた。寛政九年（一七九七）に刊行された『伊勢参宮名所図会』には次のように記されている。

他の神社のごとく神前にて神楽といふ事なし　御師の宅に神前を構へ　神楽役人を招待して勤む　是神楽職の外　嘗て知る事ニあらず（中略）禁中の御神楽ニハ里神楽の事などハ附録にいへり　今これを

3-16　江戸時代の太々神楽（春日部市水角・水角神社）

太々神楽といふ

しかし、このような御師制度は明治維新とともに廃止され、伊勢参りの状況は大きく変化することになった。太々神楽の奉納も御師の屋敷内ではなく、神宮に付属した神楽殿で行われるようになったし、舞の内容も変化した。

写真3―16は、春日部市水角・水角神社にある天保十三年（一八四二）の絵馬。画面上部に大きく「伊勢太々御神楽之図」とある。大広間の一角に四本柱に囲われた神楽殿がある。中央には榊と竹を立てた祭壇が設けられ、祭壇上にはお札（神札）が置いてある。このお札は講中の人たちが家に持ち帰り、神棚に納めておくものである。祭壇の前には箱状の炉があり、湯釜が用意されている。湯釜の両脇にいる女性は、一人は笹を手にして湯立神事をする人、一人は

3–17　明治以降の太々神楽（吉見町下細谷・天神社）

呪文を唱える人という。湯釜の手前では神主（御師が勤めた）が祝詞を奏上し、その左わきには講中の人たちに神酒を振る舞うために酒器が置いてある。神楽殿の左右には楽人が並び、後ろ側には舞を演じる巫女が控えている。神楽殿の手前に並んでいる黒い衣装の人たちは神楽役人。そしてその周りに講中の人たちが、羽織袴の正装で居並んでいる。羽織や袴は御師のところで用意されたものであろう。

　これが江戸時代における太々神楽奉納の様子であるが、明治時代になるとそれが一変する。**写真3‐17**は、吉見町下細谷・天神社にある大正九年（一九二〇）の絵馬。画面上部に「伊勢太々参宮記念」とある。神楽殿は三方が御簾で覆われ、中央奥に祭壇がしつらえてある。湯釜はなく、湯立神事は行われていない。真ん中で

3-18　天岩戸（さいたま市中央区上峰・諏訪神社）

男性一人と巫女六人が舞い、楽人は左右に分かれて座っている。講中の人たちの姿は描かれていない。

江戸時代の絵馬にしても、明治以降の絵馬にしても、太々神楽の様子は上記の二パターンに決まっていると言ってもいい。**写真3―17**のように講中の人たちを省略しているものもあるが、たいていは講中の人数と同じだけの人物が神楽を見ているように描かれている。

⑤伊勢信仰に関わりのある神話を描いた絵馬

伊勢神宮にまつられているのは、内宮が天照皇大神（天照大御神）、外宮が豊受大神（豊受大御神）である。そのため、天照皇大神を扱った神話、すなわち「天岩戸」の一場面を描いた絵馬も、講中によって県内各地の神社に数多く奉納されている。**写真3―18**は、さいたま市中央区上峰・諏訪神社にある明治二十九年（一八九六）の絵馬。中央に天照皇大神、左で舞っているのが天鈿女命、右で岩戸を持

3-19　桜井の別れ（蕨市中央・和楽備神社）

ち上げているのが手力男命である。ここには三名しか登場していないが、楽人たちやそれを見守る神々、長鳴鳥（鶏）まで描いたものもあって、非常にバラエティに富んでいる。

　また、天岩戸ほど多くはないが、伊弉諾命と伊弉冉命、日本武尊、素戔嗚尊が登場する神話を題材にした絵馬も奉納されている。

⑥その他の絵馬

　これまでにあげた①から⑤までの絵馬は、画題を見ただけで伊勢講に関係あると判断できるものである。しかし、絵馬の画題は非常に多岐にわたっており、その絵馬がどのような目的で奉納されたのか不明なものも多い。特に物語や伝説、武者絵などはその傾向が強い。ただ、そうした画題の絵馬であっても、ときには画面に書かれた文字によって奉納目的を知ることので

3-20　松に太陽（久喜市鷲宮・鷲宮神社）

きるものもある。伊勢講の場合なら「伊勢参宮記念」とか「伊勢太々講中」といった具合である。

写真3―19は、蕨市中央・和楽備神社にある明治三十二年（一八九九）の絵馬。楠木正成・正行父子の「桜井の別れ」の場面であるが、画面には「伊勢参宮」の文字と四名の奉納者の名前が記されている。

写真3―20は、久喜市鷲宮・鷲宮神社にある明治三十一年（一八九八）の絵馬。松と太陽を大胆に描いたもので、画面には「太々御神楽」の文字と、発起人・世話人を含め四三名の名前が記されている。

そのほか、次のような画題の絵馬も確認されている。

○重ね餅―熊谷市玉井・玉井神社、明治二年（一八六九）奉納。三方の上に重ね餅がのったもので、「伊勢参宮同行」とある。

○義経の八艘跳び―春日部市西金野井・香取神社、奉納年代不詳。「伊勢太々御神楽執行」とある。

○金太郎と山姥―春日部市西金野井・香取神社、明治十一年（一八七八）奉納。「伊勢太々修行」とある。
○神功皇后と武内宿禰―春日部市西金野井・香取神社、安政四年（一八五七）奉納。「伊勢代々御神楽」とある。
○静御前―春日部市神間・富多神社、明治二十六年（一八九三）奉納。「伊勢参宮」とある。
○信玄と謙信（川中島）―春日部市神間・富多神社、明治四十二年（一九〇九）奉納。「伊勢参宮」とある。
○景清と三保谷の錣引《しころびき》―春日部市神間・富多神社、明治四十年（一九〇七）奉納。『伊勢参宮」とある。

なお、こうした絵馬については県内でも一部しか把握していないため、最初にあげた奉納年代の推移グラフのなかには含めなかった。多数刊行されている絵馬調査報告書や展覧会の図録等で報告・紹介しているのは画題、奉納年、絵師、寸法までであって、銘文まで取り上げているものは少ない。調査の過程では銘文を記録していても、印刷物にする段階で省略しているようである。なかには事細かに奉納目的を書き記した絵馬もあるので、そうした情報もできるだけ公開してほしいものである。

4　絵師と粉本

絵馬には、画面の片隅にそれを描いた絵師の名前を書き記してあるものも少なくない。先にグラフ化した伊勢講絵馬では、次のような名前が確認されている。

旭楼東林、伊奈文英、一虎斎、雲松、栄益、栄昌、悦輝、奥原晴湖、歌川定村、岩田霞岳、岩田雀里、霞渓、霞邨、雅巌、玉華、金子林作、抉月、□洲、きたお、金禄、九□東、駒宮録郎、珪淵、古楓、江山堂、江雪、香圃、国信、佐藤正貫、座真、座興、採石逸史、笹田□枝、山下仙之助、山崎喜千蔵、治義、柴左一、酒巻立兆、秋月、春信、淳一、松雲、松林斎亀山、常孝、常亭、醸泉、深井徳、真一、神山源助、星亀常次郎、生澤耕□、静山、斉雲、雪翁、雪湖、雪山、雪兆、川上栄雲、浅田梅泉、素幽、等川、大越甚内、滝脇晴華、沢村柳坡、探明、中島撫山、堤秋月、堤雪水、堤等谷、天淵、田島、渡辺晴嵐、東斎、東徳太郎、東林、等川、藤原親信、藤富、藤原秋信、内田勘二、入江文治、年芳、梅泉、白舟白英、撫山、福田生、米真、峯外、豊楽堂国水、豊重、北尾重輝、北尾重光、北龍斎英岑、柳香斎、柳圃、鈴木、鈴木健吉、鈴木国信

かなり名の知れた人物もいるが、大半は無名の絵師と言ってもいい。そして、絵師名を記していない絵馬はそれ以上の数に上っている。

しかしここで問題にしたいのは、絵師の知名度や絵の優劣ではない。伊勢への旅に絵師は同行していないという点である。画面に講員の名前が列記され、世話人や発起人なども明記されている絵馬が多いが、同行者のなかに絵師はいない。絵師名は奉納者とは切り離された場所に書かれているのが普通である。

伊勢参りから帰って来たのち、地元の神社に絵馬を奉納したわけであるから、絵師への依頼はおそらく帰村後のことと思われる。外宮と内宮に参詣し、太々神楽を奉納できたことは大きな喜びだったであろうが、

3-21　『伊勢参宮名所図会』掲載の太々神楽

奉納された絵馬を見てみると、喜びはそれだけではなかったことがわかる。「七里の渡し」を船で越えたこと、古市の遊郭で遊んだこと、二見浦で夫婦岩を眺めたこと、駕籠や人力車に乗ったこと等々が、一番の思い出になっていたかもしれない。「伊勢参り大神宮にもちょっと寄り」という川柳は良く知られているところである。

講中の人たちは、絵師にどのような絵馬を描いてもらいたいのかを、まず伝えたはずである。伊勢神宮の境内なのか、建物なのか、自分たちが参詣している様子なのか、観光的な場所なのか、神話や伝説の一場面なのか、それともそれ以外の図柄とするのか。

絵師は見本帳や手本帳を所持していたから、その中から依頼にふさわしい図柄を選んで筆を執ったものと思われる。ただ、残念ながら個々の絵馬が何を

3–22　「伊勢大神宮大々御神楽図」

粉本にしたかは、ほとんどわかっていない。寛政九年（一七九七）に刊行された『伊勢参宮名所図会』や、宝暦十三年（一七六三）の『伊勢参宮細見大全』は、その充実した挿絵から相当利用されたものと思われるが、絵師のプライドからか思ったほどには使われていない。

そうした中で、前掲**写真3–16**の太々神楽の絵馬は、『伊勢参宮名所図会』に掲載されている「神楽」の図（**写真3–21**）に良く似ている。祭壇や湯釜、御師の脇に置かれている道具類、居並ぶ人々の様子などがほとんど一致しており、これを見本にしたとも考えられる。

明治時代になって奉納された太々神楽の絵馬では、次のような例がある。前掲の**写真3–17**は、吉見町下細谷・天神社に大正九年（一九二〇）に奉納されたもので、この絵馬の粉本として考えられるのが、伊勢土産として売られていた神楽の図の刷り物である。写真3―22はその一例で、「伊勢大神宮大々御神楽図」とあり、明治十九年に出版されている。舞人や楽人、楽器、周囲の御簾、手前の巫女など、非常に良く似ている。そしてこれと同様な図柄の絵馬は、ほかにも県内各地の神社に奉納されている。伊勢参りの土産に買ってきたこの刷り物を絵師に見せて描いてもらったか、あるいはもともと絵師がこのような刷り物を持っていたのではないだろうか。

おわりに

「一生に一度の伊勢参り」とも言われた伊勢神宮への参詣は、鉄道が利用できるまでは一か月以上、コースによっては三か月近くもかかる長旅だった。伊勢参宮は伊勢講と呼ばれる講組織で行われたが、榛名講や大山講のような代参によることは少なく、一度に全員が行く総参りの形式をとることが多かった。そして、その長旅を終えると、参宮を記念し無事帰村できたことに感謝して、地元の神社に狛犬などの石造物をはじめとしたさまざまなものを奉納した。絵馬もそうした奉納物のひとつであった。

これまで県内の神社に残る絵馬を調査するとともに、各市町村から刊行されている絵馬調査報告書や、博物館・資料館・公民館等で開催された絵馬展覧会の出品目録などを見てみると、膨大な数に上る絵馬の中でも、特に伊勢講絵馬の割合が高いことに気付いた。そこで本稿では、伊勢講絵馬に焦点を当て、奉納年代の推移、画題の多様性、絵師と粉本の問題などについてまとめてみることにした。

奉納年代では江戸時代の天保年間以降に増加し、特に明治から大正にかけてピークを迎えていることがわかった。しかも鉄道が利用できるようになって、かえって増加しているのである。画題についてはこれまでも多数紹介されているが、特筆したいのは伊勢信仰とは直接関係のない図柄の絵馬が参宮記念として数多く奉納されていることであった。これは絵馬に記された銘文によってわかったものであり、銘文の重要性を知った。絵師が参詣の旅に同行していないことはわかっていたが、絵馬の粉本として確認できたものは意外と少なく、これは今後の課題としたい。

最後に、もうひとつ課題をあげておく。県内における伊勢講絵馬の奉納状況に地域的な多寡が見られることである。北足立、埼葛、大里といった県の東部から北部にかけての地域には数多く見られ、一社に何枚も奉納されている例が少なくないのに対して、入間から秩父にかけての地域では極めて希少である。伊勢講そのものの広がりに地域的な差があったためか、それとも参宮記念に絵馬を奉納するという行為に地域的な差があったためか、今の時点では明らかにし得ない。

註

（1）安政六年（一八五九）に慈恩寺村（現さいたま市岩槻区）の清水源之丞が記した「道中日記手控」（『岩槻市史　近世史料編Ⅳ』所収）によれば、一月九日に出立して伊勢神宮に参詣し、さらに奈良―大坂

—金毘羅—京都—善光寺を回って帰村したのが三月二十六日ということで、二か月半を超す長旅だったことがわかる。

（2）『埼玉の神社』（平成四年　埼玉県神社庁発行）

（3）宮代町史資料第一一集『社寺総合調査Ⅲ』（平成九年　宮代町教育委員会）

（4）宮代町史資料第八集『社寺総合調査Ⅱ』（平成七年　宮代町教育委員会）

（5）小野寺淳「道中日記にみる伊勢参宮ルートの変遷—関東地方からの場合—」『人文地理学研究』一四（平成二年　筑波大学）

3 四季農耕図絵馬

はじめに

いわゆる大絵馬の中で、庶民生活を描いたものは多岐にわたっている。生業、祭礼、芸能、年中行事などを画題にしたものである。その中で生業図はさらに細分することも可能で、農業、漁業、商売、職人等々広い範囲に及んでいる。

これら多数の生業図の中で、農作業を画題とした絵馬は、他の生業図とは若干異なる特徴をもっているように思われる。農作業を描いた絵馬の多くは、水田の耕起に始まり収穫に至るまでの一連の稲作過程を一枚の画面の中に表現しており、ある特定の農作業のみを描いた例は皆無に近い。そのことから生業図の中に「四季農耕図絵馬」という一つのジャンルが生まれてくるわけである。しかも、この四季農耕図絵馬は、社寺（大半は神社で寺院は少数）への奉納年代や地域的な分布の面でも、他の生業図以上に特徴をもっているのではないかとも考えられる。

一方、この類の絵馬を奉納した目的は一律だったとはいえず、またそこに描かれた内容も大枠では共通性があるとはいえ、個々の作業あるいは道具をみた場合には、一枚一枚の絵馬に独自性を見出すことができる。つまり、奉納目的や細部の図柄を検討する際には、その土地の農業事情やいわゆる「土地柄」をも無視することはできないのである。

本稿では、これまでに全国で所在が確認され、内容が明らかにされた四季農耕図絵馬二十数面を紹介し、あわせてそれらの絵馬から何が読みとれるかをまとめてみた。もちろんここに紹介するものが四季農耕図絵馬のすべてというわけではない。見落としもあると思われるし、まだ社寺の奥に眠っているものも当然あるだろう。それらについては、機会を改めて取り扱ってみるつもりである。

1　各地に残る四季農耕図絵馬

・岩手県前沢町白山神社の絵馬〈解説省略〉

・宮城県岩沼市愛宕神社の絵馬〈解説省略〉

・福島県喜多方市稲荷神社の絵馬〈解説省略〉

・埼玉県栗橋町地蔵堂の絵馬

北葛飾郡栗橋町北広島（現久喜市北広島）の地蔵堂に奉納されており、明治十三年（一八八〇）の銘をもつ。縦一〇四・五㎝、横一七八・八㎝の長方形で、欅の板材に彩色をほどこしてある。年号、絵師名（雲峰）、

3-23　四季農耕図〈部分〉（久喜市北広島・地蔵堂）

奉納者名（計七四名）のほか、「奉献　北広島村略図」の墨書が画面にある。

画面には不規則に設けられた何本もの道路を朱線で地図状に表わし、民家や堂宇も配置されている。農作業の場面は、地図上で耕地に相当する部分に描いてある。登場人物は計六五人で、男女の役割分担や、子供の担った仕事などもうかがい知ることができる。耕起と代掻き、稲束や米俵の運搬にはもっぱら馬が利用され、馬の重要度がわかる（写真3―23）。

【描かれた作業】耕起、代掻き、播種、苗取り、苗運び、田植え、除草、刈取り、稲束運び、脱穀、選別、籾すり、俵詰め、俵運び、蔵入れ

・埼玉県吉見町安楽寺の絵馬

比企郡吉見町御所の安楽寺（通称吉見観音）に残されている絵馬は、寛政十二年（一八〇〇）の銘をもち、四

3-24　四季農耕図〈部分〉（吉見町・安楽寺）

3-25　『農業全書』掲載の作業図（国会図書館デジタルコレクションより）

季農耕図絵馬としては全国で最古のものである。縦一四九㎝、横一七六・五㎝、東山斎という絵師名と年号が記されているのみで、奉納者は不詳。

画面中央に一本の大樹を描き、その周囲に田植え（除草か）、揚水、刈取り、脱穀の場面と、右上隅には蔀戸の下に三人の貴族の姿もみられる。脱穀場面はこの絵の中でもっとも褪色が顕著な部分であるが、扱き箸に稲穂をはさんでいる様子がわかる。次いで穂から籾を打ち落とす図が続くが、これには五人が描かれ、うち四人は唐竿を手にし、一人は長柄の槌を振り上げて、地面においた穂を叩いている（写真3―24）。この場面は、宮崎安貞が元禄十年（一六九七）に著わした『農業全書』に載っている図と酷似している点が興味深い（写真3―25）。

【描かれた作業】田植え（除草か）、揚水、刈取り、脱穀

・石川県加賀市石部神社の絵馬〈解説省略〉
・岐阜県福岡町榊山神社の絵馬〈解説省略〉
・京都府三和町大原神社の絵馬〈解説省略〉
・兵庫県神崎町埋田神社の絵馬〈解説省略〉
・兵庫県神崎町八幡神社の絵馬〈解説省略〉
・兵庫県姫路市白髭神社の絵馬〈解説省略〉

・奈良県大和高田市曽禰神社の絵馬〈解説省略〉
・奈良県御所市八幡宮の絵馬〈解説省略〉
・奈良県橿原市天高市神社の絵馬〈解説省略〉
・和歌山県和歌山市小倉神社の絵馬〈解説省略〉

2 奉納年代

絵馬の大型化、すなわち大絵馬奉納の習俗は室町末期に始まり、桃山時代から江戸時代に入るといよいよ豪華さを増し、画題も多様化してくる。しかし当時の大絵馬は、一流の絵師が腕を競い、市民に自らの作品の価値を認めてもらおうという意図の下に、有名な社寺に奉納されたものが多かった。画題は多様化したとはいえ、馬・武者・芸能・故事などを扱ったものが主流であり、庶民生活・庶民風俗を題材とするまでには至っていなかった。

江戸時代も半ばを過ぎ、一九世紀に入ると画題もさらに広がりをみせ、庶民の暮らしぶりを描いたものが多数登場するようになる。四季農耕図絵馬もこうした流れの中で発生したようである。以下、全国各地に残る四季農耕図絵馬を、奉納年代順にあげてみることにする。

寛政十二年（一八〇〇）　埼玉県吉見町安楽寺
弘化　三年（一八四六）　石川県加賀市石部神社
安政　五年（一八五八）　岩手県前沢町白山神社
安政　五年（一八五八）　福島県会津高田町熊野神社
文久　元年（一八六一）　和歌山県和歌山市小倉神社
文久　三年（一八六三）　奈良県橿原市天高市神社
慶応　四年（一八六八）　京都府三和町大原神社
慶応　四年（一八六八）　兵庫県神崎町埋田神社
幕末〜明治初期　福島県喜多方市稲荷神社
奈良県御所市八幡宮
福岡県前原町徳満神社
宮城県岩沼市愛宕神社
兵庫県姫路市白髭神社
明治　三年（一八七〇）　群馬県館林市大谷神社
明治　六年（一八七三）　兵庫県神崎町八幡神社
明治十一年（一八七八）　群馬県館林市駒方神社

明治十三年（一八八〇）　埼玉県栗橋町地蔵堂
明治二〇年代　岐阜県福岡町榊山神社
明治二十三年（一八九〇）奈良県大和高田市曽爾神社

現在までにわかっている事例だけから判断するのは早計かもしれないが、以上から四季農耕図絵馬の大半が、幕末から明治初期にかけてのおよそ三〇年間に奉納されていることがわかる。これは他の生業図の奉納年代に比べ、かなり短期間に集中しているといえよう。もっとも、四季農耕図の奉納目的は、後述するように必ずしも一律でないので、単純に比較するには無理があるかもしれない。しかし逆に、奉納目的が異なるにもかかわらず、四季農耕図という定型化した画題の絵馬を奉納したということは、この絵馬を一つの流行ととらえてもよいのではないだろうか。

ただし、四季農耕図というのは絵馬に限定された画題ではない。絵巻、屏風、軸物としても同じ画題はとり上げられ、そうした資料が各地に残されている。四季農耕図絵馬をとらえるには、それら絵馬以外の四季農耕図との関連をも考える必要があるが、それについては今後の課題としたい。

3　奉納目的

絵馬の奉納目的は、小絵馬は祈願に限るといってもいいくらいだが、大絵馬は祈願での奉納は希少だったと思われる。祈願よりも成願した際のお礼に奉納することが多く、ほかに事業実施の記念や記録もあれば、前述したように絵師が腕を競って奉納することもあった。

それではここに扱う四季農耕図絵馬の場合はどうだったであろうか。一つ言えることは、画題そのものは定型化されていたとはいえ、奉納日的が同様とは限らない、ということである。一般にこの絵馬を豊作祈願とみなすことが多い。おそらくは正月や春先に行われる庭田植えとか雪中田植えという予祝儀礼と結びつけての考え方と思われる。田仕事にとりかかる前に、田起こしや田植えから収穫に至るまでの諸作業をまとめて行うことでその年の豊作を願う。これには個々の家単位で行われる場合と、神社等の境内で行われる場合とがみられ、確かに四季農耕図絵馬との類似点はある。しかし、四季農耕図というのが屛風や絵巻にもあり、絵画のジャンルとして一つの形をもっていることを考えてみても、四季農耕図絵馬を単純に予祝行事と同列で扱うには無理が生ずる。

次に、具体例で奉納目的のはっきりしている絵馬をここにあげてみることにする。

豊作祈願を明示しているのは、群馬県館林市大谷神社の絵馬一面のみである。この絵馬の奉納者は「当村若輩中」で、裏面に「天下泰平五穀成就豊歳之為」という文字が書かれている。しかし、これにしても、願いは天下泰平と五穀成就であって、画題は稲作でありながら稲の豊穣だけを祈願したものではなかった。

京都府三和町大原神社の絵馬は、「作栄講中」となっている。講名からして、技術改良や相互扶助などを目的とした農家の集まりであろう。豊作祈願ないしは豊作御礼の絵馬と考えられるが、奉納が「八月吉祥日」となっていることから、おそらく後者ではないだろうか。同様に奉納目的不明の他の絵馬を見てみると、奉納月が明示されているのは、この大原神社のものも含めて四例しかないが、うち三例は八月、一例が九月であった。ちなみに前述の館林市大谷神社の絵馬は三月であった。こうしてみると、春先の奉納よりも収穫直前ないしは収穫後と思われる時期の奉納例の方が多く、豊作祈願よりも豊作御礼の意味合いの方が強かったように見受けられるのである。

このほか奈良県橿原市天高市神社の絵馬は雨乞いに結びついたもの、群馬県館林市駒方神社の絵馬は、村をあげての揚水作業によって旱魃をのりきった記念の奉納、岐阜県福岡町榊山神社の絵馬は、稲作技術の改良に関係するものであった。これらの詳細については、個々の紹介の項で述べたので省略するが、以上みてきたように、四季農耕図絵馬の奉納目的はさまざまであった。しかし、稲の豊穣が村や家の安泰をもたらす、という豊作に対する農民の願望は、すべての絵馬に共通するものといえよう。

4　絵馬にみる農業技術

かつて渋沢敬三が編んだ『絵巻物による日本常民生活絵引』を紹介した上で、岩井宏実氏は次のように述べている。

これは画期的な業績であったが、その対象とした絵巻物はその成立年代から、多くは中世という一定の時代的限界があった。ところが大絵馬はその多くが近世・近代のものであるため、絵巻物と現代との時代的空白を埋めることができるし、しかもその作成は、常民が自らの生業の成り立ちゆくことを願い、また、かくあれかしと祈り、その情景を在地の画家に描かせたものが主であるため、実情にもっとも近いものと考えられる。そうした意味からも常民生活絵引となり得るものである。（ＮＨＫブックス『絵馬秘史』より）

それでは四季農耕図絵馬についてはどうであろうか。この画題の大絵馬に描かれる内容には、一定の規準ともいうべきものがある。一言でいうなら、稲作の始めから終わりまでの諸作業を一枚（まれに複数枚のものもある）の画面の中に収めて描いたということである。その中の一場面一場面には、人がいて、道具があり、道具を使うための技術があって、それぞれが生き生きと描かれている。ここで稲作の「道具」と「道具を使うための技術」とを合わせて「農業技術」ととらえるならば、四季農耕図絵馬の中にはかつての農業技術についてのさまざまな情報が入っていることがわかる。

これまでに紹介した各地の絵馬を、その中に描写された農業技術を一覧にしたのが別表である〈表は省略〉。

3-26　唐臼・唐箕・万石通しが描かれている（久喜市北広島・地蔵堂）

この表で明らかなように、絵馬の中には非常に多くの農業技術が描写されている。その数についてはそれぞれの絵馬によって粗密の差があり、埼玉県安楽寺の絵馬のように四場面しかないものから、石川県石部神社や京都府大原神社の絵馬のように一五、六もの場面を表わしたものまである。また、表現方法や構図にもいくつかの特徴がみられ、遠近感をもった俯瞰図として描いたものと、個々の場面を均等に画面の中に配分して描いたものとがある。そしてたいていは、画面のもつ制約から一つの農業技術を一つの場面描写で済ませているが、福島県稲荷神社奉納の四面からなる絵馬のように、画面全体にいくつもの同じ作業風景を描いて、より写実的に農村を俯瞰したものもある。

農業技術の中では、必ずといっていいほどに描かれるものと、そうでないものとがある。前者にあたるのが、耕起、代掻き、種籾浸し、播種、苗取り、苗運び、田植え、除草、刈取り、稲束運び、脱穀、選別、籾すり、俵詰め、蔵入れであり、後者にあたるのが、畔塗り、施肥、揚水、稲束の乾燥、米俵の輸送などである。苗運びは、いずれも天秤棒の前後に苗籠をつけての運搬で、作業としては脇役的なものだが、絵馬の中に登場する比率は高い。逆に、畔塗りや施肥（宮城県愛宕神社の絵馬では刈敷を施す図）、揚水などの重要な作業が、比率の上では低い。この違いは何によるものだろうか。

個々の農業技術をみると、そこから地域的、時代的な特色を見出すことが可能な反面、いろいろな課題も生まれてくる。例えば、犁の有無、馬耕と牛耕の違い、稲束の運搬方法の違い、脱穀作業における千歯扱き・唐竿・木槌の使い分け、選別作業における箕・唐箕・万石通しの使い分け、唐臼（土臼）の普及度、等々である（写真3—26）。その一つ一つについて記す余裕はここにないので、これらの課題の検討は機会を改めて試みることにしたい。

しかし、以上のように四季農耕図絵馬を稲作に関する「常民生活絵引」として見る場合、次のことに注意しておく必要がある。一つは時代的な制約であり、一つは資料としての信憑性である。

時代的制約については、前にも触れたように奉納年代が集中している点があげられる。すなわち、これまでに確認されたものに限定すれば、その奉納年代は一九世紀以降、特に幕末から明治初期までのおよそ三〇年間に集中しているのである。ところが維新を前後するこの時代は、政治上の変革とは裏腹に、農業技術の面ではあまり変化のなかった時代といえるのではないだろうか。大蔵永常の著作をはじめとする近世の農書の大半は、文化文政あるいはそれ以前に刊行されており、一八世紀の段階でそれらの農業技術はかなり各地に浸透していたものと思われる。他方、近代では、さまざまな農機具の発明や改良が顕著になるのは明治も後半のことである。明治二十年くらいまでを江戸時代からの連続ととらえることも不可能ではなく、このことは明治初年から二十年前後にかけて各地で編さんされた農具図・農具絵図の類からも同様なことがいえるという。（木下　忠「明治の農具絵図について」より）

したがって、残された絵馬のみから、農耕技術の発達史的なものをとらえるにはかなりの無理が生ずる。それよりも、ある特定地域における特定時期の農業技術の様相を解明するためには、この上ない好資料となり、他の関連資料と比較することでより広範な活用ができるだろう。

しかし、その際に問題にしなければならないのが、資料としての信憑性であることはいうまでもない。絵馬を描いた絵師は、その地元に居住する画家が多かったといわれる。四季の稲作作業を描くにあたって、製作に一年を費やしたのか、それとも短時日で描き上げたのかは明らかでないが、いずれにしても地元絵師の強みで、より写実的な描写が可能であったといえる。さらに、奉納の施主である村人（個人の場合と集団の場合があるが）に満足してもらえる絵馬に仕上げるためにも、できるだけの写実性を要求されたのではないだろうか。

たとえば、同じ年代であっても地域によって有床犂・無床犂が描き分けられ、鍬の柄角なども同様のことがいえるし、千歯扱きでは歯が水平に固定されたものと斜めのものとを見ることができる。各地の博物館や資料館で収集した古い農具との比較でも、絵馬の中の農具類の描写がかなり正確なものであることがわかっている。

このように農業技術だけをとり上げるならば、四季農耕図絵馬の描写には十分な信憑性があると考えても大きな誤りはないであろう。ただし、それでも問題点は残る。限られた画面の制約によるもので、一つの作業にたずさわる人数の問題である。たとえば、唐臼をひく人数が普通は二、三人であるのに、奈良県曽爾神社の絵馬では一人になっており、これが画面上の制約によるものかは明らかでない。田植えや稲刈り、唐竿による脱穀などを二、三人で行っている絵馬もあるが、これなどは人物の省略と考えて間違いないだろう。

最後になったが、他の類似の絵馬あるいは農書や絵巻との間に、図柄の上でのつながりがないかどうか、また粉本の有無についても常に留意する必要がある。埼玉県安楽寺の絵馬の一場面が、江戸時代に刊行された『農業全書』の挿絵に酷似し、宮城県愛宕神社に奉納されている四季農耕図と藍作り図絵馬に共通部分があることなどがわかったが、このような点にも気をつけつつ、四季農耕図絵馬が「常民生活絵引」として最大限に活用されることを望みたい。

〈追記〉以上は『絵馬にみる日本常民生活史の研究』（一九八四年、国立歴史民俗博物館民俗研究部）に所収されたものであり、刊行後に全国各地で多くの四季農耕図絵馬が確認されていることをお断りしておく。

5 農耕図絵馬をどう見るか？

社寺に奉納されている絵馬には、興味深いものがたくさんあります。ここで取り上げるのは、農耕図絵馬とか四季耕作図絵馬と呼ばれる、一連の稲作の様子を描いた大絵馬についてです。春から秋までの農作業をひととおり描いたものが多いのですが、田植を中心とした春の作業だけ、あるいは収穫後の秋の作業だけを描いたものもあります。

これまでに埼玉県内で確認した農耕図絵馬は、次の八点です。①蕨市錦町・水深観音堂（嘉永二年）②小川町角山・八幡神社（明治二年）③吉見町御所・安楽寺（寛政十二年）④加須市新川通・神武天王社（明治十三年）⑤鴻巣市北根・久伊豆神社（明治九年）⑥吉川市木売・和井田家（年号不詳）⑦久喜市間鎌・稲荷社（嘉永三年）⑧同市北広島・地蔵堂（明治十三年）

ところで、神社の祭礼や年中行事として、御田植神事とか庭田植と呼ぶ行事が全国各地にあり、県内でも秩父地方の二か所で今でも行われています。これらは「予祝儀礼」と呼ばれ、春先に稲作の一連の作業を模擬的に行うことで秋の豊作を期待するものです。

では、農耕図絵馬の場合はどうでしょうか。絵馬の調査報告書などには、農耕図絵馬（四季耕作図絵馬）は予祝のために奉納されたという記述がよく見受けられます。しかし、絵馬の銘文からその絵馬が奉納された季節を見ると、旧暦八月以降のものが多くを占めています。豊作を祈って春先に奉納されたわけではなく、

3‒27　四季耕作図〈部分〉(小川町角山・八幡神社)

台風の時期も無事過ぎて豊作まちがいなしとなったころ、あるいは収穫が済んでから豊作感謝の意をこめて奉納したものと思われます。

次に、絵馬に描かれた農作業そのものを見てみましょう。これも調査報告書などでは、その地域のかつての農作業の様子を知ることができると解説されていることがよくあります。しかし、四季耕作図というのは、江戸時代以降屏風や襖絵の画題として、著名な絵師によって数多く描かれており、その源流は中国の耕織図にあるとされています。

絵馬に描かれた農作業も、単純にそれが奉納された土地の様子を表したものと断定するわけにはいきません。過去に描かれた耕作図を模倣したものや、版本として出回っている農書などから写し取ったものもあります。県内の絵馬を見ても、③の絵馬は田植、稲刈り、脱穀などすべての作業が『農業全書』という元禄十年(一六九七)刊行の農書に掲載されている図を模倣したものであり、また②と⑦の絵馬にもやはり『農業全書』からの利用が見られます。この本は西日本における農業を取り上げたものなので、耕作には牛が使われている様子が描かれているのですが、②では馬に耕作させることで、地元の人たちが違和感を抱かないような絵になっています（写真3―27）。

もちろん、その土地での農作業の様子を、道具に至るまで忠実に描いた絵馬もあるので、広い視野で見なければならないと感じています。

4 職人図絵馬

1 職人図絵馬とは

一般に絵馬は、大絵馬と小絵馬に大きく分類されている。この区分けは単に大きさの違いではなく、そこに描かれた画題や奉納目的、さらには発祥の時代やその後の歴史的変遷の差としてとらえることもできる。本稿で扱うのはそのうちの大絵馬の方だが、大絵馬の画題はすこぶる広範囲に及んでいる。ちなみに岩井宏實氏は、以下の一七項目に分類している。(1)

①馬 ②神仏像・眷属図 ③祈願・祭礼図 ④社寺参詣図・境内図 ⑤武者絵 ⑥歌仙絵 ⑦船 ⑧芸能 ⑨物語絵 ⑩武道絵 ⑪生業図 ⑫算額 ⑬禁断図 ⑭子がえし(間引)図 ⑮動物図 ⑯風景図 ⑰風俗図

「職人図絵馬(2)」というのは、この中の生業図に含まれるものである。大絵馬全体に占める生業図の比率はわずかなものであり、武者絵や物語絵の数の多さに比べて奉納数は非常に少ない(3)。絶対数が少ない上に、さらにその中の一部分ということになると、職人図絵馬の数は極めて少数ということになりそうだが、実際にはこれまでに四〇点近い職人図絵馬を埼玉県内で確認することができた。生業図に分類される大絵馬の中では農林漁業や養蚕を扱ったものは稀少であり、職人図が多数を占めていることが特徴といえる。

但し、本稿で扱った職人図絵馬の中には、生業図に含めにくいものも何点かある。生業図というのは原則として仕事の場面を描いたものだから、日常の仕事を離れた職人の姿を描いた絵馬は生業図に分類するには無理が生ずる。例えば、③④上棟式図や⑤棟梁送り図は儀礼の状況を描いたものだし、⑧樵拝み図や⑭屋根屋図は職人の信仰表現の様子を描いたものである。これらは生業図の分類からは除外されてしまうだろうが、職人を知る上には落とすことのできないものと考え、職人図絵馬として取り上げることにした。

2 絵馬に描かれた職人

「諸職」という言葉がある。これは専門分化した数多くの職種・職人の総称である。しかし「諸職」に含まれる職種がどれほどの数になるかというと、極めてあいまいなものになってしまう。ちなみに『埼玉県の諸職』（一九八七年 埼玉県教育委員会）では一二九の職種をあげているが、対象を県外に広げたならさらに多くの職種が登場してくる。

次に、埼玉県内で確認された職人図絵馬には、どのような職人たちが描かれているのかをみてみよう。現在までに確認できた三六点[4]は表3−2のとおりである。①〜㊱の順序は前掲『埼玉県の諸職』の中で試案として提示された分類項目にのっとったもので、建設、化学、食品、繊維、木、紙、土石、金属、動物素材、植物素材、その他の順になっている。しかし、この一一分類のすべてが絵馬に登場しているわけではない。建設一七点、化学一点、食品七点、繊維六点、木一点、金属三点、その他一点という内訳になり、偏りが生じているのがわかる。さらにこれを職種別に分けてみると、描かれた職種は大工、鳶、樵、杣夫、木挽き、屋根屋、井戸掘り、植木屋、花火師、油搾り、酒造、そうめん作り、菓子屋、紺屋、船大工、刀鍛冶、鍛冶屋、提灯屋の一八職種となる。

一二九職種のうちの一八職種ということだから、絵馬に描かれた職人は、数ある職種の中のわずか七分の一にすぎない。稀少価値という点だけでも、職人図絵馬の重要性がうかがえるのである。

ところで、大絵馬を見るには三つの見方があるのではないだろうか。一つは美術史的な見方、一つは庶民信仰の表現としての見方、そしてもう一つは描かれた図柄そのものに注目する見方である。職人図絵馬の場合、一と二の見方でも見られないことはないが、その重要性は三番目の見方をしたときに最も明確に現れてくる。すなわち、記録されることの極めて少ない職人の日常の姿、今や見ることのできない作業の場面などが、一枚の画面に生き生きとした筆致で描かれているからである。

しかも、ほとんどの絵馬に、それが作られ奉納された年号が明記されている。大絵馬の文化財としての価値は、年号が明記されていることでより高まってくる。一〇〇年、二〇〇年も前に行われていた作業の様子、使われた道具、職人の服装などを今に伝えてくれる好資料なのである。

表3-2　職人図絵馬一覧

No.	名　称	所在地	和暦	西暦	奉納者	絵師	備考
①	本堂造営作業図	川越市	明治７年	1874	「連中」		
②	社殿造営作業図	ふじみ野市	明治30年	1897	19人	香圃	
③	上棟式図	久喜市	天明２年	1782	2人		
④	上棟式図	さいたま市	明治18年	1885			
⑤	棟梁送り図	草加市	大正12年	1923	3人	耕斎	
⑥	樵図	飯能市	明治24年	1891	5人		
⑦	杣夫図	飯能市	明治35年	1902	個人		
⑧	樵拝み図	三芳町	弘化年間	1844～48	〃		
⑨	大工図	さいたま市	明治18年	1885	〃		
⑩	大工図	加須市	明治3□年		〃		
⑪	大工図	春日部市	明治15年	1882	〃		
⑫	鳶職図	春日部市	大正10年	1921	〃	春玉斎義清	
⑬	川越氷川祭礼図	川越市	天保15年	1844	21人	雪渓	県指定
⑭	屋根屋図	行田市	明治43年	1910	個人		
⑮	井戸掘り図	行田市					
⑯	井戸掘り図	松伏町					
⑰	植木屋図	さいたま市	明治15年	1882	8人		
⑱	花火打上げ図	加須市	明治34年	1901	23人	堀越	
⑲	油搾り図	所沢市	享和2年	1802	個人		
⑳	油搾り図	行田市	安政4年	1857	〃		
㉑	酒造図	行田市	天明6年	1786	〃		
㉒	酒造図	北本市	明和5年	1768	〃		市指定
㉓	酒造図	狭山市				奥富竹外	
㉔	そうめん作り図	さいたま市	文政12年	1829		遥斎	
㉕	菓子屋図	幸手市	明治13年	1880	個人		
㉖	紺屋図	熊谷市					市指定
㉗	紺屋図	熊谷市	天保10年	1839	個人		市指定
㉘	紺屋図	熊谷市					市指定
㉙	紺屋図	熊谷市					市指定
㉚	紺屋図	熊谷市	昭和61年	1986	個人	小槻正信	
㉛	紺屋図	行田市			〃		
㉜	河岸場材木商図	吉川市	明治23年	1890	3人	一恵斎芳萬	
㉝	刀鍛冶図	加須市	安政4年	1857			
㉞	刀鍛冶図	行田市	明治30年	1897	個人		
㉟	鍛冶屋図	川越市	嘉永7年	1854	〃	ム蝶	
㊱	提灯屋図	さいたま市	明治24年	1891	〃		

3　奉納年代

個人的な祈願で奉納されることの多い小絵馬と違って、大絵馬には画面もしくは裏面に年号を明記してあるものが多く、職人図絵馬においても例外ではない。個々の絵馬の年号は表3―2に掲げたとおりであるが、これを時代別に整理してみると、江戸時代のもの一一点、明治時代のもの一五点、大正時代のもの二点、昭和時代のもの一点、不明七点となる。江戸時代のもの一一点のうち七点は天保年間以降に集中しており、こうしてみてみると、不明七点を除く計二九点のうち二二点が天保以降、明治末年までの約八〇年間に奉納されたものであることがわかる。この傾向は職人図絵馬だけにみられるものではなく、他の画題の大絵馬の奉納年代を調べてみても、ほぼ同様の結果が得られている。[5]ということは、大絵馬の奉納習俗というのは一つの流行的現象であり、職人図絵馬を奉納するというのもその流行の一環と考えることができよう。但し、流行とはいっても一世紀近くに及ぶ息の長いものであることを断わっておかねばならない。

確認された職人図絵馬の中で、最古のものは明和五年（一七六八）の㉒酒造図、最新のものは昭和六十一年（一九八六）の㉚紺屋図である。しかし、後者は資料紹介のところで記したように、他の職人図絵馬とは性格を異にしたものである点からこれを例外とみなすこともでき、そうすると最新のものは大正十二年（一九二三）の⑤棟梁送り図ということになる。

4　奉納者

職人図絵馬はどのような人たちが奉納したのであろうか。この点についても、大絵馬の場合は奉納者名を明記してあるものが多いので明らかにしやすい。三六点のうち奉納者名を記してないのは九点のみであり、二七点は画面の片隅に年号とともに書き記してあった。

二七点の奉納者の内訳をみると、個人による奉納が一八点、複数による奉納が九点となっている。しかし、これで奉納者の問題が解決したわけではない。画面に書いてあるのは名前だけで、その人の身分、職業などは何ら記してないのが大半なのである。

奉納者自身の職業を明記している絵馬は②③⑫⑬⑱㉟の六点であった。そして、描かれた画題と奉納者の職業とは、いずれも一致している。

では、それ以外の絵馬についてはどうであろうか。「当所」とか「当村」と書き添えてあるだけでは何もわからないので、その絵馬に関する伝承、あるいはその人物について地元で聞き取り調査を試みたところ、⑤⑩⑪⑭⑳㉒㉕㉚㉛㉜㉞㊱の一二点については何らかの成果を得ることができた。最も古い明和五年（一七六八）の㉒酒造図でさえも、奉納者の子孫に会うことができ、その絵馬に関する豊かな情報が得られたのである。

こうした調査から、奉納者はいずれも絵馬に描かれたと同じ職人であることがわかった。そのほか、描かれた職人たちの着ている印半纏に奉納者の苗字が染め抜いてあることで、奉納者の職業を判別できたものもある。

個人名の奉納が圧倒的に多いが、絵馬の中に登場する職人の数は複数になっているのが普通で、登場人物が一人しかいないのは⑧樵拝み図ただ一面である。これは親方や頭、あるいは店の経営者が奉納者になっているためであり、図中の職人たちは弟子や雇い人ということができる。

5　奉納目的

一般にどの大絵馬をみても、それを奉納する目的を画面に文字で明示してあるものは極めて少ない。「奉納」とか「奉懸」の言葉はよく見受けられるが、これだけでは奉納目的を知る糸口にはならない。また「大願成就」と書いてある絵馬も少なくないが、大願成就祈願なのか成願御礼なのかの判別は難しい。地元の伝承で奉納者自身のことについてはある程度知ることはできても、奉納目的までは知る由もない。

こうしたことから、個々の大絵馬の奉納目的に関しては常に推測的にならざるを得ない。「商売繁盛祈願と思われる」とか「技術の上達を願って奉納したものであろう」などという解説に落ち着いてしまうのである。職人図を含めた生業図絵馬に関するこれまでの解説をみてみると、かくあれかしと祈っての奉納、すなわち祈願のための奉納としている例が非常に多い。

しかし、果たしてそうであろうか。後に紹介する三六点の絵馬では、奉納目的についての説明を最少限に抑えたが、理由は上記のことに対する疑問からである。それよりも、一点一点の職人図絵馬をみてみると、繁栄のお礼の奉納、もしくは何事かを成し遂げた（請け負った）記念の奉納と思われるものが少なくないのに気付く。

前者の典型が⑧樵拝み図であろう。三方にのせた斧に額ずく奉納者自身の姿を絵にし、奉納理由をこと細かに書き連らねた一文は「既に大願の満る処、一面の額に捧げ聊鴻恩に報ひ奉る而巳」という言葉で結んでいる。また、㉒酒造図の中の「奉納御宝前　大願成就之所」という言葉にも成願御礼の意味を読み取ることができる。

この㉒酒造図の図柄は帳場と仕事場の様子を描いたもので、帳場では主人らしき人物が客を相手にし、仕事場では大勢の職人が働いているという、職人図絵馬としてはよく見る構図である。この絵馬が成願御礼の奉納ということになれば、似た図柄の⑳㉑㉔㉗㉘㉙㉜なども同様に成願御礼とみなせるかもしれない。つまり、生き生きと立ち働く様を絵馬にしたのは、かくあれかしと願ってのものではなく、願いかなってこれほどまでになりましたという感謝の気持ちを神仏に伝えるのが目的ではないだろうか。奉納者の名前に「願主」とか「発願主」と書き添えてあるのも、かつて大願成就を祈願した本人であることを示すためのものと考えることができる。

一方、何かの記念に奉納したと思われる絵馬も少なくない。①本堂造営作業図、②社殿造営作業図、③④

上棟式図、⑤棟梁送り図、⑫鳶職図、⑮⑯井戸掘り図、⑰植木屋図、⑱花火打上げ図、㉟鍛冶屋図などは、いずれも特別なことを請け負い、成し遂げた記念の奉納と思われる。大工、鳶、井戸掘り、植木屋など、建築関係の職人による奉納が多いのが特徴である。但し、単純に記念というのではなく、心意的には成願御礼の気持ちをこめたものも多いと思われる。事を成すに当たって、無事完了できるよう神仏に祈る気持ちは当然あったであろうから、竣工すなわち成願でもある。本堂新築後の入仏供養大法要と時を同じくして奉納された①本堂造営作業図は、その典型といえるものではないだろうか。

6　絵馬の写実性について

絵馬に描かれた職人たちの仕事振りや道具、服装などは、どの程度写実的といえるのだろうか。それによって職人図絵馬が往時の職人を知る好資料になり得るか否かが決まってしまう。写実性に欠けるなら資料的価値は半減してしまうであろう。ここで問題にすべきなのは高名な絵師の作か否かではなく、たとえ無名の田舎絵師の作だとしても、実情に近い状況を描き出しているなら一級資料と呼ぶことができる、という点である。以下、職人図絵馬の写実性について検討を加えてみたい。

まず第一に、絵師について。三六点のうち絵師名を明記してあるのは一〇点にすぎない。それにひきかえ、奉納者名は大半の絵馬に記してある。この事実は、奉納者にとって職人図絵馬は奉納行為そのものが重要なのであって、絵師が誰かはあまり問わなかったと推測することができる。一〇点の絵馬にしても、ほとんどは無名の人物であり、おそらく地元もしくはそれほど遠くない所にいる絵師に製作を依頼したものと思われる。在地の絵師ならば、職人たちの仕事振りをつぶさに観察しながら写生することも可能である。依頼者側としても、できるだけ正確に描いてもらいたいのが心情であろう。限られた面積の板に描くわけだからもちろん多少の誇張や省略はあるだろうが、それは現実離れしたデフォルメではない。

第二に、奉納目的との関連から。前項で、職人図絵馬の奉納目的は、大願成就祈願よりも成願御礼や記念によるものが多いと述べた。かくあれかしと祈り、望むべき繁栄の姿を絵師に頼んで描いてもらったのだとしたら、描かれた内容はもっと華やかなものであってもいいはずである。ところが、実際は極めて現実的な描写になっている。成願御礼や記念の意味での奉納ならば、当然のことながら現状をより正確に描写しなければ、奉納者としては満足できないであろう。正確に描写されたものが、我が身の成功の姿なのである。

最後に、絵馬に描かれた状況と現況とを対比することで絵馬の写実性について考えてみよう。しかし、この比較が可能な絵馬は少ない。描かれた家屋敷がそのまま今に残っている例がないのである。それにひきかえ神社境内は変化も少ないので、神社境内を描写した二点に焦点を当てて現況と比較してみた。

⑪大工図は、春日部市薄谷の香取神社が舞台となっている明治十五年（一八八二）奉納の絵馬である（写真3－38）。その後、社殿が建て替えられ、石畳の参道はコンクリートになってしまったが、現在の境内の様子と絵馬の描写との間には多くの共通点を見出すことができる。参道右側の小屋は手洗舎であり、覆屋は

現存していないが天保二年の銘をもつ手洗石は今もこの場所にある。杉か檜らしき数本の太い神木も、今は見られないが切株が残って絵馬の写実性を証明してくれている。境内全体の雰囲気は、一〇〇年以上を経た今日でもまだ残っているのである。

⑰植木屋図も同じく明治十五年奉納のもので、舞台はさいたま市西区高木の氷川神社。絵馬には献木の苗木が植木職人の手によって参道に植えられている様子が描かれている（**写真3—44**）。そして現在、一抱えほどに生長した杉と檜が参道の両側に並び、そのうち半数近くは根元から切られて切株だけを残している。これらが約一一〇年前に植えられたと同じ株かどうかまでの確認はできなかったが、太さからして同じものといえそうである。参道入口の鳥居は今もある。参道の長さは実際はもっと長いのだが、絵馬の中ではかなり縮められてしまっている。境内に一本の大木が描かれているが、現在の境内にそれらしき木はない。しかし、社殿の脇に直径三mもある幹の輪切りが立てかけられていた。昭和三十一年の落雷で枯れてしまったために切り倒し、根元の部分を記念に保存する、との説明があるから、絵馬の中の大木はこれに間違いないだろう。

以上、二面の絵馬で現況と比較してみたが、いずれも非常に写実的であることがわかる。現地を見ての写生でなければ、これほどの描写はできない。ここでは境内を舞台にした二面をあげたにすぎないが、家屋敷の中の様子を描いた他の職人図絵馬の場合も、やはり絵師みずからその場におもむいて実写したものとみて、大きな誤りはないと思われる。

3-28　本堂造営作業図（明治7年　川越市・本行院）

7　県内の職人図絵馬

①本堂造営作業図

・奉納先―川越市久保町　本行院（成田山川越別院）
・奉納年―明治七年（一八七四）
・寸　法―縦一〇一㎝×横一四八㎝
・銘　文―明治七甲戌年弟（第カ）四月吉日　武蔵国入間郡藤
　間邨　川上氏連中

「川越の成田山」として知られる本行院は、名刹喜多院に隣り合って位置している。現在の本堂は明治六年（一八七三）に新築されたもので、翌七年四月には入仏供養大法要が催されている。

この絵馬の奉納は、同じ明治七年四月のこと。奉納時期が大法要と一致していることから、工事の完成を記念して奉納された絵馬と考えて間違いないであろう（写真3―28）。

画面上には計二六人の人物が、さまざまな作業にたずさわっている様子が描かれている。右上には松らしき立木に鋸を入れている人、斧を手にした人、鋸の目立てをしている人、くわえた煙管に火をつけようとしている人の五人。左上には刃広の斧で角材を削り出す人、前引鋸で板を引く人、前引鋸の目の具合をみている人の五人。そして画面下半分では、一六人が力を合わせて太い角材をのせた車を曳いている。車は四輪ではなく、二輪の荷車二台をつないだものである。車には旗が立ててあるが、そこに何が書いてあったのかは剥落がひどく読み取れない。

職人の名称で表わすなら、右上が樵、左上が杣と木挽き、下が木出し人夫ということができる。なお「入間郡藤間邨」は現在の川越市藤間、「川上氏連中」の川上氏とは彼らを統率した親方と思われる。

②社殿造営作業図

・奉納先―ふじみ野市長宮　長宮氷川神社

・奉納年―明治三十年（一八九七）

・寸　法―縦一一〇cm×横二〇一cm

・銘　文―立木伐採業（一〇人連名）木挽業（三人連名）世話人材木商（四人連名）

発起人　立木伐採業（一人）木挽業（一人）

明治三十年四月三日　香圃画

3–29　社殿造営作業図（明治30年　ふじみ野市長宮・長宮氷川神社）

画面右上に樵、左上に杣と木挽き、下半分に木出しの状況をそれぞれ描いたもので、社殿改築の様子を絵馬にしたものと神社では伝えている（写真3–29）。

第一番に気付くのが、①の絵馬（本堂造営作業図）との類似性である。①が明治七年、この絵馬が明治三十年ということで、両者には二〇年以上の隔たりがあるにもかかわらず、構図は同一といってよい。一方は寺、一方は神社だが、建物造営の様子を表した点では一致している。

これをどのように理解したらいいのか苦しむところである。川越市とふじみ野市とは距離的に遠くはない。ましてや①の奉納者の住んでいた藤間は、ふじみ野市と境を接しているほどに近い。しかし、同一絵師の作でないことは一見してわかり、こちらの絵馬の方が稚拙である。単純に①の構図をまねたとも考えられるし、絵師としての師弟関係にあったために師匠の作品に倣ったとも考えられる。と言っても、一から十までまねしているわけではない。個々の作業を見れば、この絵師なりに人物を描き分けており、①にはない作業場面も数か所に見られることから、写実性は高いといえよう。以下、①に描かれていない作業を抽出してみることにする。

樵の中では、鍬で大木の根元の土を掘り起こしている者と、枝下ろしをするために綱で引き上げてもらっている者がいる。木挽き作業では、墨壺で角材に線をつける者がいるのと、角材の上にのって鋸を引く作業も描かれている点が違っている。木出しでは、引き綱が一本であるのと、車輪の輻《や》（車軸から放射状に出ている棒）の数が少ないことであろうか。

③ 上棟式図

・奉納先—久喜市菖蒲町新堀　久伊豆神社
・奉納年—天明二年（一七八二）
・寸　法—縦七二㎝×横九七・五㎝
・銘　文—〈表〉江戸下谷　□藤清兵衛　村棟梁　斉藤市衛門
　　　　　〈裏〉天明二寅歳霜月吉日
　　　　　　　　江戸下谷　斎藤清兵衛　藤原尉光□棟梁村斎藤市衛門

久伊豆神社が勧請されたのは天明二年（一七八二）と伝えられているので、この絵馬は同社新築の際の上棟式を描いたものと思われる（写真3—30）。中央に華やかな幣串が三本、その左右に破魔弓が天と地に向

3-30　上棟式図（天明2年　久喜市菖蒲町新堀・久伊豆神社）

けて立てられ、さらに両脇にも幣串と御幣がある。二一個もある三方には、神酒、重ね餅、するめ、魚などがのっている。左端の二本の角材の上には、曲尺、墨壺、墨さし、手斧といった大工道具がのせてある。その手前の箱は、朱塗りの鮮やかなものだ。

人物は総勢一三人。中央に並ぶ三人が神主だろうが、それぞれ三つ重ねの俵に腰かけているのが興味深い。手前の一〇人は裃に威儀を正し、帯刀している。

上棟式の盛大だったことを今に伝える絵馬である。彩色も豊かで、奉納当初は非常に美しいものだったとがしのばれるが、二〇〇年という時の経過で残念ながらかなり色褪せてしまっている。

④ 上棟式図

・奉納先―さいたま市桜区五関　稲荷神社

・奉納年―明治十八年（一八八五）

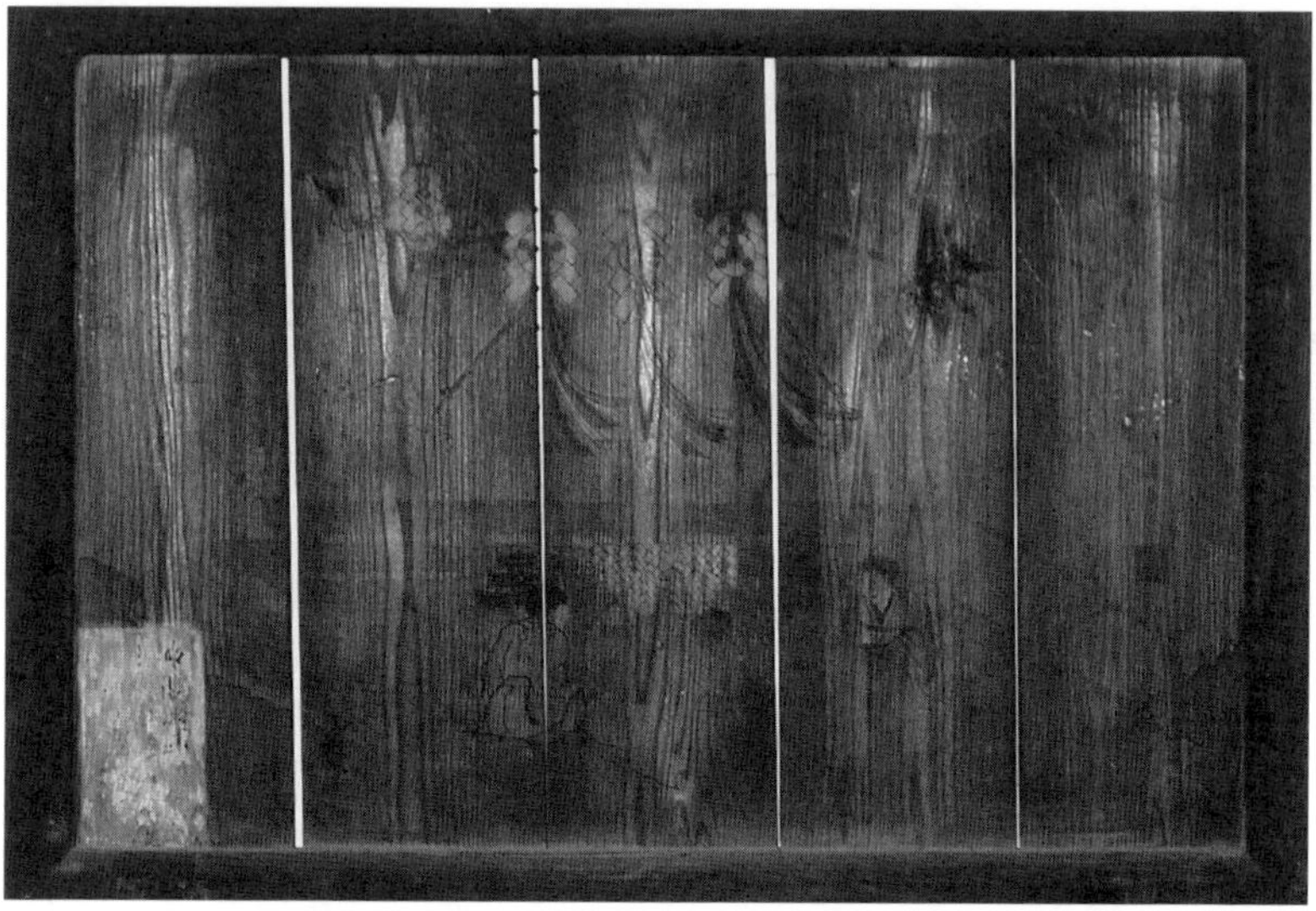

3 31　上棟式図（明治18年　さいたま市桜区五関・稲荷神社）

・寸　法―縦五九・五㎝×横八六㎝
・銘　文―明治拾八年（以下不詳）
※写真は赤外撮影
　剥落が激しいために肉眼では中央部がおぼろげながらわかるにすぎず、左下の銘も年号のみが判読可能である。しかし、これが上棟式の一場面を描いた絵馬であることは明らかで、③の上棟式図との類似点が多い（写真3―31）。
　③に比べれば儀式の規模ははるかに小さい。真ん中に三本の幣串、その左右には二本の破魔矢が立てられている。このうち左側の矢は、瑞雲に乗った狐がくわえているようにみえる。狐の背には御幣が立てられており、稲荷神の使いであることを強調している。
　三本の幣串の手前には、八本（？）の小さな御幣が立ち、薦被り樽と飯台が数個ずつ神饌として供えてある。人物は三人。中央の一人が正面を向き、左右の二

3-32　棟梁送り図（大正12年　草加市金明町・氷川神社）

人が向かい合っているが、何をしているところかは定かでない。

新築を記念しての奉納と思われるが、奉納先の稲荷神社が建てられたのは明治九年ごろとのことだからこの神社ではない。おそらく個人の家で行われた上棟式であろう。

⑤ 棟梁送り図

・奉納先―草加市金明町　氷川神社
・奉納年―大正十二年（一九二三）
・寸　法―縦五一・八㎝×横六九・一㎝
・銘　文―奉納　大正癸丑春四月吉日　植竹辰治
　　同長平　同亀吉　耕斎画

上棟式（棟上げ）のあと、出席した大工や鳶たちが棟梁を自宅に送る儀礼を、棟梁送りとか大工送りと呼んだ。この絵馬は、草加市新栄町の中村家という大きな家の上棟式後に行われた棟梁送りの様子を描いたもので、当時としては非常に豪勢に行われたものであることを、付近の古老は記憶にとどめていた（写真3―32）。奉納者として名を連ねている三人は、このときの主役である棟梁の息子たちで、三人ともに大工を継いでいたという。

印半纏を着た大工や鳶たちは、手に手に日の丸の扇子を持ち、大きな口を開けて木遣りを歌う。先導する二人はオカメ・ヒョットコの面をつけ、後ろに続く荷車の上では、神官とともに狐面の職人が勢いをつけている。上棟式の際に棟木に縛りつけた五本の幣串と二本の破魔矢を持っている者もいる。

酔いが回って、どの顔も上機嫌である。行列の脇に警棒を持った警官らしき人物の姿があり、このときの棟梁送りの盛大さを物語っている。

なお、同じ奉納者により、まったく同じ図柄の絵馬が同市金明町の天神社にも奉納されている。

⑥樵図

・奉納先―飯能市下名栗　諏訪神社
・奉納年―明治二十四年（一八九一）
・寸　法―縦六四・五㎝×横一二一・㎝
・銘　文―奉納　明治廿四年卯八月吉日
　発願主　中嶋亀吉　町田重太郎　岡部歌吉　矢嶋仲□□□　本橋勝五郎

3-33　樵図（明治24年　飯能市下名栗・諏訪神社）

この絵馬が奉納された諏訪神社のある飯能市から日高市にかけての一帯は、「西川林業」の地として江戸時代から知られていた。杉・檜の植栽の歴史は江戸初期にまでさかのぼり、伐り出された材木は、入間川や荒川を利用して筏となって江戸に流送される。江戸から見ると、西の方の川を使って筏流しがなされたことから「西川」の名が付いたという。

名称を「樵図」としたが、「西川林業図」と称することもできる絵馬である（写真3－33）。画面右側には四人の樵。一人が鋸を片手に木に登り、斧を持った一人が下から指図している。根元のもう一人は、木の素性をみているのだろうか。右下には、谷川の水で斧を研ぐ人物も描いている。

一方、画面左側には荷車で搬出する状況が描かれている。荷車の先端に横棒を縛りつけ、二人一組になって引いているのがおもしろい。また、後方には板材を作る木挽きの仕事風景も小さいながら扱っている。

登場人物は皆、いわゆる職人姿である。印半纏に股引、草鞋

3-34　杣夫図（明治35年　飯能市久須美・白鬚神社）

履き、そして頭にはねじり鉢巻をしめている。

杉の産地らしく絵馬の材質は杉である。しかも幅五〇cmを超す一枚板だから、かなりの大木からとったものであることがうかがえる。

⑦杣夫図

・奉納先—飯能市久須美　白鬚神社
・奉納年—明治三十五年（一九〇二）
・寸　法—縦四六・八cm×横七六・三cm
・銘　文—奉献　願主　当字　新井佐十郎　明治三十五年七月

伐り倒した丸太を削って角材にする作業を杣といい、杣仕事を専門に行う人を杣夫とか杣人夫と称した。丸鋸や帯鋸が登場する以前、角材を作り出すのは彼らの役目であり、杣夫は樵、木挽きと並ぶ林業の主役であった。

そろいの印半纏を着た五人の男たち。襟に染め抜かれた

「杣佐」の文字は、彼らがこの絵馬の奉納者・新井佐十郎親方の下で働く杣夫であることを示している（写真3―34）。「西川地方」と呼ばれた県西部の林業地には、このような杣夫がどこの山村にも多数いた。奉納先の白鬚神社の奥に位置する旧上名栗村（現飯能市上名栗）には、明治十年に二〇人の杣夫のいたことが記録されている。

五人はそれぞれ思い思いのポーズをとっている。墨壺を用いて丸太に墨入れをする人、斧で丸太を削る人、削り終えた角材の上に立つ人、斧を研ぐ人、刃の状況を見つめる人、等々。杣夫の使う道具はヨキとかハビロと呼ぶ斧一丁で、これはハビロの名のとおり、伐採用の斧（マサカリ・マサキリ）に比べると刃渡りがずっと長いものである。

背景は枝振りのよい松だが、削っているのは杉か檜だろう。柱にするには短いので、板材をとるためのものか、それとも画面の都合で短く描いたのかもしれない。

⑧ **樵拝み図**

・奉納先―三芳町上富　多福寺地蔵堂
・奉納年―弘化年間（一八四四～四八）
・寸　法―縦三五・五㎝×横七五・七㎝
・銘　文―〈表〉奉納大願成就処　中富村　武田氏　弘化□□四月吉日

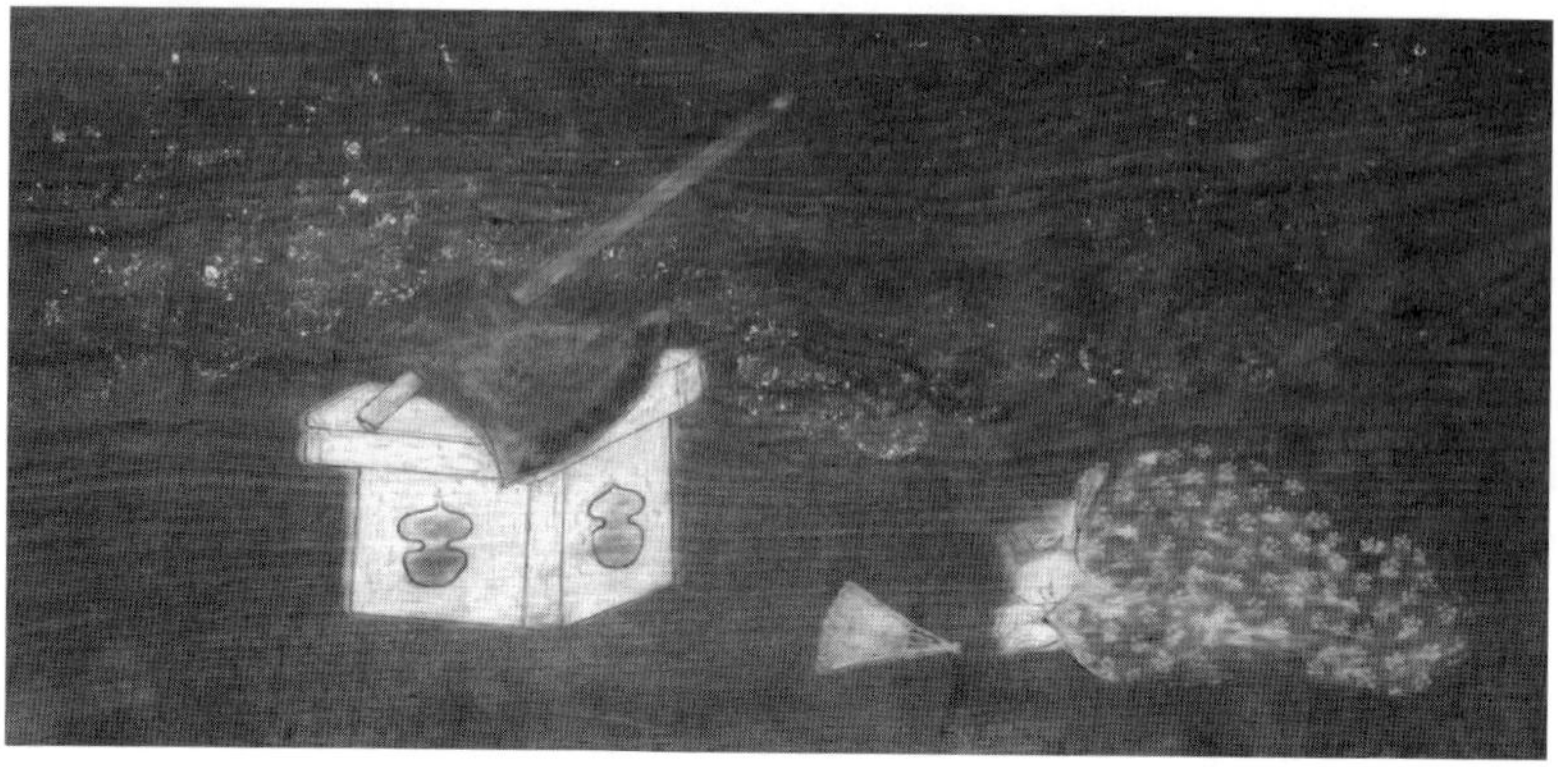

3-35　樵拝み図（弘化年間　三芳町上富・多福寺地蔵堂）

〈裏〉予若年より職業を勤め学び、漸其功なりて終に一家を治るの身となりぬ、壮年の昔より其業とする処や樵斧をもって朝夕筋力を労する事今七旬に至るまで怠らず、然共身に一点の疵をもうけずして職分の徳をもって老を養ふニ足りなんとす、是偏に皇天の恵ミ神仏の実徳なる事身心肝に銘じ、既に大願の満る処一面の額に捧げ聊鴻恩に報ひ奉る而巳

六拾九年　武田辰五郎敬白

仕事の場面を描いたものではないが、奉納者である樵の心の内と、絵馬を奉納するに至った理由とが裏面の墨書から知られるので紹介しておく（写真3―35）。

三方にのせた斧に額ずいているのは、奉納者自身である。若きころから六九歳の今日まで、身を支え一家を支えてくれた斧に対する感謝の姿を表している。我が身を小さめに描いているのは、斧を敬う気持ちをより強く表現しようとしたためであろう。

中富村というのは、武蔵野台地上に位置し元禄年間に開拓された村である。多福寺は入植者たちの精神的な支えとして建立されたも

3-36　大工図（明治18年　さいたま市桜区五関・稲荷神社）

ので、同一人物による同一図柄の絵馬が、その近くに建立された多門院の毘沙門堂にも奉納されている。

⑨大工図

・奉納先―さいたま市桜区五関　稲荷神社
・奉納年―明治十八年（一八八五）
・寸　法―縦五三㎝×横八四・八㎝
・銘　文―当所　納主　神田瀧蔵　明治十八年酉
　　　　三月四日

※写真は赤外撮影

④の上棟式図と同じ神社に奉納されていた絵馬である（写真3―36）。奉納の年も④と同じで、しかも筆致が似ていることから、同じ絵師の作とみなして間違いないであろう。④の絵馬とセットで奉納したものかもしれない。ただし、絵馬の大

きさがやや異なるので同時に作ったものとは考えにくい。

三人の大工は、それぞれ別の仕事をしている。斧で角材を仕上げる人、鑿でほぞ穴をあけている人、何か刃物を研いでいる人である。松の枝からつり下げた鉄瓶、角材を利用した腰掛けなど、職人の生活臭をもただよわせている絵馬である。

左上には、瑞雲に乗った白狐が、鍵を口にくわえ、背に御幣を立てた姿で、三人を見守っている。この狐の描写が、④の絵馬に登場する狐と非常に似ており、隅に描かれている雲の形も共通している。

⑩ 大工図

・奉納先—加須市北平野　稲荷神社
・奉納年—明治三□年
・寸　法—縦四三㎝×横五八・五㎝
・銘　文—奉納　元和村大字北平野　染谷重五郎　明治参拾□年　六月吉日

枝ぶりの良い松の木を背景に、七人の人物が描かれている。奉納者・染谷重五郎は、この地の大工だったと伝えられる。右端で何事か指図しているのが当人であろう（写真3—37）。

お抱えの大工が四人、角材に鑿を当てている者（二人）、刃物を研いでいるらしい者（一人）、手斧を振るっている者（一人）、そしてもう一人は何の動作か両手を頭上にさし上げた格好をしている。このほか画面中

3-37　大工図（明治30年代　加須市北平野・稲荷神社）

央に、帽子をかぶりマントを羽織った人物が描かれているのは、建築を依頼した施主であろうか。染谷重五郎氏の孫も当地で大工をしていたようだが、大正年間に東京に出てしまい、現在地元に家は残っていないという。

なお、元和村というのは、昭和三十年に大利根村（昭和四十六年から大利根町）が成立する以前の村名である。

⑪ 大工図

・奉納先―春日部市薄谷　香取神社
・奉納年―明治十五年（一八八二）
・寸　法―縦八七・七㎝×横一〇五・八㎝
・銘　文―奉納　明治十五年午七月吉日　当所
　　渡辺與吉

石畳の参道を行く親方と四人の大工。先頭の

3−38　大工図（明治15年　春日部市薄谷・香取神社）

親方は日の丸扇を持ち、お抱えの職人たちは一人が破魔矢、三人がそれぞれ幣串を担いでいる（写真3−38）。

破魔矢は本来、表鬼門と裏鬼門、あるいは天と地に向けて二本立てるものであったが、略して一本にしていることが多い。三本の幣串は、角材に御幣・扇子・五色の布をつけたものである。扇子は三本が円形になるように組み合わさっており、この点は③④⑤の絵馬に描かれた幣串にも共通している。

奉納者の渡辺與吉は香取神社の近くに住まいをもつ渡辺光男家の四代前の人らしく、二代前と三代前の人は宮大工だったというから、與吉もおそらく宮大工と思われる。縞柄の羽織を着た人物が奉納者とみて間違いないであろう。

3-39　鳶職図（大正10年　春日部市西金野井・香取神社）

渡辺家では、香取神社の社殿は先祖が造ったと伝えており、ここに描かれた社殿と手洗舎が新築のように見えることから、この絵馬は與吉がこの仕事を請け負った記念の奉納とも考えられる。但し、職人たちが持っているのは上棟式用の道具であり、一方社殿は完成の形で描かれているので、矛盾は残る。

⑫鳶職図

・奉納先—春日部市西金野井　香取神社
・奉納年—大正十年（一九二一）
・寸　法—縦九一・八㎝×横一三六・八㎝
・銘　文—納人　鳶渡　大正拾年拾壱月吉日　春玉斎義清筆

一般に鳶職は、農村部よりも町場に多かったようである。町場の社会がそれだけ彼らを必要としていたためで、その仕事は建築関係だけでなく、特に祭礼では重要な役割を担うことが多く、所によっては日常の町の運営にまで関わるなど、彼らの果たす役割は大きいものがあった。

この絵馬は、社殿改築の様子を描いたものと伝えられている（写真3―39）。二人一組になって角材をかつぎ、足場を伝わり歩く十人ほどの鳶。中央では、この絵馬の奉納者と思われる頭が職人たちを指図している。長着に長半纏、草履ばきの頭は別として、他の鳶たちは上衣に印半纏（内側に着ているのは腹掛であろう）、下衣に股引を身につけ、足袋に草鞋ばきという典型的な職人姿である。「渡」と染め抜かれた印半纏は、頭である「鳶渡」からの支給であることを示している。

薦被《こもかぶ》りの「正宗」の酒樽と供物ののった三方を不釣り合いなほど大きく描いているのは、祝いの意味合いを強調したいためと思われる。

なお、この香取神社の夏祭りに舞う獅子舞は、県の無形民俗文化財に指定されている。

⑬川越氷川祭礼図

・奉納先―川越市宮下町　氷川神社
・奉納年―天保十五年（一八四四）
・寸　法―縦一五二cm×横二〇五cm
・銘　文―〈表〉応需　雪渓

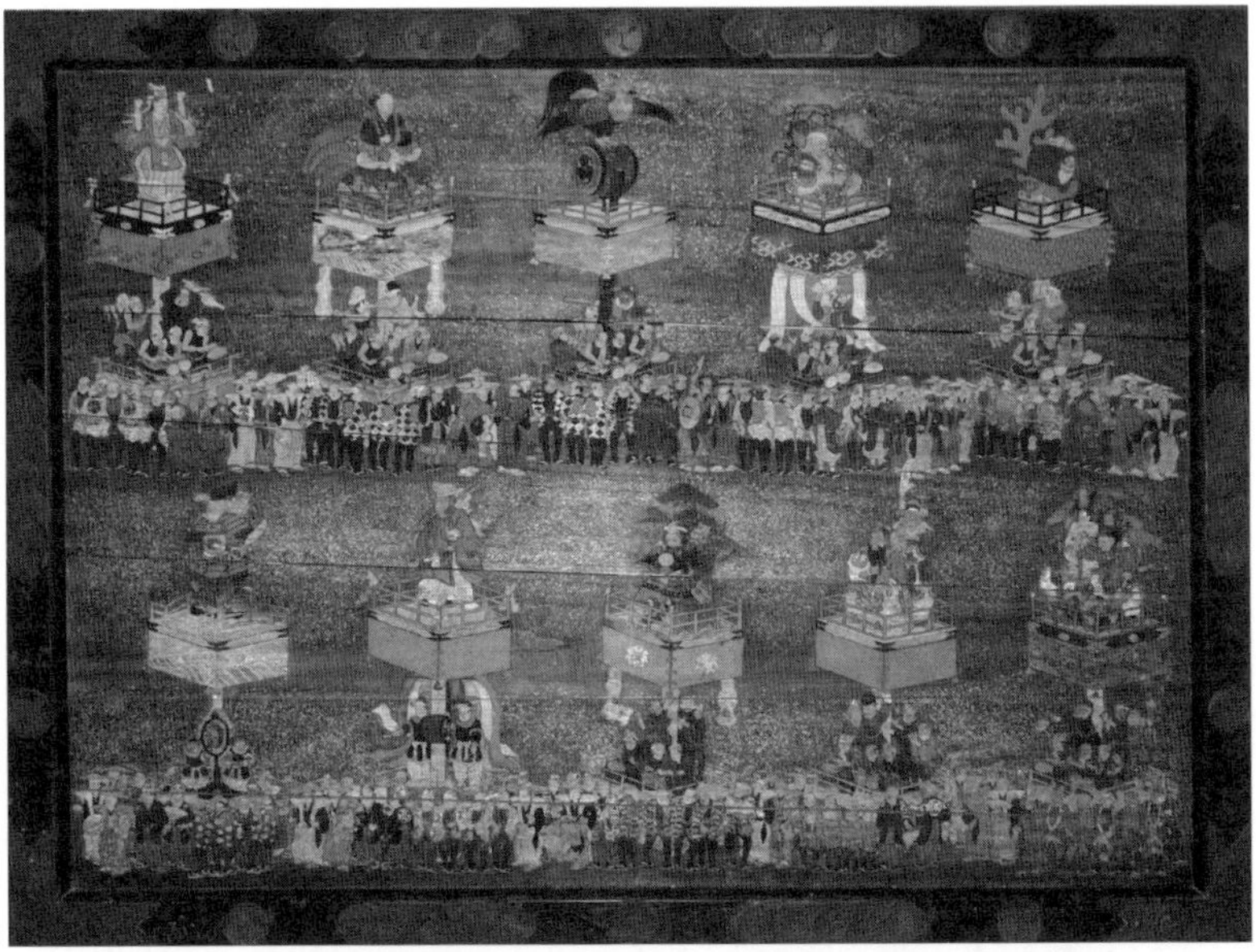

3-40　川越氷川祭礼図（天保15年　川越市宮下町・氷川神社）

〈裏〉奉納　天保十五甲辰年九月吉祥
　　日　セハ人　鳶連中（二一人連
　　名）

十月十四・十五日の川越祭りは、川越城下旧十か町の総鎮守氷川神社の例祭であったが、今日では全市を挙げての観光的色彩の強い祭りになっている。

現在、県指定文化財となっている山車は十台。そのすべては三つ車または四つ車の上に二重の鉾を組み、上層の鉾に人形をのせた、江戸神田明神の山車の系統のものとされている。ところが、この絵馬に描かれた十か町十台の山車は、人形ののった鉾を一本柱で支えただけの簡素なつくりであり、その下のせいご台に囃子連が乗っている（**写真3－40**）。

それぞれの山車を大勢の人が取り囲んでいる。

中でも目をひくのが鳶職の姿で、祭り半纏に股引をはいた鳶職が山車ごとに四〜五人ずつ描かれている。というのも、この絵馬は祭りに関与した鳶職連中が奉納したもののため（裏に世話人として二一名の鳶職の名が列記）、鳶職の存在を殊更強調しているのである。この祭りにおける鳶職の役割は非常に大きなものがあり、特に山車の組立て、曳行、及び解体はすべて彼らの仕事であった。また、かつては消防、町内の掃除、商店街の売り出し、夜警なども町場の鳶職は任されており、町の運営に不可欠な集団となっていた。(6)

⑭ 屋根職人図

・奉納先―行田市荒木　天洲寺太子堂
・奉納年―明治四十三年（一九一〇）
・寸　法―縦四五・五㎝×横六〇・五㎝
・銘　文―（額縁）奉納　大願成就　明治四拾参年参月吉日　北埼玉郡手子林村大字神戸　田沼藤吉

お堂の前で何事か話し合っている様子の五人の職人。雰囲気から、左から二人めの人物がこの絵馬の奉納者でもある親方、他の四人はお抱えの職人であろう（写真3―41）。画面を見る限りでは、この人たちの職業を知る手掛りになるものはない。額縁部分の墨書も「奉納　大願成就」という決まり文句と日付け、それに奉納者の住所と氏名であって、職業まではわからない。

手子林村大字神戸というのは、現在の羽生市神戸に当たる。調べてみたところ、田沼家はすでになく、古

3-41　屋根職人図（明治43年　行田市・天洲寺太子堂）

老の話では、田沼藤吉なる人物は草屋根葺きの職人からのちに大工に転向し、大正末から昭和初めのころに没したとのことであった。明治四十三年の時点ではまだ屋根職だったようなので、名称を「屋根職人図」としたものである。

五人の服装は、印半纏に股引、草鞋ばきで、印半纏には「田沼（藤）」と染め抜いてある。ステッキと帽子を手にしているのも面白い。

なお、天洲寺太子堂はその名のとおり聖徳太子を祀っているため職人の篤い信仰を受け、本尊の木造聖徳太子立像は重要文化財の指定を受けている。

⑮ 井戸掘り図

・奉納先—行田市谷郷　春日神社
・奉納年—不詳

3-42　井戸掘り図（行田市谷郷・春日神社）

・寸　法―縦八九・四㎝×横九二㎝

掘ったばかりの井戸からあふれるばかりに水がわき出し、作業をしている男たちはもちろん、それを見ている女衆や子供らのすべてが、満面に笑みを浮かべている。水を得た喜びを表現した珍しい絵馬である（写真3―42）。

この井戸は一般的な掘り井戸ではなく、鉄棒を用いた突掘りと称する工法によって、地下深くの水脈から自噴水を得るものである。井戸穴の上に櫓を組んで、節を抜いた太い竹を三か所に固定し、この竹の中に長い鉄棒を垂直に通す。引き上げた鉄棒を繰り返し落下させることで少しずつ穴を深くしてゆくのだが、地中に突き刺さった鉄棒の引き上げに多数の人力を要し、また深くなるにつれて鉄棒を継がねばならないので容易な作業ではない[7]。画面では、鉄棒に丸太をあてがい、横にした臼を支点にして鉄棒をもち上げる工法をしているのがわかる。

年号も奉納者も記されていないが、突掘り技術の歴史から推して江戸時代末ごろの絵馬であろうといわれている。場所は不明。しかし、この春日神社のある谷郷は純粋な水田地帯であり、一方描かれている光景や人物は町場のように見えるので、現場は谷郷からそれほど遠くない忍城下（現行田市）かもしれない。

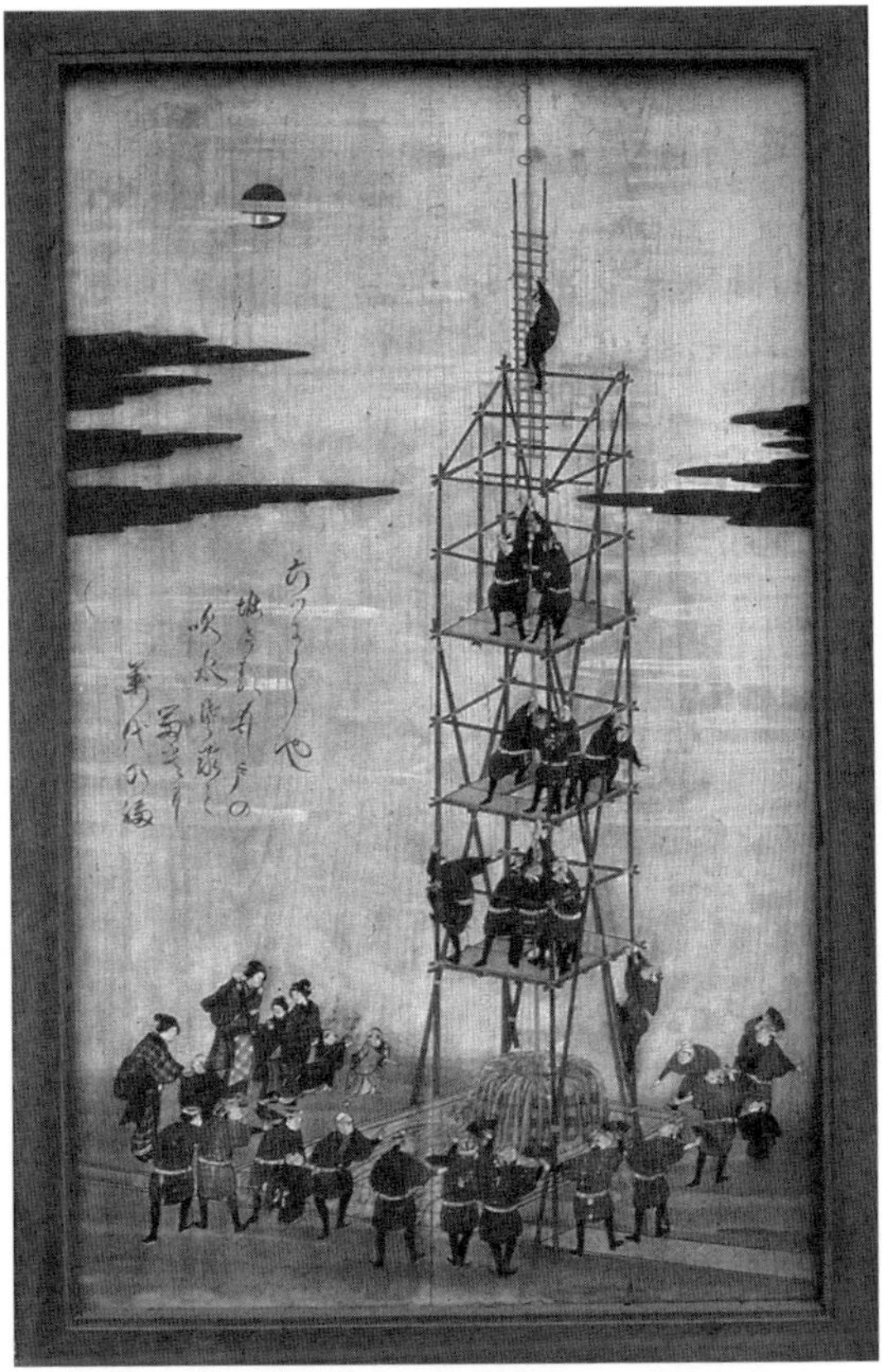

3-43　井戸掘り図（松伏町魚沼・香取神社）

⑯ 井戸掘り図

・奉納先―松伏町魚沼　香取神社
・奉納年―不詳
・寸　法―縦八二・八cm×横五三cm

珍しい井戸掘り図絵馬が松伏町にもある（写真3―43）。井戸穴の上に高い櫓を設け、長い鉄棒を上下させて少しずつ掘り進めてゆく突掘りという工法を描いた点では⑮の絵馬と同じだが、⑮と違うところが多々ある。櫓が立体的で、床が三層に張ってあること、櫓の頂上に梯子を固定して高さを増していること、その梯子にさらに三個の輪のついた棒を固定し、輪の中を鉄棒を通すことで鉄棒の揺れを防いでいること、円筒形の井枠を設け、さらにその周囲を板で囲って水場風にしてあること、鉄棒を上下させるのに人夫が櫓の上にのっていること、等々である。

鉄棒を引き上げる方法は、櫓にのった男たちが綱を持って引っ張っているようであり、計一二人ほどが三層に分かれて力を合わせている。それとほぼ同数の人が櫓を見上げ、扇子を手にして勢いをつけているのは、重労働のために時々交替させる必要があるからであろう。櫓に上り下りする人の姿が見えるのも、作業そのものは休まず続け、人だけを入れ替えているためと思われる。

なお、画面に「むつましや掘ける井戸の吹水と家も富貴たり万代の福」という歌が詠みこまれている。井戸を掘った喜びを、吹く・富貴・福の三つをかけて表現している。江戸時代後期の絵馬と推測する。

⑰植木職人図

・奉納先―さいたま市西区高木　氷川神社
・奉納年―明治十五年（一八八二）
・寸　法―縦五三㎝×横九九㎝
・銘　文―当社境内大門樹木献納連名（八人連名）明治十五年四月　額地板　納主　福田安松

3-44　植木職人図（明治15年　さいたま市西区高木・氷川神社）
（大宮市立博物館特別展図録『絵馬』より複写）

「当社境内大門樹木献納連名」と大きく書かれた文字が示すとおり、この絵馬は神社の氏子と思われる人々による献木記念の奉納である（写真3―44）。画面上部に「杉苗〇〇株」あるいは「檜苗〇〇株」の文字とともに八人の寄進者名が墨書されている。ただし、絵馬そのもの（「額地板」とあるから素材としての額だけかもしれない）の奉納者は、八人とは別の福田安松という人物である。この人物が世話人や氏子惣代といった神社関係者なのか、それとも植木職人自身なのかは明らかでない。が、図中の五人の植木職人の姿を見てみると、仕事に精を出す四人の若い職人たちを一人の年輩者（左から二人め）が監督しているようである。とすると、この年輩の人物すなわち親方が、仕事を請け負った記念に奉納した絵馬と考えることができる。

職人たちは鳥居と社殿との間の参道の両側に苗木を植えている。荷車で苗木を運ぶ者、運ばれた苗木の根に手を入れている者、鍬を使って植付け用の穴を掘っている者、植えた苗木の根元の土を足で踏み固めている者、それぞれ印半纏に股引、ねじり鉢巻という典型的な職人姿をしている。

なお、「大門」というのは参道のことである。絵馬の中の参道は短いが、実際の長さは一〇〇m近くもある。現在、その参道の両側には太い杉檜が並木をつくり、いずれも一抱えほどの太さに生長している。その太さからして、絵馬に描かれた一〇〇余年前の献木と同じものと思われる。また、右端に見える太い神木も実際に境内にあったものだが、昭和三十一年に落雷を受けたことから切り倒してしまい、直径三mもある根元部分だけを輪切りにして、神社では記念に保存している。

⑱花火打上げ図

・奉納先―加須市新川通　神武天皇社
・奉納年―明治三十四年（一九〇一）
・寸　法―縦八八cm×横一二一・五cm
・銘　文―奉納　烟花連中　烟火製造人金子惣之丞（他二二人）　明治卅四辛丑年旧八月拾五日　北埼玉郡東村大字新川通　堀越筆

花火大会は夏の風物詩として欠かせないものになっているが、明治・大正のころまでさかのぼってみると、今以上に各地で行われていたようである。しかし、その多くは昼間の打上げ花火で、今日の花火大会の雰囲

3−45　花火打上げ図（明治34年　加須市新川通・神武天皇社）

気とは随分違っていたものらしい。

この絵馬に描かれているのも、絵の様子から昼間のものと思われる（写真3−45）。中央部に利根川が流れ、遠方の山並まではっきりと描かれている。利根川の手前が新川通という地区で、ここの広い河原が打上げの場所となった。画面中央に三本の打上げ筒が描かれ、左端の白いのはテントである。上空には四種類の花火が開き、そのうちの一つからは三体の人形のようなものが落下しつつあるように見える。河原では、竹竿を手にした子供たちが、落ちてくるパラシュートを拾おうとしている。

奉納者は二三人からなる「烟花連中」。ただし、この中で花火職人と呼べるのは「烟花製造人　金子惣之丞」ただ一人であり、他は素人であった。素人でも花火好きが集まって作り、打ち上げるこ

3-46　油搾り図（享和2年　所沢市・金乗院）

とのできたのが当時の花火大会なのである。

なお、花火職人金子惣之丞は各地の花火競技会にも参加していたようで、入賞記念の奉納額（文字額）を同社に納めている。

⑲ 油搾り図

・奉納先―所沢市上山口　金乗院（山口観音）
・奉納年―享和二年（一八〇二）
・寸　法―縦七四cm×横九一cm
・銘　文―奉納　享和二壬戌年正月吉日　□木村　尾崎文蔵

製油は、もともと関西地方が本場だった。それが江戸中期になると、全国各地に製油業者の成立をみるようになったとされている。そして、製油に伴って生産される油粕は、干鰯と並ぶ重要な肥料になり、各地の商品作物栽培を支えてきた。

この絵馬は、製油の作業工程の中から、特に踏臼を用いての原料粉砕の様子と、圧搾作業の様子を描いたものである（写真3―46）。画面上部に描かれた俵は、原料の菜種であろうか。

製油の工程は、菜種を天日に干してから炒り、踏臼で砕いたのち蒸籠で蒸す。これを麻袋に入れて、図のような道具で油分を搾り出すのである。左右から二人して、掛矢に似た道具で楔を打ち込んで圧搾しているが、この方法は酒や醤油の搾り方とはまったく異なるものである。大蔵永常が油の生産拡大と技術の普及を目的に著した『製油録』（天保七年）にも、同様の作業図が見られる。ところが同書には、楔を打つのに関東では別の方法を用いているとの説明がある。この絵馬が奉納された享和二年（一八〇二）は『製油録』刊行より三四年もさかのぼるわけで、永常の説が正しければ、当時は関東でもこのように関西と同じ方法で搾っていたことが考えられる。

⑳油搾り図

・奉納先―行田市斉条　剣神社
・奉納年―安政四年（一八五七）
・寸　法―縦一二三・五㎝×横一八五㎝
・銘　文―奉懸御宝前心願成就　安政四年丁巳年十一月十五日　当所　吉田吉左衛門

これも製油の作業風景を描いたものだが、所沢市金乗院のものに比べると、店の内外の様子がより詳しく

3-47　油搾り図（安政4年　行田市斉条・剣神社）

表現されている（写真3―47）。また、安政四年（一八五七）の奉納ということは、前出の油搾り図よりも五五年、大蔵永常の『製油録』よりも二一年のちのことになり、製油道具の変遷を知る上に興味深いものがある。

　画面中央に描かれているのが、しめ木という圧搾道具であり、縄でつった角材を振り子のように前後させることで楔を打ち込んでいるのがわかる。『製油録』にも、このような方法は関東のものとの記述がみられ、この絵馬は当時の典型的な製油業者の様子を描いたものといってよいだろう。

　仕事場には、踏臼で原料をつき砕く職人の姿もある。さらに、画面右側には帳場にすわる主人、左側には通りに面して油の小売りをしている女性の姿があり、店の前には油樽を運ぶ馬方二人と、油徳利を提げて油を買いにやって来たらしい子供も描かれている。右下にわずかに見えるのは山積みの薪。原料を蒸すためには、薪も大量

3-48　酒造図（天明6年　行田市谷郷・春日神社）

に必要としたのである。

奉納者の吉田吉左衛門は、当地の油屋と伝えられている。

㉑酒造図

・奉納先―行田市谷郷　春日神社
・奉納年―天明六年（一七八六）
・寸　法―縦八一㎝×横一〇五・六㎝
・銘　文―奉□　天明六丙午年十一月吉日　当所　長谷川儀助

中央に小さく見える「酒通帳」から、この絵馬が造り酒屋の様子を描いたものであることがわかる（**写真3―48**）。画面中央に帳場を配しているのは、奉納者自身の姿を強調するためであろう。表現上、柱や梁の木組みや桶の描き方に稚拙さが見受けられるが、造り酒屋の雰囲気はよく出ている。

右側の三人は、踏臼による精米作業。臼の中には、米の回転をよくするための搗き輪まで描かれ、描写が細かい。左側の大きな道具が、酒搾り用の槽である。長木の一端に大きな石を何個もつり下げる方法で圧搾しているのがわかる。そのほか、大桶の中のもろみをかき混ぜる人、桶や酒樽を運ぶ人が生き生きと描かれ、また、車井戸を描いていることで、造り酒屋における井戸の重要性も示している。

江戸中期になると、酒造業は町場だけのものから、次第に農村部にまで広がっていった。奉納者の住所は「当所」としか記していないが、これが現在の行田市谷郷を指すならば、この絵馬は、農村部への酒造業の広まりを示すものとみることができよう。ただ、この地（谷郷）は忍城（現行田市）の城下に近いという地の利があり、城下の需要に応えるための酒造とも考えられる。

なお、下の枠が左右にとび出た形の大絵馬は、埼玉県では非常に珍しい形態であることを付け加えておく。

㉒酒造図

・奉納先—北本市荒井　千手堂（味噌観音）
・奉納年—明和五年（一七六八）※赤外撮影により判明
・寸　法—縦九一㎝×横一二七・三㎝
・銘　文—奉納御宝前　大願成就之所　当村　矢部専右衛門蔵　□藤氏

少し前までのこと、この絵馬は「醤油搾り」の作業を描いたものとして扱われていた。画面右側に見える

3-49　酒造図（明和5年　北本市荒井・千手堂）

大きな箱状の道具は、確かに醤油搾りに使われるものによく似ている。しかし、明和五年（一七六八）当時、醤油作りがこれほど大掛りに行われていたか疑問だし、細かな点で醤油搾りらしからぬ描写も見出せる。この絵馬の奉納先が俗に「味噌観音」と呼ばれていることから、味噌と関連深い醤油と速断してしまったのではないだろうか（写真3―49）。

正式には千手堂。味噌観音の名は、各家で味噌を作っていたころ、味噌の味が変わらないように、また変わってしまったときは元の味に戻してもらいたいとの願いで、味噌を奉納したことに由来するという。

左側が帳場、右側が作業場である。大桶が幾つも並び、箱状の槽の中に詰めたもろみを長木の先につり下げた石の重みで圧搾している。石は一抱えもある大きなものだ。そのほか、天秤棒や背中で酒樽を運ぶ人、徳利を提げて酒を買いに来たらしい子供の姿もあり、店の繁盛振りがうかがわれる。

奉納者「当村　矢部専右衛門」なる人物の子孫は、北本市荒井に今も住んでいることがわかった。同家は当時名主を勤め、天保年間までは酒造りも行っていたと伝えている。

㉓酒造図

・奉納先―不詳（狭山市教育委員会蔵）
・奉納年―不詳
・寸　法―縦四一・七㎝×横四三㎝（計一六枚）
・銘　文―入間郡今福邨住　奥富竹外画

千葉県の成田山新勝寺には、明治十五年（一八八二）奉納の酒造図絵馬がある。絹本着色の工程図一六枚を一つの大きな額にはめ込んだものである。

ここに紹介する一六枚の板絵は、神社もしくは寺に奉納されていたものではないが、一枚の額にまとめたならば成田山のものと非常によく似た絵馬になり得る。来歴を調べてみると、狭山市下奥富で明治のころまで酒造業を営んでいた小島家の蔵から発見され、その後狭山市に寄贈されたものという。下奥富には酒の神を祀った梅宮神社があり、(8)この板絵は梅宮神社に奉納するつもりで作ったものの、何らかの理由で奉納することなく蔵の中で眠ってしまったのではないか、というのが小島家当主（現在東京都立川市に在住）の話で

3-50　そうめん作り図（文政12年　さいたま市西区中釘・秋葉神社）

あった。

酒米の蔵入れから清酒の出荷までの工程が精密に描写されており、「元取の部」では御幣と火打石で酛を清めている様子まで描かれている。ところが、残念なことに年代の記載がない。一見して江戸時代のようではあるが、「荷出之部」に描かれている荷車は、車輪構造が明治以降のものである。とすると、製作は明治時代で、作者は江戸時代を想定してこの板絵を描いたのかもしれない〈写真省略〉。

㉔そうめん作り図

・奉納先—さいたま市西区中釘　秋葉神社
・奉納年—文政十二年（一八二九）
・寸　法—縦六六㎝×横一五七・一㎝
・銘　文—奉納　文政十二己丑年八月　遥斎□白画

そうめんの生産は、江戸中期にはすでに産地が形成され、関西と四国がその本場であった。大和の「三輪そうめん」は特に名高く、阿波産がそれに次ぐという。一方、埼玉県内では当時、川越と小川が知られており、『川越素麵』という名の地誌さえ刊行されている。

この絵馬が奉納された秋葉神社は、火伏せの神として広い信仰圏をもっていた神社で、信者は江戸にまで及んでいた。しかし、そうめん作りを描いた絵馬がなぜこの社に奉納されたのかは明らかでない。さらに奉納者も不詳である。位置的にみると川越に近接していることから川越そうめんとの関連が考えられるのだが、文政年間には川越におけるそうめん生産は衰退しているとされており、川越と結び付けるには無理があるようだ。信仰圏の広さからすれば、江戸のそうめん業者の奉納と考えられなくもない。

母屋を中央にして三棟の作業小屋があり、左上の小屋では石臼と篩を用いての材料調整が行われ、右側の小屋にはそうめん作りの工程が細かに描かれている（写真3―50）。その様子は、「細きこと糸のごとく白きこと雪のごとし」という説明付きで描かれた『日本山海名物図会』（宝暦四年）の三輪そうめん作りの状況とよく似ている。

㉕菓子屋図

・奉納先―幸手市中　金毘羅宮（現在幸手市郷土資料館蔵）
・奉納年―明治十三年（一八八〇）
・寸　法―縦五四・五㎝×横五九㎝
・銘　文―明治十三庚辰七月九日　為家内安全　安谷敬白

3-51　菓子屋図（明治13年　幸手市中・金毘羅宮）

それほど大きくない草葺きの家。中央の座敷では、主人が客を相手に算盤をはじき、右側の部屋では三人の職人が作業をしている。屋外には、荷の積み下ろしをする馬方と、二人の子供が描かれている（写真3―51）。三人の職人が何をしているところなのか、絵を見ただけでは判断が難しかったが、左下にある奉納者の銘から、菓子屋の図であることを明らかにすることができた(9)。

この絵馬が奉納されていたのは、日光街道の宿場町として栄えた幸手の町中にある小さな金毘羅様だった。このお宮は鍋屋勘兵衛、通称「鍋勘」という穀屋の屋敷神であるが、町内の人々の信仰も集めていたという。その町内に安部谷助という人物が営む菓子屋があり、銘の「安谷」は安部谷助のことであった。

当時、安部家では金平糖をはじめとして、まんじゅう・餅菓子・飴なども作っていたという。金平糖の看板を店頭に掲げていたと伝えられるくらいだから、特に金平糖製造には力を入れていたようだ。描かれているのも金平糖作りかもしれないが、確証はない。

なお、部屋の奥に描かれている多数の引出しは、菓子箪笥という菓子屋独特のものである。奉納理由が商売繁昌でなく「家内安全」であるのもおもしろい。

㉖紺屋図

・奉納先—熊谷市下川上　愛染堂
・奉納年—不詳
・寸　法—縦二九・五㎝×横三一・五㎝
・銘　文—奉納

中絵馬と言えそうな狭い画面いっぱいに多数の藍甕を描き、その中に男二人、女五人を配した紺屋の図である（写真3—52）。「奉納」の二文字があるだけで奉納者名も奉納年代も記されていないが、髪型から明治期以降のものであることはわかる。

藍甕の形や配列、瓦屋根の描写はうまいとは言えない。しかし、個々の人物が行う作業は非常に写実的であり、かつての藍染の様子を知ることができる。七人が行っているのは糸染めで、藍の中に糸を浸している者、浸した糸を空気にさらしている者などいろいろだが、男は藍甕にまたがり、女は藍甕の縁に座って作業

3-52　紺屋図（熊谷市下川上・愛染堂）

しているのが興味深い。二人の男は紺屋の職人、残りの五人は自家製の綿糸を染めに来た近所の主婦かもしれない。

この絵馬が奉納されている愛染堂は、「愛染＝藍染」という語呂合わせから、江戸時代以降現在に至るまで染色業者、特に紺屋の篤い信仰を受けてきた。南は東京都、北は群馬県まで、その信仰圏は広い。そうしたことから堂内には、計五点の紺屋図絵馬があり、うち四点は熊谷市の文化財に指定されている。

㉗紺屋図

・奉納先―熊谷市下川上　愛染堂
・奉納年―天保十年（一八三九）
・寸　法―縦九〇・六㎝×横一二一㎝
・銘　文―奉納　願主　古河屋與左衛門

紺屋の仕事場と帳場の様子を描いたものである

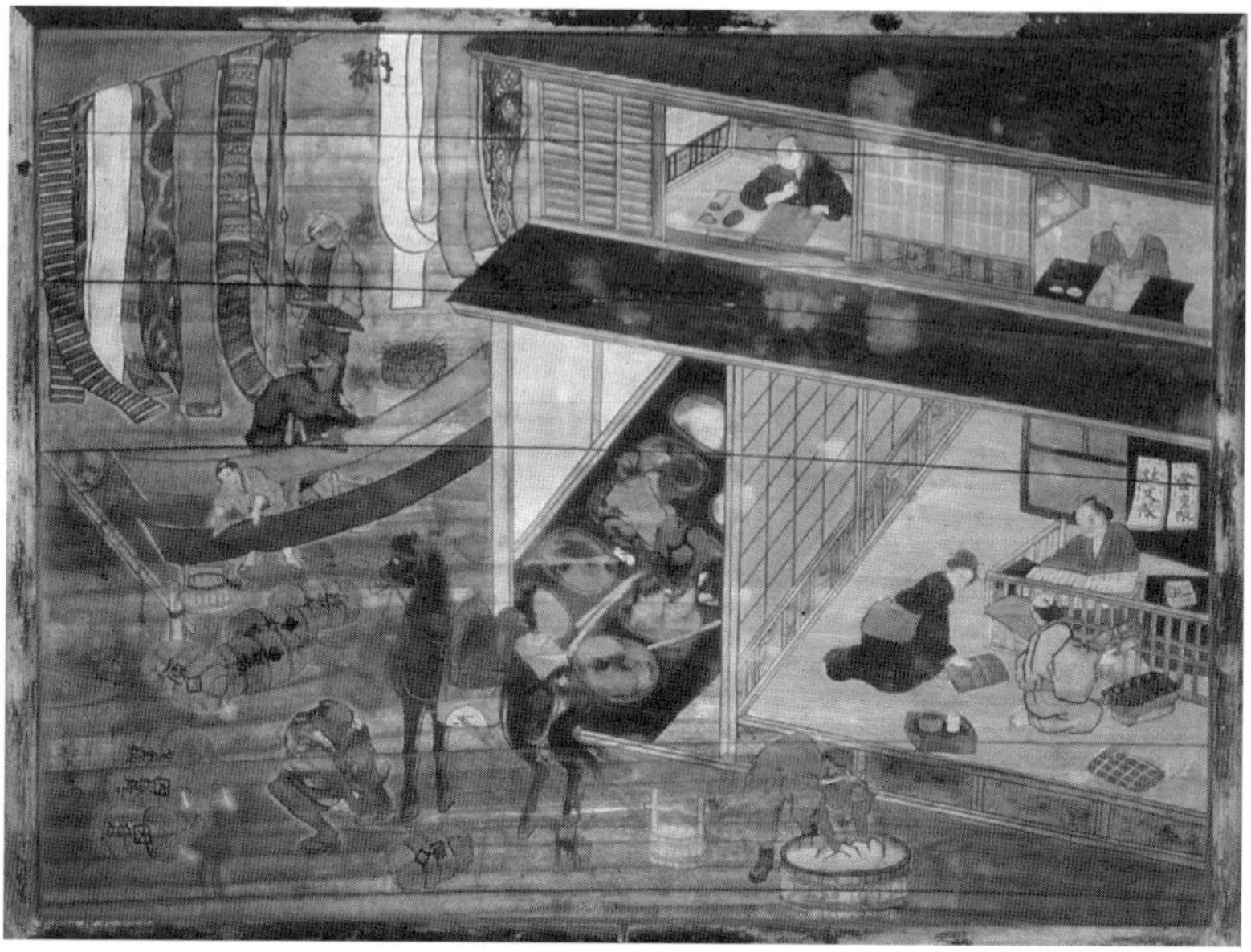

3-53　紺屋図（天保10年　熊谷市下川上・愛染堂）

（写真3―53）。奉納年代は明記されていないが、画面右端、帳場の壁に掛けてある帳面（註文帳・当座帳）に「天保十年□月吉日」と記されているから、この年の奉納とみて間違いないであろう。奉納者は古河屋與左衛門。しかし、どこの人物かは明らかでない。

画面右側が建物内部の様子。一階に帳場と甕場があり、帳場では生地を見ながらの取り引きが行われ、障子を隔てた甕場では二人の職人が布を染めている。二階は図案描き職人の仕事場であろうか、二人とも筆を手にして紙に向かっている。

一方屋外では、形付けした布を水平に張っての豆汁（ご）入れ作業や、染め上げた布の乾燥が行われている。藍玉を運ぶ馬方の姿も見え、馬方は馬に草鞋を履かせようとしているところのようである。運び下ろされた藍玉の俵が一〇個ほど庭に

3-54　紺屋図（熊谷市下川上・愛染堂）

置かれ、その一つ一つに「金錦」「松錦」「極錦」といった銘柄が書き記されている。

㉘紺屋図

・奉納先—熊谷市下川上　愛染堂
・奉納年—不詳
・寸　法—縦六一㎝×横九二・四㎝

これも紺屋の様子を描いたものである。㉗の絵馬より小振りではあるが、それでも長辺の長さは一mに近い（写真3—54）。左側の褪色が激しいために不明な部分もあるが、構図ならびに個々の作業風景は㉗によく似ている。画面右側に帳場と甕場、左側に庭での作業を配し、二階では図案描きらしい作業をしているのも共通している。

甕場では一人の職人が布染めをしている。甕場の壁に作られた棚には一対の御神酒徳利が並んでいるのが見える。多分、愛染様を祀ったものであろう。庭では水平に張った反物に向かって二人の職人が豆汁（ご）入れの作業をしており、その脇には俵詰めの藍玉を運んで来たところらしい馬方の姿も見える。

年号や奉納者の名が書いてあったか否かは明らかでない。帳場の机と馬の腹帯の二か所に書かれている「セ」の印だけが頼りだが、この紺屋の屋号と推測されるだけで、それ以上のことは知る術もない。

㉙紺屋図

・奉納先―熊谷市下川上　愛染堂
・奉納年―不詳
・寸　法―縦一一五㎝×横一二二㎝
・銘　文―奉献　大願成就

母屋を中心に計五棟の建物が描かれている。うち三棟は草葺きの寄棟造り、二棟は瓦葺きの切妻造りである。母屋の中は帳場になっており、この家の主人夫婦に客が話しかけている様子と見受けられる（写真3―55）。

左右の二棟は作業小屋。右側の草屋根の内は甕場になっていて、糸染めをする七人（男一人、女六人）の姿がある。女性が皆、同じように縞柄の着物を着ているのは、当時の流行といえようか。左側の建物の中では一人が踏臼で藍をつき、外では莚に座った人物がつき終えた藍を丸めて藍玉にする仕事をしている。愛染堂には計五面の紺屋図絵馬が奉納されているが、藍玉作りの様子を教えてくれるのはこの絵馬だけである。

3-55　紺屋図（熊谷市下川上・愛染堂）

しかし、残念ながら奉納年代が明らかでない。「奉献」と「大願成就」という二つの言葉が記してあるばかりで奉納者さえもわからないのである。これだけ大型の絵馬でありながら年代も奉納者も書き記してないのは、逆に珍しいともいえる。帳場に腰をかけた客一人だけが丁髷を結っていることから、明治初期から中期にかけての絵馬と考えられる。

㉚ 紺屋図

・奉納先―熊谷市下川上　愛染堂
・奉納年―昭和六十一年（一九八六）
・寸　法―縦七〇㎝×横一〇三㎝
・銘　文―奉納　昭和六十一年丙寅

3–56　紺屋図（昭和61年　熊谷市下川上・愛染堂）

正月吉日　羽生市小松　中島安夫　武州飯能住　小槻正信画

帳場と甕場とが一つ建物の内に隣り合って描かれ、帳場には主人らしき人物が座り、甕場では七人の職人が糸染めに励んでいる。庭では染め上げた糸を竹竿にかけて干す作業が行われ、そのそばでは馬方が運んできた荷物の積み下ろしも行われている。また、庭の隅にはなぜか傘張りをしている人の姿も描かれている（写真3—56）。

明治の初めとされている紺屋の情景である。しかしながら、この絵馬の奉納は昭和六十一年ということで、描かれた時代とは大きなズレがある。かつて羽生市岩瀬の小松神社には、中島家の先祖が奉納した紺屋図絵馬があったという。現存していないその絵馬の図柄を、現当主中島安夫氏が思い出しながら絵師に描いてもらったのが、ここにあげた昭和の絵馬なのである。

3-57　紺屋図（行田市・天洲寺太子堂）

奉納者は現在でも藍染に力を注いでいる職人であり、絵師小槻正信氏（飯能市）はどちらかというと小絵馬の製作で名を知られている絵馬師である。奉納に至る経緯さえ把握していれば、職人図としての資料的価値は決して低いものとはいえないだろう。

なお、中島氏は同年五月にこれとまったく同じ図柄の絵馬を、羽生市の小松神社にも奉納している。

㉛紺屋図

・奉納先―行田市荒木　天洲寺太子堂
・奉納年―不詳
・寸　法―縦五三・五㎝×横七五㎝
・銘　文―北埼玉郡羽生町大字上羽生　三沢末吉

画面を二つに区切り、右側に九人の紺屋職人、左側にお堂と鳥居を描いている（写真3―57）。右側の小さな丸い模様は、甕場に並ぶ藍甕を表したもののようだ。九人はそれぞれ思い思いのポーズをとっているが、かせ糸を手にした左上の人物を除いては、何を表現しているのか定かでない。

九人中八人がねじり鉢巻をしている中で、一人だけ帽子をかぶっている人物がいる。これが奉納者三沢末吉であり、他の八人は三沢家に雇われている職人であろう。末吉は一〇〇個ぐらいの藍甕をもって紺屋を営んでいたものの、昭和十九年に亡くなると同時に三沢家は紺屋の看板を下ろしたという。上羽生は現在の羽生市中央。現在三沢家は、そこでうどん屋を開業している。

左側のお堂は、この絵馬が奉納された天洲寺太子堂で、正面には「聖徳太子」の扁額が見える。聖徳太子と職人との結び付きは深く、ここ天洲寺太子堂でも二月二十二日の縁日には各種の職人たちが参拝に来ていたという。

奉納年代は明記されていないが、昭和の初めから一〇年代にかけてのものと思われる。

㉜河岸場材木商図

・奉納先―吉川市高久　蕎高神社
・奉納年―明治二十三年（一八九〇）
・寸　法―縦八五㎝×横一六七㎝
・銘　文―奉納御宝前　一恵斎芳萬画　庚明治廿三寅年十二月吉日

3-58　河岸場材木商図〈部分〉（明治23年　吉川市高久・蕎高神社）

当所願主　鈴木勘治朗　鈴木亀吉　鈴木六太朗

畳の大きさほどの長方形の画面の中で、六〇人近い人々が生き生きと動いている（写真3―58）。印半纏を着た職人（木挽き、船大工、臼彫り、桶職など）、大小の船を操る船乗り、馬方、郵便配達夫、車力、帳場の主人と客、行商風の商人、その他老若男女。中でも数が多く、主役となっているのは職人たちの姿である。

この絵馬に描かれているのは中川の河岸という。画面の中に奉納先の蕎高神社が見えることからすれば、中曽根河岸と考えられる。川に面して広い屋敷をもつこの家は材木商だという。中川を利用して栃木方面から材木を買い入れて商売するとともに、船大工や木挽き、車力などを大勢雇っていた。奉納者三人のうち勘治朗と六太朗はこの家の父子、亀吉は勘治朗の娘の亭主という。一時はこの絵馬に描かれたごとく隆盛をきわめていたが、六太朗の代に廃業している。

中川の舟運は江戸期から明治期にかけては盛況だった。しかし、明治に入ると河床が少しずつ上昇して大型船の航行にも支障が出始め、この絵馬が奉納された前年には、浚渫を求める上申書さえ出されている。材木商鈴木家が廃業した背景には、このような河況の変化も考えられる。

その後、河川改修や耕地整理によって民家も神社も移転を余儀なくされ、当時の面影は今はまったくない。亀吉の子孫が営むそば屋の屋号「河岸のや」の名だけが河岸の歴史を伝えている。

㉝刀鍛冶図

・奉納先―加須市不動岡　総願寺
・奉納年―安政四年（一八五七）
・寸　法―縦一三五㎝×横一八二㎝
・銘　文―奉納　安政四年（以下不詳）

刀剣は一人の刀工の力だけで作り出せるものではない。玉鋼を打って刀身を作ったのち、研ぎにかけ、幾種類もの小物を取りつけて一本の刀が完成する。この絵馬に描かれた九人の人物は、そうした個々の細工に従事する専門職人たちである（写真3―59）。上段右から刀鍛冶、研師、鐔師、柄巻師、下段右から不詳（鞘師か）、不詳（鐔を押さえる切羽を作る職人か）、漆師、鮫師、鑑定（？）で、それぞれに人名を記してある。

3-59　刀鍛冶図（安政4年　加須市・総願寺）

鐔師土屋正珉は、江戸浅草から武州熊谷に移り住み、忍藩のお抱え職人として活躍した人物で、この九人の中ではもっとも有名である。

「刀鍛冶図」という名称は適当でないかもしれないが、刀剣作りを代表する職人が刀鍛冶であることに異論はないであろう。ここに描かれた九人の服装をみても、他の八人が平服なのに対し、刀鍛冶だけは烏帽子をかぶった特別な身なりをしており、後ろには注連を張って神聖さを表現している。

これが奉納された総願寺は不動明王像を本尊とする古刹で、寺宝の一つに倶利伽羅不動剣がある。刀剣作りの様子を絵馬にして奉納したのは、おそらく不動明王の剣にちなんでのことであろう。

㉞ 刀鍛冶図

・奉納先—行田市谷郷　春日神社

3-60　刀鍛冶図（明治30年　行田市谷郷・春日神社）

・奉納年―明治三十年（一八九七）
・寸　法―縦五一・五㎝×横六八・八㎝
・銘　文―奉納　春日前　小林栄次郎　明治三十年二月吉日

刀鍛冶を描いた絵馬は珍しいものではない。とは言っても、そのほとんどは謡曲「小鍛冶」の故事にちなんだもので、三条の小鍛冶宗近の向槌を務める赤毛の童子が、実は狐の化身だったという話である。座った姿勢で刀を打つ職人と、長く赤い髪を振り乱して向槌を打つ者の二人からなる図柄は、どれもほぼ共通している。そして、狐との結び付きから稲荷神社に奉納されている例が多いようである。

これに対して、「生業図」と呼べるような刀鍛冶の仕事ぶりを描いた絵馬は非常に少ない。ここにあげる絵馬も、「刀鍛冶図」とはいいながら、実際の仕事の場面を表したものではない。神社の境内で刀を打つ三人。刀工の後ろに正装の女性が控えているのも異様だし、向槌を打つ者だけが裸というのも不釣り合いである。奉納者の小林栄次郎は刀鍛治と地元で伝えていることから、正装の男女は奉納者とその妻と思われる（写真3－60）。

二頭の鹿と紅葉は、奈良の春日神社に結び付けて描き添えたものであろう。理解に苦しむのは、弓と刀をそれぞれ手にした二匹の鬼（？）と、逃げまどうような半裸の人物（女性のように見える）である。また、明治三十年という時代に、刀鍛冶がなぜこうした絵馬を奉納したのかもわかっていない。

㉟鍛冶職人図

・奉納先―川越市幸町　金山神社
・奉納年―嘉永七年（一八五四）
・寸　法―縦五七・五㎝×横六七㎝
・銘　文―〈表〉三代目ム蝶
　　　　〈裏〉奉納　金山大権現　嘉永七寅年二月　高島流鉄砲台異国船渡来之節打之
　　　　松郷　鍛冶屋万吉

これは単に鍛冶仕事を描写した絵馬ではなく、裏面の墨書銘にあるとおり、幕末の異国船渡来に結びついたものである（写真3－61・表紙カバー）。当時、川越藩は江戸湾防備の一翼を担わされていたこともあって、

3-61　鍛冶職人図（嘉永7年　川越市幸町・金山神社）

川越の鋳物師井上家は大筒（大砲）の鋳造を命じられていた。画面右側に積まれた炭俵の陰に見える車輪つきの大筒は、多分井上家で鋳造されたものであろう。そして、「鉄砲台」というのは、江戸湾に面して設けられた数か所の台場で、大筒を据え置くのに使われたものと思われる。

大型の金敷の上で鉄砲台の部品を打ち鍛える三人の職人。その左で鞴を操作しているのが、この絵馬の奉納者でもある親方であろう。左端の人物は入れ墨をした片肌を脱ぎ、鎌状の道具で炭をならしている。右下に小さく描かれた人は、炭俵から出した炭を金槌で砕いている様子だ。

松郷というのは、当時川越の城下町に隣接していた旧村。金山神社は、城下一〇か町の一つ

3-62　提灯屋図（明治24年　さいたま市浦和区本太・山神神社）

鍛治町で祀っていた鍛工の職能神である。

画面左上に、三羽のタンチョウヅルが飛ぶ姿を描いているのも、当時の自然環境を知る上で興味深いものがある。

㊱ 提灯屋図

・奉納先―さいたま市浦和区本太　山神神社
・奉納年―明治二十四年（一八九一）
・寸　法―縦三五・五㎝×横四九・五㎝
・銘　文―明治廿四年卯三月一日　蕨町　間宮孝太郎拝

人の背よりも大きな提灯に筆を入れている職人の図である（**写真3―62**）。提灯には「奉納　大山祇神」の六文字が大きく墨書きされ、その職人は火袋の部分に模様を描き入れているところだ。傍には弟子と思われる人物が二人いて、一人は塗料らしきものを溶き、もう一人は塗料入りの容器を親方に向かって差し出している。太い丸太を足場のように組んだものが提灯をとり囲んでいるが、これが何なのか定かでない。提灯屋の仕事場に設けてあるものなのか、それとも奉納先の建物の足場なのか。

この絵馬の奉納先は山神神社と称し、平地には珍しく山の神を祀っている。ちなみに提灯にかかれた大山祇神は、山の神の祭神である。

奉納者の間宮孝太郎は、蕨町（現蕨市）に住む提灯屋であった。武峰の画号をもち、画人寺崎広業の門下に入っていたとも伝えられる。職人図絵馬のほとんどは奉納者（職人）が絵師に描いてもらったものを奉納する形をとっているが、この絵馬の場合は、おそらく奉納者自身が我が身の仕事振りを絵にしたものではないだろうか。

註

（1）岩井宏實『絵馬』（一九七四年　法政大学出版局）

（2）岩井宏實氏は『技術と民俗』（日本民俗文化体系一四）の中で「職人絵馬」という言葉を使っているが、本稿では個々の資料名を「〇〇図」という形に統一したことから「職人図絵馬」と呼んでみた。

（3）埼玉県内の生業図については、拙文「絵馬に描かれた晴の生活・褻の生活」（『埼玉県立博物館紀要　六』）で紹介した。

（4）⑤棟梁送り図、⑧樵拝み図、㉚紺屋図は、まったく同じ図柄のものが二か所に奉納されていることを確認しているが、これらはそれぞれ一点として数えた。

（5）（3）に同じ。

（6）飯塚好「町場における鳶職の役割」（『埼玉県立民俗文化センター研究紀要　第三号』）

（7）大島曉雄「上総掘りの成立と展開」（『日本民俗学』第一四〇号）

（8）梅宮神社の二月十一日の例祭は、氏子が甘酒を作って奉納するので「甘酒祭り」とも呼ばれ、県の無形民俗文化財に指定されている。

（9）幸手市文化財審議委員の小路精蔵氏から教示を受けたものである。

〈追記〉ここに取り上げた職人図絵馬は、１９８９年の時点で確認したものである。その後新たに確認された絵馬については、巻末の「生業関係の絵馬」に掲載した。

なお、絵馬の寸法は最大値を縦×横で表したが、いわゆる家型の絵馬の場合は、四方にとび出ている枠を除外して計測してある。

5 中川水系の船絵馬

各地の神社や仏閣には、大小さまざまな絵馬が奉納されている。その中で大絵馬と呼ばれる額状の大きなものは、江戸時代後半から明治末期にかけての時期に奉納されたものが大多数を占めている。一般に大絵馬に描かれた画題は、神話や伝説、武者絵などを多く見るが、当時の庶民の仕事ぶりや暮らしぶりなど生活風俗を描いたものもまれに奉納されている。船絵馬もそのひとつと考える。

船絵馬というと、一艘の船を画面の中に大きく描いたものを指すことが多い。海沿いの社寺に奉納された弁財船や千石船など海船の絵馬の大半はこの図柄である。ただ本稿ではもっと広く解釈して、絵馬の主題は別にあっても画面の中に船が登場しているものも含めて紹介することにしたい。埼玉は内陸県なので、描かれているのは川船であるが、なかには海船が描かれた絵馬もあった。なお、ここで取り上げたのは県東部を流れる中川水系に限定したものであり、荒川や利根川は対象としていないことを断っておく。

①船図

・奉納先—八潮市八条　大経寺観音堂

3-63　船図（嘉永6年　八潮市・大経寺観音堂）

・奉納年―嘉永六年（一八五三）
・寸　法―縦七八・七㎝×横九〇・〇㎝
・銘　文―千手観世音菩薩　大願□成　嘉永六癸丑歳
　二月吉辰　石井

二艘の帆船が大きく描かれているほか、その背後に点景として三艘の船が見える（写真3―63）。江戸川のほとりにある千手観音堂に奉納されたものであるが、船の形、二〇反もある帆の大きさからして川船（高瀬船）ではなく、大海原を行く弁財船と思われる。画面左下にお堂の前で合掌する三人の人物が描かれ、奉納者は「石井」としか書かれていない。このお堂が海上交通に携わった人々の信仰をも受けていたものであろうか。

〈追記〉『八潮の絵馬』（一九九九年　八潮市教育委員会）によれば、石井氏は中川の海老屋河岸で「海老屋」の屋号で藁工品の商いをしていた店で、切縄や

3−64　河岸場材木商図〈部分〉（明治23年　吉川市高久・蕎高神社）

莚を海老屋河岸から伝馬船（小型の船）で日本橋方面へ売りさばいていたという。

②河岸場材木商図
・奉納先―吉川市高久　蕎高神社
・奉納年―明治二十三年（一八九〇）
・寸　法―縦八五・〇cm×横一六七・〇cm
・銘　文―奉納御宝前　一恵斎芳萬画　庚明治廿三
　寅年十二月吉日
　当所願主　鈴木勘治朗　鈴木亀吉　鈴木六太朗

蕎高神社はかつて中川のそばにあったが、河川改修に伴って現在地に移転したものである。川に面した広い家屋敷に、大勢の働く人の姿が緻密に描かれている（写真3―64）。木挽、臼屋、桶屋、船頭、船大工、馬方、車力、行商、郵便配達夫などであり、そのほとんどが同じ印半纏を着ているのは、この家に常時出入りしている職人や船頭であることを示している。伝えによればこの家は、中川の河岸（中曽根河岸と思われる）で材木商を営んでおり、三人の奉納者のうち二人はこの家の主人とその息子、もう一人は娘婿という。太い材木は川を利用して別の場所から運んで来たものであり、この材を木挽が板にした後、出荷していたのであろう。庭では四人の船大工が造船に励んでいる。船体はほとんど完成し、帆柱と舵の製作、セジ部分の仕上げにかかっている。画面左上の中川には二艘の高瀬船と二艘の小船が浮かび、高瀬船のうち一艘は岸に着いて荷を下ろした後のようで、荷にかけておいたトバ（トマ）を船頭が片付けている。

③船図

・奉納先―吉川市高久　蕎高神社
・奉納年―不詳
・寸　法―縦四六・八㎝×横五九・〇㎝
・銘　文―奉納　明治□年十月□日　当村　鈴木勘治郎

②の河岸場材木商図と同じ神社に奉納されていたものである（写真3―65）。奉納者の「当村　鈴木勘治郎」なる人物は、②の奉納者の一人でもあるので、この絵馬の奉納された年代も明治二十年前後ではないかと推測される。船上の三人は「鈴」の文字の入った印半纏を着ており、鈴木家に出入りしている船、あるいは鈴

3-65　船図（吉川市高久・蕎高神社）

木家の持ち船かもしれない。帆は八反の布からなる八反帆であり、帆布の反数から推しておよそ一〇〇石積みの高瀬船と考えられる。ていねいに描かれたセジのそばに「蕎高丸」と書かれた旗が立っているが、同じ名の船は②の絵馬の中にも登場している。船内いっぱいに積んだ荷は、おそらく米俵であろう。手前の川面を広く描いたために、帆の上部が切られているのが残念である。

④船下ろし図

・奉納先―幸手市中　菅谷不動
・奉納年―明治二十七年（一八九四）
・寸　法―縦四五・六㎝×横六〇・五㎝
・銘　文―（額縁）奉納　明治二十七年三月廿八日　千葉県東葛飾郡二川村大字柏

3-66　船下ろし図（明治27年　幸手市中・菅谷不動）

寺　秋葉和一郎

奉納者は江戸川の対岸、千葉県東葛飾郡二川村（現関宿町）の人物である。船下ろしというのは、新造船の進水式のこと。船主は造船を船大工に依頼し、出来上がるとまず最初に船下ろしの儀礼を行う。この絵馬はそのときの様子を描いたもので、画題として非常に珍しいものといえよう（写真3―66）。船は前後に大きく反りを持たせた構造をしており、帆柱があるだけでセジはない。伝馬船の類であろうか。同じ身なりの七人が乗り込み、中央の人は拍子木を手にしている。四人が竿をさしているが、その様子は竿の元を胸に当て、全身の力を込めて竿を押すという、伝承どおりのやり方である。帆柱には五色の布、麻、長い髪の毛が縛り付けられ、先端には鏡らしきものも取り付けられている。

いずれも船魂様をまつるためのものと思われる。背後の大きな太陽に、めでたさが表されている。

ところで、かつての船下ろしについて、権現堂河岸には次のような儀礼があったと伝えられている。水に浮かべるときに、その船を造った船大工が拍子木で帆柱をたたく。このとき「このやろう」といってたたくともいう。次に、皆で桶で船に水をかけるのだが、この船の持ち主や、祝いに集まっていた親類の人たちにも水がかけられ、果ては持ち主の家の中にまで水がかけられることもあった。船への水かけは、川に浮かべる前とも浮かべた後ともいわれるが、いずれにしても船体全体に水を含ませることで材を膨張させ、材の継ぎ目からの浸水を防ぐのが本来の目的だろう。船の上でも互いに水をかけ合ったり川に落としたりし、その後陸に上がって酒宴となった。

⑤権現堂堤修復図

・奉納先―幸手市権現堂　熊野神社
・奉納年―明治二十八年（一八九五）
・寸　法―縦一〇六・〇㎝×横一八二・〇㎝
・銘　文―明治二十八年五月献納　工事仕立人　願主　武内大次郎　当所工事仕立人　巻島武八　同　石関作太郎　工事世話人　巻島啓次郎　同　小森谷甚平　同　髙橋善蔵　国信画

権現堂堤というのは、利根川と江戸川を結ぶ権現堂川に築かれた堤防である。権現堂川は、利根川の一大

3-67　権現堂堤修復図〈部分〉（明治28年　幸手市権現堂・熊野神社）

派川として河川交通のうえで重要視された川であり、途中には権現堂河岸という大きな河岸が設けられていた。絵馬は、この権現堂堤の工事の模様を描いたもので、内務省の役人の監督下で工事に携わる人たちの様子が生き生きと描写されている（写真3－67）。

土運びをする人、地搗きをする人、堤防をたたき固めるドハ打ち作業を行う女たち、等々。また、にぎわう河岸の様子や、船が行き来する権現堂川の様子も描かれている。河岸の家々の前には商品が山積みされ、荷車や馬車で荷を運ぶ人の姿も見える。川には一〇艘ほどの船（うち一艘は渡し船）が浮かび、河岸には三〇艘近くの高瀬船が帆を下ろした状態で停泊している。

⑥肥船図

・奉納先―草加市稲荷　稲荷神社

・奉納年―大正十一年（一九二二）

・寸　法―縦五四・五㎝×横六〇・五㎝
・銘　文―奉納　大正拾一年二月初午

綾瀬川を航行する肥船を描いた、非常に珍しい絵馬である（写真3―68）。船体の反りはあまり見られず、舳先だけが異様にとがった構造をしている。地元ではコイブネと称しており、空のまま東京に下り、下肥を船いっぱいに積み込んで上ってきたという。全体が甲板に覆われているように見えるのは、下肥を入れた上に板を敷き並べてあるためである。乗り手は三人。一人が舳先に立ち、残る二人は竿をさし、舵をとっている。船上に道具らしきものはあまり見られず、長い板一枚と、肥桶一荷（二本）、竿二本、それに若干の小物が置かれているにすぎない。この長い板は地元でヤイビと呼ぶ杉板で、荷の揚げ下ろしに用いた。天秤棒で重い肥桶を担いで渡るときには弓のようにたわんだという。コイブネの多くは二〇〇石積みだったと伝える。なお、背景に稲荷社と三匹の狐が描かれ、これが奉納されたのも二月初午となっている。奉納者は不詳。

〈追記〉その後、下記の三点が確認されたので追加しておきたい。
・船進水祝い（春日部市西親野井　不動堂　明治十四年）
・帆掛船（三郷市上口　香取神社）
・船（松伏町下赤岩　香取神社　大正三年）

3-68　肥船図（大正11年　草加市稲荷・稲荷神社）

6 河川改修図絵馬

はじめに

絵馬は祈願のため社寺に奉納されるもの、と思われていることが多い。確かに小絵馬と呼ばれる小型の絵馬の場合は、拝んでいる姿や神仏の眷属であるキツネなどを描いた図柄のものを奉納して、願いを叶えてもらおうとするものがほとんどである。

しかし、絵馬の中にはそれとは別に、大絵馬と呼ばれているものがある。そこに描かれた画題は小絵馬以上に豊富なものがあり、ちなみに岩井宏實氏は、次の一七項目に分類している[1]。

①馬　②神仏像・眷属図　③祈願・祭礼図　④社寺参詣図・境内図　⑤武者絵　⑥歌仙絵　⑦船　⑧芸能　⑨物語絵　⑩武道絵　⑪生業図　⑫算額　⑬禁断図　⑭子がえし（間引）図　⑮動物図　⑯風景図　⑰風俗図

本稿で扱う「河川改修図絵馬」は、この分類によれば⑪生業図に含まれるものであろう。もちろん農林業のような典型的な生業とは異なるが、当時の農民にとって河川改修工事に出ることは、有償にせよ無償にせよ、ひとつの労働になっていたわけである。

現在までに県内で確認されているこの類の絵馬は一〇点に上っている。工事場所が県内でありながら県外の神社に奉納されたものも一点あり、これを含めると計一一点となる。これほどの数の河川改修図絵馬が残る県は、管見の限りでは他に見当たらない。

以下、個々の河川改修図絵馬を紹介するとともに、なぜこうした図柄を絵馬にして奉納したかについても触れてみたい。

1　河川改修図絵馬とは

荒川と利根川という二大河川を中心に、大小の河川が網の目のように流れている埼玉の地は、常に水との闘いを強いられてきた。台風シーズンともなれば、洪水は年中行事のごとく川沿いの村々を襲った。堤防が決壊すれば沃野も家も濁流に呑み込まれ、それが悪化すれば東京の下町一帯までもが水に浸かるという被害を生じさせた。

それを防ぐためには、堤防の築造や修復は欠かすことのできないものであった。しかし、その作業は個人の力だけでできるほど簡単なものではない。村を挙げ、あるいは公共事業として大々的に行わなければ叶わなかったのである。

こうして各所に堤防が築かれ、また水害のたびに修理が行われてきたわけだが、希にその作業の様子を一枚の板絵にして神社に奉納することがあった。その数は、表3－3にあげたように計一一点に上る。名称は水防作業図、土手普請図、堤防工事図などさまざまだが、描かれた内容は共通している。本稿では、これらを一括して「河川改修図絵馬」と名付けてみた。

一一点の内訳は、利根川水系が九点と大半を占めているのが特徴といえよう。荒川水系を取り上げたものは、荒川本流の①寛保の水害手伝普請図と、都幾川の⑨土手普請図の二点があるにすぎない。利根川水系九点の内訳は、利根川本流が三点、渡良瀬川が三点、江戸川、権現堂川、新川が各一点である。

和暦	西暦	指定	備考
寛保3年	1743	市	
明治3年	1870		
明治16年	1883	市	複製あり
明治18年	1885		焼失
明治18年	1885	市	
明治18年	1885		
明治24年	1891	市	
明治24年	1891	市	複製あり
明治25年	1892	市	
明治28年	1895	市	複製あり
明治32年	1899		

地域別では羽生市、加須市、幸手市といった県の北東部に集中している。特に、利根川と渡良瀬川の合流点に位置して洪水常襲地帯になっていた旧北川辺町（現加須市）には四点もの絵馬がある。ただ、このうち小野袋鷲神社の④護岸工夫連図については、社殿が火災に遭い、残念ながら焼失してしまった。⑥渡良瀬川護岸工図は、⑤渡良瀬川重助裏護岸工図とまったく同じ図柄を別の絵師が描いたものなので、解説を省略した。⑪堤防工事図

表3-3　河川改修図絵馬一覧（奉納年代順）

No.	名　称	河川名	奉納先
①	寛保の水害手伝普請図	荒川	川越市渋井　観音堂
②	水防作業図	江戸川	春日部市倉常　倉常神社
③	利根川工事図	利根川	加須市本郷　鷲神社
④	護岸工夫連図	渡良瀬川	加須市小野袋　鷲神社
⑤	渡良瀬川重助裏護岸工図	渡良瀬川	加須市栄（栄西）　鷲神社
⑥	渡良瀬川護岸工図	渡良瀬川	加須市栄（栄東）　鷲神社
⑦	河川改修図	利根川	羽生市上新郷　天神社
⑧	利根川・新川・三間圦工事図	新川	加須市上崎　雷電神社
⑨	土手普請図	都幾川	東松山市上野本　野本八幡神社
⑩	権現堂堤修復図	権現堂川	幸手市北　熊野神社
⑪	堤防工事図	利根川	群馬県明和町梅原　三嶋神社

は利根川対岸の群馬県明和町の神社に奉納されたものであるが、描かれているのは埼玉県側で行われた工事の様子なので紹介しておくことにした。

なお、これらの絵馬の多くは貴重な文化財として指定されている。しかし、いずれも社殿等の内部にあって普段は見ることができないため、③⑧⑩の三点については複製したものが一般に公開されている。

2　時代背景

一一点の絵馬を奉納年代順に並べたのは、河川改修図絵馬の時代背景をつかむためでもある。これらの絵馬を時代の流れの中で分けると、江戸時代に奉納されたもの、明治初期に奉納されたもの、明治中期から後期に奉納されたものに分類することができる。

大絵馬の奉納習俗は、江戸時代半ば以降に非常に盛んになり、生業や庶民風俗を描いたものも数多く見られるようになる。しかし、河川改修を画題としているのは、江戸期では①寛保の水害手伝普請図のみであり、非常に珍しいものと言える。この絵馬は、関東地方では江戸時代以降最大の被害をもたらした寛保二年（一七四二）の大水害に関するもの。被災地の復旧を幕府主導で行った手伝普請の様子であり、歴史資料としての資料的価値も高い。

近代になってからの河川改修は、明治七年（一八七四）に内務省に土木寮（同十年に土木局と改称）ができてからは、国の直轄事業として実施されるようになる。②水防作業図は、そうした状況になる以前の河川改修であり、村人が総出で堤防工事をしている様子が描かれている。

③以降の絵馬は、ほとんどが内務省の事業として行われたもののようである。画面には工事を指揮する役人の姿や、現場事務所と思われる小屋が描かれ、内務省の紅白の旗があちこちに掲げられている。

最も新しいものは、明治三十二年の⑪堤防工事図である。もちろん河川改修工事はこの後もずっと行われているのだが、絵馬としてはこれ以降まったく見ることができない。この状況は河川改修図だけのことではなく、その他の画題も含めて大絵馬の奉納習俗そのものが、明治三〇年代を境に衰退しているのである。

その後は、写真を額装して奉納することが盛んになってくる。河川改修の場合も、春日部市飯沼の香取神社には大正十年（一九二一）に中川改修記念の写真額、同市金崎の金崎神社には大正十一年（一九二二）に江戸川改修記念の写真額が奉納されている。しかし、いずれも工事の様子を撮影したものではなく、関係者が並んで撮影した記念写真になっている。(2)

3 奉納目的と奉納者

小絵馬の奉納目的は個人的な祈願であることが多いが、大絵馬の場合は祈願よりもむしろ成願、あるいは記念なり感謝の気持ちで奉納されることの方が多かったようである。河川改修図の場合も同様で、工事に着手する以前に奉納されたとわかる例はなく、どれも工事完了後に製作、奉納されたものと思われる。そのことがはっきりとわかるのは、画面あるいは裏面に記されている銘文によってである。奉納年代と奉納者名しか見られないものもあるが、なかにはその絵馬を奉納した理由を長々と書き連ねているものもある。

②水防作業図は、裏面に長文の墨書がある。褪色が進んで判読しづらくなっているが、決壊した堤防を修復できた記念に奉納するとある。⑦河川改修図は、決壊した堤防が修復できたことに感謝し、このことを後世に伝えるために奉納するとある。⑨土手普請図は、堤防修築の状況を描いて納めることで、工事に関わった人たちの功労を永遠に伝えたいとある。⑪堤防工事図は、工事を着手するに当たって神に祈願したところ、無事竣工することができたので、工夫たちの苦労に感謝し奉納するとある。

また、理由を明記していないものでも、当時の水害の記録と照らし合わせてみると、水害のあとに奉納されている場合が多く見られる。代表的なのが①寛保の水害手伝普請図であり、「寛保の水害」と呼ばれる寛保二年の大水害の翌年に奉納されている。③利根川工事図は明治十五年の水害の翌年、⑧利根川・新川・三間圦工事図は明治二十三年の水害の翌年、⑩権現堂堤修復図は明治二十五年と二十七年に被害を受けたあとの二十八年に奉納されている。

このように河川改修図絵馬は、水害後の復旧工事が完了したあと、神の加護に感謝するとともに、工事に関わった人たちの労苦に感謝するために奉納したものと言えよう。

では、絵馬を奉納したのは誰かというと、これも明記されていることが多い。①は「村中納之」、②は「当村氏子中」、⑤は「栄邨中」とあるから、いずれも個人ではなく村（氏子中は村と同義と見ていいだろう）として奉納したものと思われる。このほかのものでは、③は「当村ケレープ連中」、⑦は「発起人」三名、⑧は「利根川工事委員」三名、⑩は「工事仕立人　武内大次郎」、⑪は「恩田卓爾」及び「工事仕立人　恩田弁次郎」となっており、一律ではなかったことがわかる。

なお、大絵馬の場合は裏面に銘が入っている例も少なくないが、本稿で紹介した絵馬の中には、裏側の確認ができないものもあった。今後さらに新しいデータが出てくることを期待したい。

4　描かれた土木技術

河川改修工事に関する文書資料は数多く残されているが、実際にどのような工法で行っていたかについては触れられていない。ましてや絵画資料として残されているものはほとんどない。そうした中で、この河川改修図絵馬というのは、当時の土木技術を知るうえでも、非常に貴重な資料となり得るのである。

河川改修図絵馬を描いているのは、地元の絵師であることが多い。⑨を描いた山口甕山、⑪を描いた梅園堂悦輝は地元絵師であり、⑩の絵馬も鈴木国信だとすれば、やはり地元である。そのほかの絵馬も、遠方の著名な絵師に依頼しているわけではない。そのため、美術的に見れば描写は稚拙であるが、そこに描かれた状況は非常に写実的であり、工事にたずさわる人たちが生き生きと描かれている。

画面の中にはさまざまな工法が登場している。最も多いのがドハ打ち（土端打ち、土羽打ち）である。ドハ棒で法面《のりめん》をたたき固める作業で、これは女性の役割になっていたようである。このときに歌われる作業歌が各地に伝わっている。杭打ちの作業は⑩と⑪に見られる。三本の長い棒を組み、つり下げた丸太を上下させて杭を打つというもので、大勢が綱を引いている。鍬で土を掘り、鋤簾でかきならす作業もある。土運びは天秤棒を二人でかつぐか、馬を利用している。

河川改修図の多くは堤防そのものの工事であるが、③④⑤⑥はケレープと呼ぶ水制工事を描いている。粗朶を長くまとめたものを格子状に組んで川に沈め、その上に石や砂を載せて桟橋状のものを岸から突き出させている。これによって堤防を保護し、航路の確保も図っていた。また、②では五徳縫いと呼ぶ、竹と土俵を用いた工法も見られる。

このように絵馬にはさまざまな土木技術が描かれている。これらはいずれも重機が導入される以前に、人力だけで行われていたものである。ただし現代の土木事業と違って、そこで汗水流したのは地元の人たちだった。男は土を掘って運び、女はドハ打ち棒を手にしてその土をたたき固める。数か月に及ぶ工事が終了したときには、神仏に感謝し、その労を後世に伝えたいと思うのは当然のことだったに違いない。

5　資料紹介

①寛保の水害手伝普請図

・奉納先―川越市渋井　観音堂
・奉納年―寛保三年（一七四三）
・寸　法―縦九九・三㎝×横一二六・一㎝
・銘　文―〈表〉奉納□宝前　寛保三年□亥正月十五日
〈裏〉村中納之

江戸時代半ばの寛保二年（一七四二）八月、関東地方を未曾有の大水害が襲った。この絵馬はその翌年に奉納されたものである（**写真3―69・70**）。この水害では、利根川・荒川などの大河川が各所で決壊氾濫し、関東平野を流れ下った濁流で、江戸の下町でさえも数十日にわたって水に浸かったという。その後、幾たびもの洪水に襲われているが、今に至るまでこれを上回るものは起きていない。

絵馬は、五枚の薄板を横に並べた上に直接描いてある。図柄は水害後の復旧工事と、村人を救済する役人の様子であり、総勢五三名の人物が画面狭しと描かれている。作者は不明だが、その筆致からかなり腕の良

3-69　寛保の水害手伝普請図（寛保3年　川越市渋井・観音堂）

3-70　同絵馬の詳細図（田中敦子氏画）

い絵師によるものと思われる。ただ、残念なことに堂内で焚かれた護摩の煙で黒く煤け、褪色もかなり進んでいて色はほとんど残っていない。

画面の下には、増水した川の流れと、川岸に打ち込んだ杭を描き、河川工事であることを示している。画面の大半を占めているのは、工事にたずさわる村人の様子である。「御用」と書かれた旗の下、鍬を振るい、掛矢で杭を打ち、天秤棒で土を運んでいる。ほとんどは男性だが、土運びには女性の姿も見える。

画面右上の建物の中には帯刀の四人の役人がいて、庭先にすわっている七人の人物（おそらく村方の上層部であろう）に銭を施している。銭は緡（さし）で連ねたものであり、役人の脇にはこれが山積みになっているのが見える。

このときの水害の様子は、久下戸村（現川越市久下戸）名主の奥貫友山が著した『大水記』に詳しく記されている。久下戸村とそれに隣接する渋井村（この観音堂の所在地）は、荒川と新河岸川とに挟まれた低地帯であり、浸水によって甚大な被害を受けた。友山がこの水害において私財を投じて村人の救済に当たったことはよく知られているが、このとき渋井村の高橋半右衛門もその救済に力を貸したことから、翌年二人は川越藩から表彰を受けている。

ただし、この絵馬に描かれているのは「御用」の文字からして友山らによるものではなく、幕府が諸大名に命じて行った「手伝普請」と思われる。この水害後の復旧工事においては、川越領を含む荒川南側の一帯は日向国の飫肥《おび》藩が担当しており、財政的な負担は飫肥藩が負っていた。

奉納者の名は書かれていない。裏面に「村中納之」とあることから、個人による奉納ではなく、村（おそらく渋井村であろう）として奉納したものと思われる。

この絵馬の存在は、平成十四年（二〇〇二）に確認されたばかりである。寛保の水害に関する資料は多数残されているが、絵画資料としては県内ではこの絵馬が唯一のものではないだろうか。

② 水防作業図

・春日部市倉常　倉常神社
・明治三年（一八七〇）
・縦八一・〇cm×横一二一・〇cm
・絵師—□松斎□山
・銘—裏面に絵馬奉納の理由が長文で墨書されている。

春日部市倉常地区は、江戸川と中川に挟まれた低地にあり、かつては水害を受けやすい水田地帯であった。そのため、絵馬が奉納された倉常神社の社殿は、土盛りした上に建てられ、冠水被害を受けにくくしてあった。

絵馬は表の図柄も裏面に書かれた墨書もかなり褪色が進み、いずれも肉眼では読みとりにくくなってしまっている。そのため赤外撮影を試みたところ、十分とは言えないまでも、ある程度は読みとることができた（写真3―71）。

描かれているのは、洪水に立ち向かう村人たちの様子である。画面上部から左にかけて川があり、その手前に格子状の道がある。道には大勢の人が描かれ、それぞれ竹竿や俵をかついで川に向って走り、堤防らしきところに竹竿を突き立てている（写真3―72）。作業の詳細な様子は判読できなかったが、竹竿と俵を使ったとなると、「五徳縫い」と呼ばれる工法だと思われる。これは地面に置いた土俵の上から竹を地面深くまで突き刺し、それを三本まとめて交差したところを結び、場合によっては交差した上にさらに土俵を載せておくという方法である。明治時代にはかなり普及した水防工法だったようだが、絵馬に描かれている例は、少なくとも県内では他に見当たらない。

裏面には、「当村氏子中」として、この絵馬を奉納するに至った理由が書き連ねてある。しかし褪色が進み、特に後半部分は赤外撮影でもほとんど読みとれない状態にある。要約すると、次のようになる。

慶応三年は初夏の頃までは稲も豊かに生育していたが、出穂の頃から立ち枯れして大違作になってしまった。翌明治元年も初夏から雨が続き、水腐れの田が増えた。村民は相談の上、役所に検見を願い出て七分の免除をしてもらうことができた。翌二年も七月上旬までは順調だったが、七月十三日に辰巳の大風雨が吹き荒れ、江戸川は増水して□□村地内で堤防が決壊し、田畑は冠水した。年々の違作続きに困窮した村民は堤防の普請を願い出たところ、明治三年二月から工事を行うことになった。（工事の竣工を記念して）この額を鎮守の宝前に供えるものである。

3-71　水防作業図（明治3年　春日部市倉常・倉常神社）

3-72　大勢の人が竹竿や俵をかついで走っている

なお、絵師の名は□松斎□山と読めるが、この人物についての詳細は不明である。

③ 利根川工事図

・加須市本郷　鷲神社
・明治十六年（一八八三）
・縦一〇六・〇cm×横一七五・〇cm
・銘―利根川三拾号丁場ケレープ工事之図　明治十六年未正月吉日　当村ケレープ連中　世話人(三人連名)

加須市本郷地区は、利根川と渡良瀬川の合流点に位置している。絵馬が奉納された鷲神社は、かつては渡良瀬川の堤外地にあったが、大正二年の河川改修によって利根川の堤外地に移され、さらに昭和二十九年の利根川築堤工事の際に、現在地すなわち利根川・渡良瀬川合流点の北西側堤内地に移転した。[3]

ケレープ（またはケレップ）というのは、水制のために行われた工法で、粗朶や石を用いて川の中に栈橋状のものを突き出させたもの。これによって流れを川の流心部に導き、堤防を保護するとともに航路の確保をも図ったのである。ケレープとはもともと、明治時代のお雇い外国人技師の名前であるが、このような工法をケレープ水制と呼んでいた。

工事が行われた「三拾号丁場」というのは、本郷地区の地先だという。[4] 画面では、この工事の様子が左から右へ三段階に描かれている（**写真3—73**）。左は、粗朶を格子状に組んだものを杭を打って固定させ、沈

3-73　利根川工事図（明治16年　加須市本郷・鷲神社）

3-74　利根川上流河川事務所所蔵の複製絵馬〈部分〉

床を作っているところ。岸辺では粗朶を長い棒状につなぎ合わせる作業も行っている。中央は、この中に石や砂を詰めて、沈床を沈めているところ（写真3―74）。石は岸から船に積み込んで現場に運び入れている。右は、ほぼ完成した状態。川の中央に向かって石畳が細長く突き出ている。

現場のあちこちに立ててある紅白の横縞の旗は、工事が内務省によって行われていたことを表している。また、この絵馬には工事の状況だけでなく、利根川を航行する帆掛け船や外輪の蒸気船「通運丸」も描かれ、当時の舟運の盛況を知ることができる。

この絵馬が奉納される前年の明治十五年秋には、暴風雨で利根川が氾濫し、川辺・利島両村（現加須市）が浸水したという記録が残っている。絵馬は、この水害後の改修工事竣工を記念して奉納されたものと思われる。絵師の名は記されていないが、加須市栄（栄西）の鷲神社に奉納されている⑤渡良瀬川重助裏護岸工図と筆致が同じことから、露月楼穰窓による作であろう。描写は稚拙だが、工事の様子や風俗をも知ることのできる貴重な資料であり、国土交通省利根川上流河川事務所（久喜市）では複製を作って公開している。

⑤渡良瀬川重助裏護岸工図

・加須市栄（栄西）　鷲神社
・明治十八年（一八八五）
・縦九〇・七㎝×横一三六・五㎝

3-75　渡良瀬川重助裏護岸工図（明治18年　加須市栄・鷲神社）

・絵師―露月楼穣窓
・銘―渡良瀬川通字重助裏護岸工之図　露月楼穣窓筆
　明治十八年第一月納之　栄郷中　向古河村連合
　戸長　田口次兵衛　筆生　中野源三郎　世話人
　長沢喜四松　小林国蔵　井田長吉

加須市栄地区は、利根川・渡良瀬川合流地点の西側、利根川左岸に位置している。かつては洪水常襲地であり、被害を少しでも緩やかにするために、家々は水塚と呼ぶ土盛りの上に屋敷を構えている。加須市に合併するまでの旧北川辺町には栄東と栄西があった。両地区それぞれに同名の鷲神社があり、この両社に絵師を異にするまったく同じ図柄の絵馬が奉納されている（写真3―75）。ただ、栄東の鷲神社のものは描写がかなり稚拙なので、本稿では省略した。

現在の渡良瀬川は、栄地区より一㎞ほど東を流れているが、かつての流路は同地区に接しており、重助は

3-76　多くの船を使って粗朶沈床を作っている

その右岸の地名であった。絵馬に描かれているのは、そこで行われた河川改修工事の様子である。粗朶を長く束ねて格子状に組み、沈床を作っている場面が画面右下に見える（写真3―76）。この沈床が出来上がると、そこに石や砂を敷き詰めるわけだが、この絵馬ではその後の作業は描いていない。それよりも周囲で動き回っている船に焦点を当てているようにも見える。粗朶を運ぶ船、石や砂を運ぶ船が川面を行き来している。その数、十数艘。船には三人から五人ほどの印半纏を着た人たちが乗り込み、竿で船を操っている。船は対岸との間を行き来しているように見える。材料が対岸に用意されていたのかもしれない。

この現場にも紅白の内務省の旗が掲げられている。役人のわきに「内務省土木局御出張町田様」とか「埼玉縣土木課御出張竹内様」と書かれているのも興味深い。帆掛け船や通運丸が航行している様子を描いてい

3-77　河川改修図（明治24年　羽生市上新郷・天神社）
（『はにゅうの絵馬』より複写）

るのは、前記の絵馬と同様である。奉納した目的も、やはり河川改修工事の竣工記念と言っていいだろう。

⑦河川改修図

・羽生市上新郷　天神社
・明治二十四年（一八九一）
・縦一二〇・〇㎝×横一八二・〇㎝
・絵師―玉川堂水玉
・銘―〈表〉堤塘修築実況（中略）明治廿四年五
　　月廿八日　発起人（三人連名）

羽生市上新郷地区は市域の西端にあり、東西方向に流れる利根川の右岸に位置している。絵馬が奉納されている天神社は、利根川の流れからは南に二㎞も離れたところにある。かつては水田に囲まれた中にあったが、秩父鉄道新郷駅に近いことから、最近は宅地化が進み、当時の面影はまったく残っていな

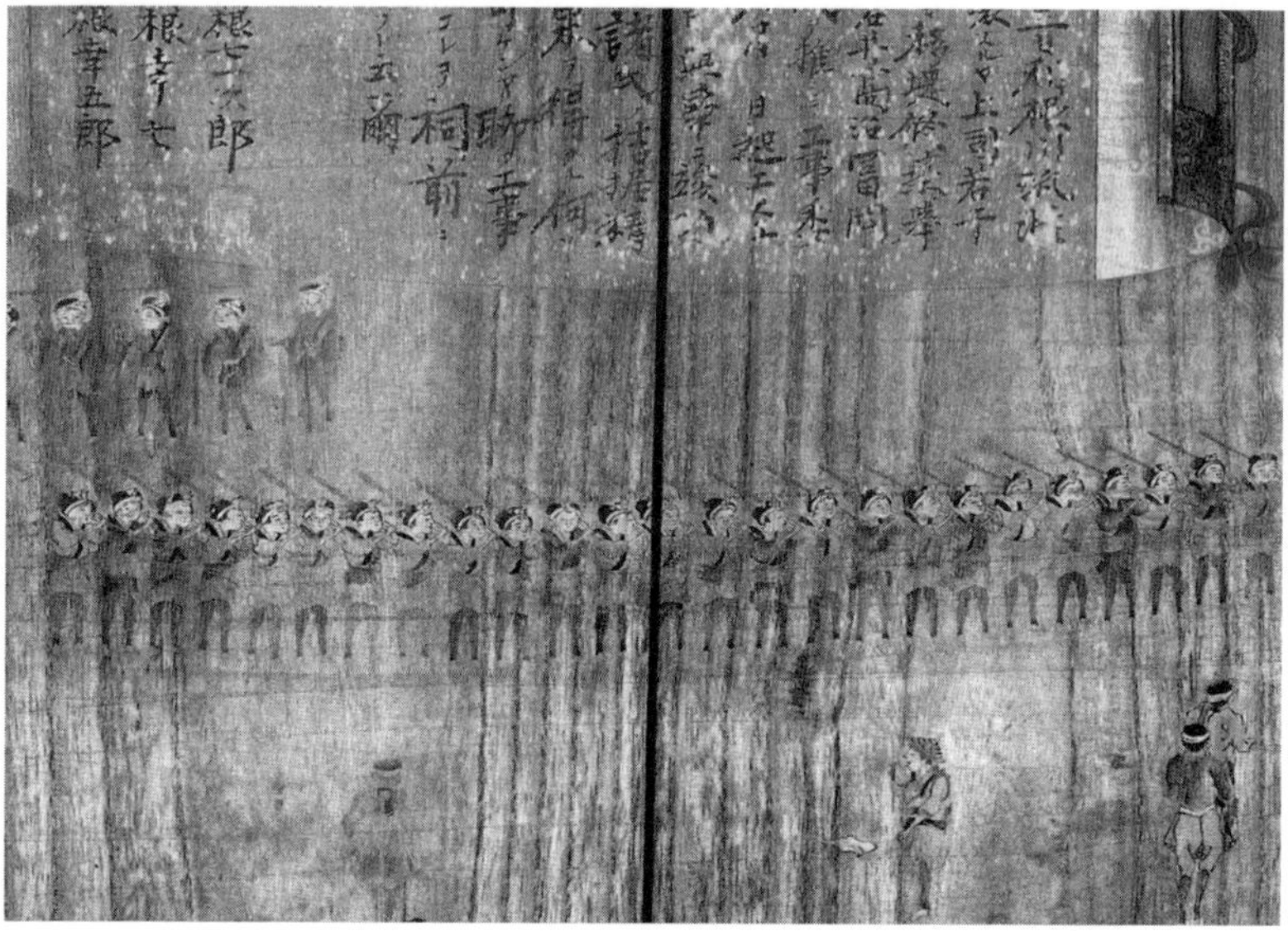

3-78　ドハ打ちをする女性の一団（『はにゅうの絵馬』より複写）

い。

絵馬は畳より大きなもので、拝殿の真正面に掲げられている（写真3—77）。しかし、社殿の中にあったにしては、画面の剥落が進行している。昭和六十三年（一九八八）に羽生市教育委員会が発行した『はにゅうの絵馬』に掲載されている写真もかなり見えにくい状態であるが、その後表面を拭いてしまったとのことで、現在はさらに薄れている。画面の木地に塗られていた塗料はすべて剥落し、木目が露わになっている。赤外撮影してはみたが、良好な成果は得られなかった。

描かれている作業の中心は、ドハ打ちである（写真3—78）。二〇人前後の鉢巻をした女性たちが一列になり、行進する組、ドハ打ち棒を手にしている組、ドハ打ち棒で地面をたたいている組などが見られる。どの組も、小旗を手にした指揮官らしき一人の女性の号令で作業をしているようである。

そのほかには、二人で組になり、天秤棒をかつぐ大勢の男衆や、四人で地搗き（地固め）の作業らしきことをしている様子も見られる。ただ、残念ながら川も堤防も消え去っているため、現場の地形を知ることはできない。

画面上部に書かれた銘文もかなり薄れているが、内容は次のようであった。明治二十三年八月二十三日に利根川の堤防が決壊した。本村（新郷村）では二名を委員として工事に当たり、翌年五月に工事は竣工した。村民が精励してくれたために好結果を出すことができて喜びにたえない。そこで工事の実況を写し、祠前に掲げることで後世に伝えるものである。

明治二十三年の水害は、利根川流域で二五一か所もの堤防が決壊する大洪水であった。上新郷の約二㎞上流の行田市下中条では長さ五九間（一〇七ｍ）にわたって破堤し、北埼玉・南埼玉・北足立・北葛飾の四郡にわたって被害を出したという[5]。

⑧利根川・新川《にっかわ》・三間圦《さんげんいり》工事図

・加須市上崎　雷電神社

・明治二十四年（一八九一）

・縦一〇二・〇㎝×横一八八・五㎝

3-79　利根川・新川・三間圦工事図（明治24年　加須市上崎・雷電神社）

・絵師――菱洲

・銘――〈表〉奉納　利根川工事・新川工事・三間圦工事　利根川堤塘工事人夫（五三人連名）　その他連名

絵馬が奉納された雷電神社は、群馬県邑楽郡板倉町にある雷電神社から分祀したもので、本社と同じく恵みの雨をもたらしてくれる神として知られていた。境内に隣接する水田の中には、かつて雨乞いを行ったという小さな池が今も残っている。

奉納された前年の明治二十三年夏、この地方を未曾有の水害が襲った。堤防は各所で決壊し、県内の被害は流出家屋七〇二戸、浸水六万九六五九戸、死者一六人に及んだ。[6]

利根川では下中条村（現行田市）で堤防が決壊し、見沼代用水は濁流の流路と化した。新川というのは加須市外田ヶ谷で見沼代用水の水を取水し、加須市から久喜市にかけての水田地帯を灌漑した用水である。新川用水とも呼ばれるが、現在は騎西領用水に名称を変えている。三間圦（三間樋ともいう）とは、見沼代用水の水を新川に引き込むための水門である。明治二十三年の洪水はこの新川の堤を上崎地内で決壊させ、三間圦も壊した。

ここに描かれているのは、水害後に行われた修復工事の状況である（写真3―79）。画面上部には利根川が左右に描かれ、川面には無数の帆掛け船が航行している。利根川で取り入れられた水は、見沼代用水となって画面上部中央から左下に向かって走っている。代用水の水を取り入れて画面中央を横切っているのが新川、その途中にある土橋のようなものが三間圦と思われる。左下に見られる細い水路は、中用水や五ノ上用水ではないかという。

現場の作業で目立つのは、女性たちによるドハ打ちである。十数人ずつ組になり、指揮者の女性の号令の下、土手の法面をドハ棒で打ちたたいている。その後ろでは、「□組」と書かれた旗のわきで、男衆が鍬を振るっている。また、画面下方では、二棟の作業小屋の中で四人の大工や木挽が、材木を切ったり削ったりの仕事をしている。小屋のわきには「官許御普請」と書かれた旗があり、これが公共の事業であることを示している。

中央の小屋の内外には四人の人物が見える。洋装の一人は役人、和装の三人はおそらくこの絵馬の「納主」として記されている三名の「利根川工事委員」であろう。

ちなみに三間圦は、その後明治三十五年に煉瓦構造のものに改修され、新川そのものも昭和になってから大改修されて現在に至っている。見沼代用水からの取り入れ口の場所は、当時の場所よりもやや下流に移動し、かつての新川の流れは埋め立てられて面影さえも残っていない。

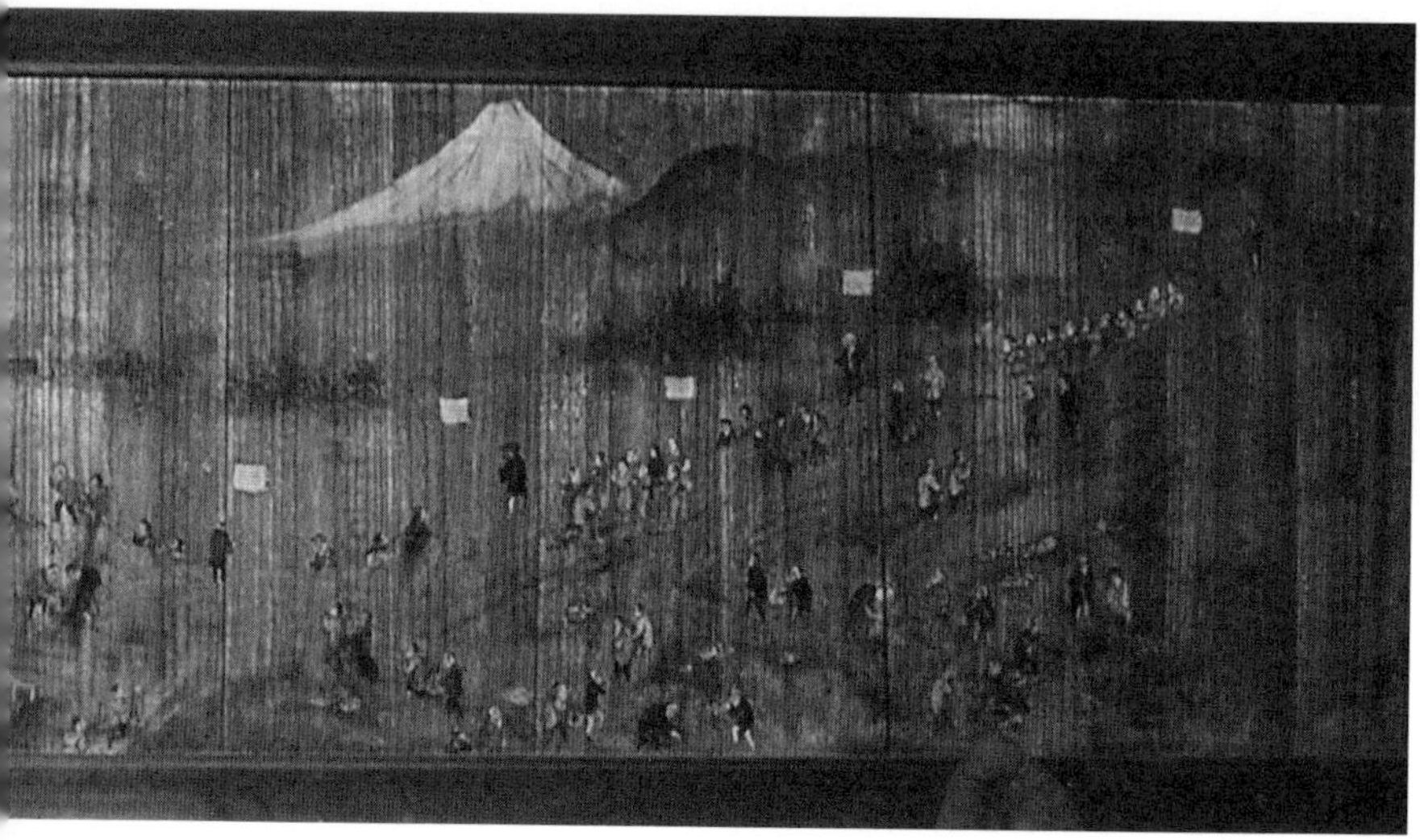

なお、加須市教育委員会ではこの絵馬を複製して公開している。

⑨土手普請図

・東松山市上野本　野本八幡神社
・明治二十五年（一八九二）
・縦九〇・〇㎝×横三六二・〇㎝
・絵師―山口甕山
・銘―是ハ本村堤防修築ノ図ナリ。此業ハ明治二十二年八月ニ起シ、二十四年五月ヲ以テ終ル。ソノ間官吏ハ監督シ男女ハ励ム（中略）ソノ概略ヲ模シコレヲ神祠ノ宇ニ掲ゲ、冥護ヲ悠久ニ仰ギ功労ヲ永遠ニ伝エント云爾、明治庚寅九月、古香嵩海撰、曲山琴史山口正令書、甕山翁（原文は漢文）[7]

これまでに県内で確認された河川改修図絵馬のほとんどは利根川水系のものであり、荒川水系に関するものは

3-80　土手普請図（明治25年　東松山市上野本・野本八幡神社）

3-81　土運びとドハ打ち

①とこれの二点しかない。描かれているのは都幾川で行われた堤防工事の様子（写真3―80）。都幾川は外秩父山地に源を発し、東松山市の東端で越辺川に流れ込む中河川である。絵馬が奉納された野本八幡神社は、旧野本村（現東松山市）の鎮守であり、都幾川の流路より一kmほど北に祀られている。

工事が行われたのは、砂塚《さづか》堤防と呼ばれているところで、現在の東武東上線鉄橋のすぐ下流あたりという。作者の甕山《ようざん》（山口甕山）は下野本の人で本名山口郷右衛門、明治四十三年に没している。また、撰文者の古香嵩海は下野本了善寺の住職という。(8)

明治二十三年八月、県下全域を襲う大水害があり、荒川も利根川も各所で堤防が決壊した。この絵馬は明治二十五年の奉納とされているが、銘にある庚寅年は二十三年である。また、二十二年八月に起工し二十四年五月に竣工となっていることから、工事に二年近くを要しており、この間に大水害を被っていることになってしまう。起工、竣工、奉納年月のいずれかに誤りがあるのではないだろうか。

描かれているのは、都幾川左岸の野本側から堤防工事を鳥瞰している状況である。堤防は画面中央部で「く」の字形に曲がり、その向こうに都幾川の流れがある。遠方に富士山が見えるのも、ほぼ現地の状況に合っている。

作業は男性は鍬での土掘り、畚《もっこ》での土運び、女性はドハ打ちのほか、太い棒で地面を搗くような仕草をしている一団もいる（写真3―81）。この作業は他の絵馬では見られないもので、詳細は不明である。全体に作業内容は単調で、掘った土を堤防上に運び上げたのち、搗いたり叩いたりして固めるだけだったものと思われる。

男も女も厚着をしている。真っ白な富士山も描かれ、真冬の農閑期の作業だったのであろう。また、ところどころに白旗が掲げられている。

⑩ 権現堂堤修復図

・幸手市北三丁目　熊野神社
・明治二十八年（一八九五）
・縦一〇五・八㎝×横一八一・八㎝
・絵師―鈴木国信？
・銘―明治廿八年五月献納　国□画　工事仕立人　願主　武内大次郎

絵馬が奉納されている熊野神社は、旧権現堂村（現幸手市）の鎮守である。享和二年（一八〇二）に大水害に遭い、その後文政八年（一八二五）に社殿を再興している[9]。

権現堂村（明治二十二年以降は合併して権現堂川村となる）にはかつて権現堂川という利根川の一大派川が流れており、大正時代までは舟運で大きな役割を果たしていた（現在は廃川となっている）。村内にあった権現堂河岸はにぎわいを見せていた。

権現堂堤というのは、この権現堂川に沿って築いた堤防である。ここが破堤すると、県東部一帯に甚大な被害を及ぼし、東京までも被災するということで、洪水で傷めつけられるたびに修復工事が行われてきた。ただ、この絵馬に描かれた工事が行われた年代がはっきりしない。明治二十三年の大洪水のあと、同二十五年八月には下利根川で破堤、同二十七年八月には渡良瀬川下流部で破堤という記録がある。(10) 二十七年の水害では幸手周辺でも大きな被害が生じたことから、この水害をきっかけに絵馬に描かれた修復工事が行われたものではないかとされている。(11) しかし、その前年の二十六年にも権現堂堤の大修復工事を行っているので、そのときの状況とも考えられる。

この大きな絵馬の中には、非常に多くの情報が盛り込まれている（写真3―82）。画面の左半分は堤防工事の様子である。紅白の内務省の旗を掲げた小屋が三棟あり、その中では洋装の役人が工事を監督している。小屋のわきにある太鼓は休憩時間等を知らせるためのものであろう。現場の作業風景では、女性たちによるドハ打ち、大掛かりな杭打ち、畚《もっこ》で泥を運び、鍬を振るい、鋤簾《じょれん》でかきならす印半纏姿の男衆、さらに泥を運ぶ馬も数頭描かれている（写真3―83）。

右半分には権現堂河岸の様子が描かれている。瓦屋根と草屋根の家が軒を連ね、荷車や荷馬車が行き交ってにぎわいを見せている。画面上部に描かれた権現堂川には無数の帆掛け船が航行し、河岸ではたくさんの船が帆を下ろして碇泊している。客を乗せて対岸に向かう渡し船も見える。

画面のところどころに傷のようなものがあるが、これはあらかじめ節の部分に貼っておいた紙片がはがれた跡である。

3-82　権現堂堤修復図（明治28年　幸手市北・熊野神社）

3-83　上部の小屋には役人が座り、土を運ぶ馬も描かれている

なお、権現堂川は大正末から昭和初期にかけて締め切られ廃川となった。その後、堤防上に桜が植えられ、現在では県内屈指の桜の名所として知られるようになっている。

⑪ 堤防工事図

・群馬県明和町梅原　三嶋神社
・明治三十二年（一八九九）
・縦一二〇・五㎝×横一五一・五㎝
・絵師―梅園堂悦輝
・銘―奉納　維時明治三十二年二月吉日ヲ以武州埼玉県北埼玉郡泉村大字発戸地先堤防工事着手同年五月落成竣工前不肖卓爾当本社ニ拝願其威徳赫々加護ヲ垂レ給フ之ニ加ヘ工夫諸君ノ熟練ト辛苦経営トニ依リ其ノ成功ヲ見ルニ至ル□□諸君ノ労此ニ謝シ□□明ノ威霊ヲ敬シ謹而奉ル　願主　恩田卓爾　明治三十二年七月吉日　納主　当所工事仕立人　恩田弁次郎敬白　梅園堂悦輝画

この絵馬は、現在の羽生市発戸地先の利根川で行われた堤防工事を描いたものであるが、奉納先は対岸の群馬県側にある神社となっている（写真3―84）。なぜ地元の鎮守でなく、あえて対岸にある他村の神社に納めたのかという理由がわからなかったが、三嶋神社宮司によれば、願主の恩田卓爾、納主の恩田弁次郎とも神社のある梅原の住人であり、絵師もまた地元の人だったという。ただ、同社にはほかにも現羽生市の鍛

3-84　堤防工事図（明治32年　明和町梅原・三嶋神社）

治屋が奉納した絵馬（農鍛冶図）があるから、大河を挟んではいても、渡し船を利用して大いなる信仰でつながっていたものと思われる。

工事は明治三十二年二月に着手し、五月に竣工している。その前年の九月に襲った台風で県内の河川は各所で氾濫し、死者四名、家屋の全壊四四六戸、流出一二八戸、床上浸水九〇五七戸という大被害を出している。[12] 絵馬に描かれたのは、おそらくこの洪水によって破壊された堤防の修復作業と思われる。

画面の中では、大勢の人たちがさまざまな作業にたずさわっている。何人もで綱を引いて行う杭打ち、ドハ棒を使って法面をたたき固めるドハ打ち、天秤棒と畚での土運び、馬による土運び、鍬や鋤簾を用いての土ならし、水準器による計測などである。馬は盛んに利用していた

3–85　土運びの人物と馬

ようで、藁で編んだ袋を馬の背に振り分けにつけて泥を運んでいる（写真3―85）。登場人物の大半は男性だが、ドハ打ちだけは女性で、小旗を手にした女性の指揮の下、そろってドハ棒を打ち下ろしている。一列になった女性たちの衣装はそれぞれ個性的である。着物の色や模様を描き分け、頭にかぶっているものを見ても、笠の人もいれば手拭いの人もいて、ていねいに描写しているのがわかる。

また、ところどころに役人の姿もあり、「役所」と書かれた小屋のわきでは、内務省の紅白の旗がひるがえっている。

画面上部には利根川が流れ、無数の帆掛け船が航行している。対岸には河岸らしき様子も描かれ、数艘の船が停泊している。

銘文によれば、工事の開始に当たって神に祈願したところ、神の加護によって無事竣工することができたのでこの絵馬を奉納するとある。五月に竣工し、二か月後の七月には奉納しているから、かなり急ぎの製作だったことがうかがわれる。ただ、群馬県側の人物が対岸の埼玉県側で行われた工事を請け負った理由については明らかでない。

6　河川改修を描いた絵馬（まとめ）

未曾有の大水害

江戸時代半ばの寛保二年（一七四二）八月、関東一帯を未曾有の大水害が襲った。利根川や荒川などの大河川が各所で決壊氾濫し、関東平野を流れ下った濁流で江戸の下町は数十日にわたって水に浸かったという。その後、関東地方では幾たびもの洪水に襲われているが、今に至るまでこれを上回る水害は起きていない。

近年、埼玉県川越市渋井にある小さな観音堂で、この水害に関連する一枚の絵馬が見つかった。水害の翌年に奉納されたもので、縦九九cm、横一二六cmの画面に、総勢五三名の人物が所狭しと描かれている（上記①）。堂内で焚かれた護摩の煙で黒く煤け、褪色も進んでいるが、「御用」と書かれた旗の下、鍬を振るう人、天秤棒で土を運ぶ人、掛矢で杭を打つ人などを描いているほか、役人が村人たちに銭を施している様子も見受けられる。水害のあと、幕府が諸大名に命じて行った「手伝普請」と呼ぶ復旧工事であり、絵馬はその有り様を伝える貴重な資料になっている。

絵馬に描かれた河川改修工事

埼玉県内には、こうした水害復旧工事や堤防工事など河川改修の様子を描いた絵馬が、現在確認されているだけで一〇点を数えている。また、利根川対岸の群馬県明和町の神社には、埼玉県内で行われた工事の様子を描いた絵馬が奉納されており、これを含めると一一点もの数に上っている。ただ、江戸時代までさかのぼるものは前記の一点だけで、ほかはすべて明治時代に奉納されたものである。そのうち一点は残念なことに、不審火によって社殿もろとも焼失してしまった。

大きさはいずれも畳一枚近くあり、画面いっぱいに工事の様子が詳細に描かれている。名の知れた絵師によるものではなく、稚拙な描写も見られるが、画面上の人物の生き生きとした動きにはなぜか惹かれるものがある。そのうちのいくつかを紹介してみよう。

まずは幸手市北の熊野神社に明治二十八年（一八九五）に奉納された絵馬（上記⑩）。利根川と江戸川を結ぶ舟運に利用された権現堂川の堤防修復の様子である。この堤防が決壊すると東京の下町一帯が水浸しになると恐れられ、絶えず堤防の修復工事が行われた場所だった。画面右側には河岸の家並みが描かれ、左側では内務省の役人の監督の下、地形《じぎょう》突きやドハ打ちといった作業が行われている。地形突きというのは、長い丸太を三脚のように立て、滑車でつるした重し（太い丸太）を大勢で綱を引いて上下させ、地面を搗き固めたり杭を打つというもの。ドハ打ちは、一人一人が長さ四尺ほどの太い棒を持ち、横一列に並んで堤防の法面をたたき固める作業。これはもっぱら女性の役割になっていたようで、陣頭指揮する女性の号令で、軍隊行動のように一糸乱れぬ動きを行っていた様子が描かれている。

このときに歌ったのがドハ打ち歌。調子を合わせるだけでなく、気持ちを引き締めるにも歌は欠かせなかったようだ。

♪土手の桜は嵐でもめる　コノザンザ
　わたしゃこのごろ気がもめるよー
　アードッコイドッコイ

なお、この権現堂川はその後廃川となってしまったが、堤防に植えられた桜が生長し、「権現堂堤の桜」として今では埼玉屈指の桜の名所になっている。

群馬県明和町梅原の三嶋神社の絵馬（上記⑪）は、明治三十二年（一八九九）に羽生市発戸の人が奉納したもの。なぜあえて利根川対岸にある他村の神社に奉納したのかは明らかでないが、画面片隅にはこれを奉納した理由が書き添えてある。それによれば、着工に当たって神に加護を求めたところ、無事完了したので、人々の労に感謝してこれを奉納するというものであった。

縦一二〇㎝×横一五一㎝の長方形の画面に描かれた図柄は、馬力や人力での土運び、鍬での土ならし、地形突き、ドハ打ちなどとなっている。馬での土運びは、馬の背中に藁縄で編んだ袋を振り分けにつけて土を入れ、人力の場合は天秤棒の前後に大きなざるを下げてかついでいる。ドハ打ちでは、一四人の女性が一列に並んで棒を振り下ろしている。幸手市熊野神社の絵馬では、指揮する人は片手に竿を握り、ドハ打ちの女性はみな同じ色の着物に同じ手ぬぐいをかぶっているのだが、この絵馬では指揮する人は紅白の内務省の旗を振り、ドハ打ちの女性の衣装はそれぞれ個性的である。着物の色や模様を描き分けているし、頭にかぶっているものを見ても笠の人もいれば手ぬぐいの人もいて、ていねいに描写しているのがわかる。

この工事の場合も、やはり役人の監視の下で行われていて、詰所になっている小屋の中には、洋風の椅子とテーブルが置いてある。遠景は利根川で、川面にはたくさんの帆掛け船が航行している。この絵馬が奉納された明治三〇年代は、各地に鉄道網が広がりつつある時代であった。利根川にも現在の東北本線と高崎線の鉄道橋が架けられ、陸蒸気《おかじょうき》が煙をはいて行き来していたが、一方では舟運がまだ生きていた時代でもあった。

埼玉県の東北のはずれにある北川辺町（現加須市）は、利根川と渡良瀬川とに挟まれた低地帯のため、洪水は年中行事のごとく襲いかかっていた。そのため、いつ堤防から水があふれてもいいように、どの家も屋敷は土盛りして高くしてあり、土蔵はさらに高い場所に建ててあった。そうした土地柄のためか、同町には河川改修の絵馬が四点もある。

その中の一点が、本郷の鷲神社に奉納された明治十六年（一八八三）の絵馬（上記③）。画面には大きく「利根川三拾号丁場ケレープ工事之図」とある。ケレープというのは、増水したときに水流から堤防を守るため、堤防から桟橋のように川に向けて設けた施設。束ねた粗朶を格子状に組んで川の中に杭で固定させ、その上に石を透き間なくのせたものである。画面上には三本のケレープが描かれ、絵を見ているだけで作業の進め方を知ることができる。ここでもあちこちに役人の姿があり、内務省の事業であることを示す紅白の旗が何本も立てられている。

なぜ絵馬にして奉納したのか

絵馬というと、普通は祈願のために奉納するものと思われている。確かに小さな絵馬の場合は願掛けを目的にしたものが多い。しかし、ここに紹介したような大型の絵馬は、祈願よりも成願《じょうがん》、つまり願い事がかなったお礼であったり、大きな事業を成し遂げた記念に奉納することの方がはるかに多かった。

河川改修の絵馬を見ても、工事を請け負った人が、無事竣工できたことを祝い、後世に伝えるために奉納したものであった。地域的には利根川水系のものがほとんどであり、時代的には最初にあげた寛保三年の絵馬を除くとすべて明治時代のものとなっている。絵馬にして奉納するというのが、当時としては一種の流行になっていたのかも知れない。やがて大正時代になると、絵馬に代わって、工事の際に撮影した記念写真を額に収めて神社に奉納する風習が現れるのである。

註

（1）岩井宏實『絵馬』（一九七四年　法政大学出版局）
（2）『絵馬・扁額』（二〇〇二年　庄和町教育委員会）
（3）『埼玉の神社　入間・北埼玉・秩父』（一九八六年　埼玉県神社庁）
（4）『北川辺の絵馬』（一九八〇年　北川辺町史編さん委員会）
（5）『埼玉県史　下巻』（一九三三年　埼玉県）
（6）同上
（7）『都幾川・越辺川流域の民俗』（一九七九年　東松山市史編さん課）
（8）同右
（9）（3）に同じ
（10）『利根川百年史』（一九八七年　建設省関東地方建設局）
（11）『幸手市史　通史編Ⅱ』（二〇〇三年　幸手市教育委員会）
（12）『埼玉大百科事典』（一九七四年　埼玉新聞社）

7 雨乞いの絵馬

雨乞いの季節

この冬（註：一九九六年）は、一〇年ぶりと言われるほどの典型的な冬型気候だった。そのため、私の住んでいる関東地方では、昨年秋以降ほとんど雨らしい雨に恵まれず、連日の乾燥注意報に加えて、冬には珍しい取水制限さえ出された。

雨乞いというのは、夏のものと思っていたが、こうなると季節をとやかく言っていられない。冬でも雨乞いをしてみたら、と考えたほどである。

そこで、かつてどのような雨乞いが行われていたのか、地元埼玉県の例を調べてみた。すると、あるわあるわ、農民たちは慈雨を願って様々な方法を駆使してきたことがわかった。しかも、平野部の水田地帯のみならず、ほとんど田んぼのない山の村でさえも雨乞いの伝承がある。

雨乞いの方法は、非常にバラエティに富んでいる。ご利益ありとされる泉などから神聖な「お水」をもらい受けてくるもの、川に入ったり水を掛け合ったりするもの、わらや竹で大きな竜をこしらえるもの、お経を唱えたり太鼓を打ち鳴らすもの、獅子舞を舞うもの等々。さらにこれらを組み合わせ、より複雑な内容にして雨を祈ったところもある。

例えば、秩父郡両神村（現小鹿野町）薄の御霊神社で行われた方法は、竹や杉の葉で作った大きな竜を大八車二台を連ねた上にのせ、地区内を引き回すというもの。行列には両神山の山中にある昇竜の滝からくんできた「お水」をもつ人や、太鼓・鉦をたたく人も加わり、雨乞い唄を歌いながら練り歩く。そして最後に近くの川に下りて「お水」を川に注ぎ、淵に車ごと竜を沈めて降雨を祈ったという（写真3―86）。

3-86　雨乞いの「お水」をくんだ昇竜の滝（小鹿野町）

雨乞いの効果がどれほどのものだったのか、その結果はほとんど記録には出てこない。ところが、なかには霊験あらたかでご利益がありすぎた話もあちこちに伝わっている。同じく両神村の話だが、大正九年（一九二〇）に雨乞いをしたところ、なんと困るほどの大雨になってしまい、その後ここでは雨乞いをしなくなったとか。

こうなると、やたらと雨乞いをするわけにもいかなくなる。関東地方の冬場の雨乞いが、日本海側の豪雪に結びついても困るし。

黒い馬は雨を呼ぶ

平安時代初期の『続日本紀』に、こんなことが書かれている。「幣帛を四畿内の群神に奉る。其の丹生河上の神には黒毛の馬を加える。旱すれば也。」つまり、畿内の神々に幣帛（ぬさ）を奉納するにあたり、旱魃なので大和（奈良県）の丹生川上社には黒毛の馬を献上したというものである。これは天平宝字七年（七六三）のことだが、その後も宝亀五年（七七四）までの間に、七回にもわたって黒馬が献上されている。

これとは反対に、長雨をとめてもらいたいときにも馬が献上された。雨乞いに対して「日乞い」と呼ばれ、このときは白毛の馬、のちには赤毛の馬も献上されるようになった。

一説には、絵馬というものの起源は、こうした本物の馬の献上に始まるという。いつの時代でも馬は貴重な動物だった。そのため、本物の馬の代わりに木馬を作って奉納したり、板に馬の絵を描いて奉納する人が現れた。それが絵馬の起こりという説だ。

『続日本紀』に書かれているのは、奈良時代のしかも朝廷での出来事だった。ところが、こうした考え方はその後もずっと受け継がれてきたらしい。「秩父夜祭り」で知られる秩父市の秩父神社例大祭には、今も

3-87　雨乞い御礼の絵馬（明治26年　さいたま市桜区神田・身形神社）

神馬が献上されている。かつて農家の人々は、この神馬の色に関心を示し、その色で翌年の天候を占った。白毛ならば晴れの多い年、黒毛ならば雨の多い年になりそうだと。

　さいたま市桜区神田の身形《みかた》神社には、おもしろい絵馬が奉納されている。縦四五㎝×横六二㎝の額に一頭の黒毛の馬が描かれているものだ（写真3―87）。お世辞にもうまいとは言えない絵なのだが、興味をそそられるのはその裏に書かれた銘文である。

　明治二十六年癸巳八月五日、該奉納所以者、本年夏稀成大旱魃ニテ、農民悉愁、自村同心勠力シテ当社エ雨ヲ祈誓シ、然ルニ霊験蒙リテ速ニ額ニ而捧ゲテ報賽ヲ仰キ賜フ也

　大旱魃になったので、この神社に雨乞いの祈願をしたところ、願いが通じた。お礼の気持ちをこ

3-88　巨大な竜が池に入る雨乞い行事（鶴ヶ島市）

めてこの絵馬を奉納する、といった内容だ。雨乞いのために奉納されたものでなく、感謝の心を表す奉納ではあるが、黒馬と雨との関わりをよく示している絵馬である。

描かれた雨乞い

鶴ヶ島市脚折では、長さ三六mものばかでかい竜（竜蛇）を作る雨乞い行事が今でも行われている。白鬚神社を出発した竜が、三〇〇人もの人にかつがれて地区内を練り歩き、最後には雷電池《かんだち》に入って暴れまわるというもの。他に例を見ない貴重な行事として、雨の多い少ないにかかわらず、四年に一度、八月に実施している（写真3−88）。

しかし、かつて行われた様々な雨乞い行事のほとんどは、今や古老の記憶の中でさえ消えかかっ

3-89　大きな桶を囲み裸になって祈っている
（嘉永4年　さいたま市桜区神田・身形神社）

ている。たとえ深刻な水不足になろうとも、行事の復活は難しい。気象のあれこれを神仏に頼る時代でもなくなっている。

そうしたなか、雨乞いの様子を描いた絵馬があるのを知った。埼玉県内では五点が確認されているが、うち二点については疑問が残るので、ここでは残る三点についてだけ紹介しておくことにしよう。

まず、先の黒馬と同じさいたま市の身形神社に奉納されている二点の絵馬。幕末の嘉永四年（一八五一）と明治二十年（一八八七）のものである。社殿の前に大きな浅い桶を置いて水を張り、それを囲んで裸の男どもが水を掛け合ったり、手を合わせて祈っている（写真3―89）。

描かれた図柄は二点ともそっくりで、旱魃のたびにこうした雨乞いをしていたのではないかとさえ思われる。そして、祈りが通じ雨に恵まれたときに限って、その様子を絵馬に描いて奉納し、感謝の気持ちを表わしたのではないだろうか。古いほうの絵馬の裏には、二五人の参加者の名前と一緒に「雨之御礼」の四文字が書かれている。

これによく似た獅子舞がある。春日部市西金野井や幸手市松石に伝わる雨乞いは、境内に置いた桶の周りで三頭の獅子が舞うというもの。ときには獅子頭を水に浸したり、水を掛け合ったりするという。

熊谷市上之の雷電神社は、通称「上之の雷電さま」。その名のとおり雨や雷の神様として知られている。日照りの年には、この神社の池まで「お水もらい」に来た村も少なくない。

この神社にも雨乞いの絵馬が奉納されている。縦一三四㎝×横一八二㎝の大きな額に境内全体の様子を描いてあるのだが、そこに書かれた文字は「奉納雨願成就」。境内にある二つの池には、裸の男どもが集まっている。一つの池ではみんなが池に入って手を合わせて拝み、もう一つの池では桶を使って水をくみ出しているように見える。池の水を濁らせ、水神を怒らせることで雨を呼ぼうとしたのだろうか。奉納されたのは嘉永三年（一八五〇）だから、さいたま市の絵馬の前年になる。当時の稲は旱魃に弱く、また用水の確保も十分でない時代だったから、雨乞いも頻繁に行われていたのだろう。

二月半ばを過ぎた今、乾燥注意報が解除されそうな気配はない。山間部に降り積もった雪がとけ出してくるのはまだ先だ。水を大切にしなければ、と思う。

Ⅳ　埼玉の小絵馬

はじめに

寺社への奉納物にはさまざまなものがある。絵馬はそのなかの一つにすぎない。しかし人々の関心はかなり以前から、とくに小絵馬に対して強烈なものがあった。研究の対象として、また趣味の対象として、数多くの小絵馬が調査・収集され、小絵馬を扱った文献にしても枚挙にいとまがない。

埼玉県内の絵馬に関しては、昭和四十六年（一九七一）に島田桂一郎氏がまとめられた『埼玉の絵馬』[1]が先駆であった。その後、絵馬を文化財としてとらえる機運が高まり、市町村単位での調査報告書も何冊か刊行され、絵馬の展示会もときおり開かれてきた。この間に新たに調査され、所在が確認された絵馬は相当数に上る。だが一方で、特に小絵馬の場合には、小祠や堂庵の内外から跡形もなく消え去ってしまったものも多い。小絵馬のかかっている社殿のめぐりを有刺鉄線で囲うところさえあるほどで、憂えるばかりである。

絵馬は一般に大絵馬と小絵馬に分類されている。この区分は形態差であるとともに、奉納目的の違いでもある。しかしこの二者を厳然とした一線で画すことはできない。細分類についてもこれまでいくつかの案が提示されてはきたが、未だ統一されたものはない。製作者や奉納者の絵馬に対する自由な気持ちが、細分化を妨げているともいえよう。このことは同時に、いままでに多くなされてきた図柄だけによる絵馬の分類についても、若干の疑問を懐かせる。一枚の絵馬にこめた奉納者の心意をもう少し幅広くとらえる必要があろう。

本稿では、埼玉県内の絵馬、とくに小絵馬に関してさまざまな角度から追ってみた。ただし紙幅の都合で、小絵馬の図柄の多様性や奉納社寺の詳細な紹介は省略した。なおここで扱う小絵馬の定義については、おおよそ三〇cm以下の大きさで吊懸形式を呈し、民間信仰的要素の濃厚なものという岩井宏実氏の説(2)を踏まえた。

稿をまとめるにあたって、島田桂一郎氏には多々お世話いただいた。深く感謝したい。

1 奉納の盛衰

1 近世の小絵馬

社寺の建物内部に「保存」されることの多い大絵馬と異なり、一般に小絵馬は風雨にさらされやすい。奉納後数年も経ずに色褪せ、やがて図柄の判別も困難な板切れと化す。そればかりでなく、奉納頻度の高い社寺では、ある程度小絵馬がたまると一括して境内でお焚き上げにしていた。一方、家々で玄関や厩に貼ったり、荒神の神棚などに供える小絵馬の場合も、年々新たに買い換え、前年のものは元の社寺に納めるか捨ててしまうのが県内一般の風習であった。

最近の小絵馬をみると、年月日や奉納者名はもちろんのこと、祈願内容までこと細かに書き連ねてあるものが多いが、古い小絵馬の大半は年紀の記載がない。ただ幸いに年号が明記され、建物内部に奉納された小絵馬の中には、ときおりかなり古い時代のものを見かけることがある。以下これまでに調査された小絵馬のなかから、江戸時代のものに焦点を当ててみた(3)。

現存するなかで最も古いのは、越生町・多門寺に残る元禄六年（一六九三）の絵馬である。松の木のかたわらで語る弁財天と大黒天らしき二人を描写し、画面に「奉懸御宝前□田太郎兵衛」の墨書がある。材は杉板らしく、形態上は上部を山型にして全体を黒枠の縁で囲んだ、いわゆる家型の絵馬である。縦三三・五㎝、横四五㎝で、図柄の特異な点からみても、小絵馬というよりは中絵馬、もしくは小型の大絵馬とするべきかもしれない。

〈追記〉その後、幸手市天神島・天神神社に元和八年（一六二二）の銘をもつ「菅原道真」を描いた絵馬（縦二六㎝×横一六㎝）のあることがわかった（写真4―1）。これは大絵馬を含めても県内最古のものであるが、墨書年号に若干の疑問もある。

4–1　県内最古と思われる「菅原道真図」（幸手市天神島・天神神社）

多門寺にはこのほかにも元禄十五年の繋ぎ馬、宝永元年（一七〇四）の壺をはさんで二人の男女が踊っている図、やはり同時代と思われる鷹の絵馬が奉納されており、形態、大きさは前記のものと大差ない。図柄の上では繋ぎ馬を除く三点に、いずれも松が描かれているのは興味深い。松は「待つ」

に通ずるともいわれているが、この時代からすでに、絵馬と松との関わりがあったのであろうか。なお多門寺には、往時江戸からの参拝者も多く来たと伝えられ、宝永元年の絵馬の奉納者は「武州江戸佐野屋市兵衛」とある。

上尾市・相頓寺には、明和五年（一七六八）、天明六年（一七八六）、天保八年（一八三七）の三点の地蔵図が残る。縦約五〇㎝×横約三〇㎝、小絵馬の定義より大きめで縦長の絵馬である。三点とも蓮座上に宝珠と錫杖を手にした立ち姿の地蔵菩薩を描いたものだが、描写は巧妙とはいえない。また蓮座に坐した地蔵の図も一点あって、やはり江戸時代のものと思われる。そのほか明治以降の地蔵図絵馬も何点か残っている。

鳩山町・円正寺不動堂には、幕末から明治時代にかけて奉納された拝みの大絵馬が多数ある。そのなかに混じって三点の小絵馬があり、天保八年（一八三七）、同九年、嘉永元年（一八四八）といずれも幕末期のものである。梅の小枝を前に赤子に乳を与えている母親の姿、不動明王に合掌する拝みの男、筆を手に「大願成就所」と紙に書いている老人がそれぞれ画題となっており、拝み以外は小絵馬としては異質な図柄といえる。

天保年間の小絵馬は、さいたま市見沼区中川・中山神社にも二点ある。一点は天狗と烏天狗の図。向かい天狗ともいわれるこの図柄は、県内では頻繁に目にする。栃木県鹿沼市の古峯神社を信仰する古峯講などの講中が、本物の面をはりつけた大絵馬も各所に奉納されている。もう一点は、瑞雲に乗った御幣に合掌する男の図である。

4-2 「乳しぼり」の小絵馬が多数奉納されている（松伏町・蓮福寺）

このほか飯能市唐竹・白鬚神社（琴平宮）には、酒樽に錠をかけたいわゆる酒断ちの図柄の弘化四年（一八四八）の小絵馬、加須市・医王寺薬師堂には同五年の「め」もある。加須市伊賀袋・浅間神社、松伏町・蓮福寺にもやはり幕末期の年号の入ったものが何点か残っている。蓮福寺は安産・子育ての信仰を集め、乳しぼり図を中心に、鷹・鶏・ざくろ・拝みの絵馬をも混じえて、堂内に無数の小絵馬が奉納されている（写真4―2）。

県内の絵馬調査はまだまだ不十分ではあるが、これまでの調査で判明した江戸時代の小絵馬の主なものを列挙してみた。その結果として、いくつかの特徴をあげることができる。まず大きさについては、前述した小絵馬の定義としての寸法よりもやや大きく、いわば中絵馬ともいえるものが多いこと。これは江戸時代の風俗図などに描かれた小絵馬についても、同様のことがいえる。形態上は医王寺薬師堂の「め」が長方形で例外となっているほかは、すべて家型である。ただ円正寺不動堂の母子図の小絵馬は、欠損している上部が水平の鳥居型だったかもしれない。一方、下部は左右の縁枠が画面下端で切り落してあるものが多数を占め、縁枠が脚状に伸びているのが多い明治以降の小絵馬とは対照的である。

小絵馬では、製作者名の明記されているものは残存していないが、胡粉・丹・群青など各種の彩料を使用したものは絵馬師の作、墨だけで描いたものは奉納者自身の作とみても、大きな誤りはないだろう（ただし「め」の字の小絵馬は例外である）。

以上近世の小絵馬に関して、いくつかの特徴をあげてみたが、これらは幸いにも建物内部に残されていた資料に基くものである。建物外部にも多数奉納されていたはずの小絵馬についても、同じことがあてはまるか否かは速断できないことを断わっておきたい。

2　明治以降の小絵馬

今日、社寺に残る小絵馬の大多数は、明治以降の奉納品である。図柄は拝みが過半を占め、それに動物その他が加わっている。奉納者名の記してあるものは全体のおよそ半数、さらに年代まで明記してあるのは、そのまた半分にも満たない。

4-3　眼病祈願の「向かいめ」（飯能市）

こうした状況のなかで、小絵馬の変遷をたどるのは容易でない。しかし年代の明らかな小絵馬についてみると、明治二〇年代から大正初期にかけての残存数はやや多く、以後第二次大戦頃までは、数こそ少ないが平均して奉納されている。大戦後は東松山市・妙安寺の絵馬（馬図）、嵐山町川島・鬼鎮神社の絵馬（鬼図）、さいたま市岩槻区大戸・第六天神社の絵馬（向かい天狗）といった特殊なものを除くと激減する（この特殊なものについては後述）。

この推移の状況は、奉納年代が明記されていることの多い大絵馬と比較しても、かなり共通性をもっていることがわかる。県内の大絵馬の場合、天保年間（一八三〇～四四）以降奉納数を増し、明治初期に一時的な減少をみるが、その後明治年間を通じて流行のごとく各地の社寺に奉納されてきた。奉納の風習が衰えるのは大正時代になってからのようだが、それにしても急激な衰微にはなっていない[4]。

この原因が奉納者側にあるのか、製作者である絵馬師の側にあるのかは明らかにし得ない。しかし「め」の図柄に代表される病気平癒祈願の小絵馬（写真4―3）は、疾病そのものの減少や医薬の普及の結果、奉納者数は減り、厩に懸ける小絵馬も農耕馬の減少に比例して減ってきている。一方、絵馬師の側からみれば、戦時中における彩料の配給制などは、製作数に大きな影響を与えたのではないかとも考えられる。

時の風潮が小絵馬の図柄に及ぼした影響も見過ごすわけにはいかない。軍服姿の兵士が合掌する拝みの図はその代表であろう。戦地に行くにあたり、その無事を祈って家族が奉納したと思われる絵馬が多くの社寺に残されている。

農耕馬の減少は、馬図に代わって耕耘機を図柄とする小絵馬をも登場させ、畜産の普及は、乳牛や肉牛・豚を小絵馬に描かせるまでに至った。

近年は、土産物としての観光絵馬もよく見かける。秩父三十四か所の札所をはじめ、名の知られる社寺では、建物や境内を描いた小絵馬を販売し、秩父夜祭りや川越祭りの図といったものもある。いずれも手描きではなく、すべて印刷による大量生産の小絵馬である。ただこのような現代的小絵馬であっても、熊谷市・文殊寺、熊谷市・聖天院、小鹿野町・法性寺などのように、参拝者が諸々の祈願をこめて今日でも盛んな奉納を続けている社寺もまた多い（写真4―4）。小絵馬復活ともいえる現象である。

4-4　合格祈願の絵馬を見つめる生徒たち（熊谷市・文殊寺）

2 小絵馬の製作

1 絵馬師

埼玉県内で現在も小絵馬の製作にたずさわっている人は数少ない。知られているところでは次の六名である。（※一九八二年当時の状況である。敬称略）

戸田市上戸田　萩原　博　嵐山町鎌形　長島　正治
所沢市元町　肥沼　豊二　秩父市宮側町　浅賀　武雄
飯能市山手町　小槻　正信　熊谷市久下　小板　徳治

このほかさいたま市岩槻区大戸・第六天神社の「向かい天狗」の小絵馬も、その需要に応えて神社近くの人が製作を続けている。かつては戸田市の萩原末吉、川越市の安藤孝三、所沢市の荒畑堅恒、小川町の池田茂一、秩父市の今井金谷（今田屋）、さいたま市岩槻区の中川惣一郎、幸手市の大久保利一の諸氏など県内各地に絵馬師がいたが、いずれも昭和二〇年代から四〇年代にかけて小絵馬作りをやめている。川越市の土屋房吉氏（一力齋）は第二次大戦前に廃業し、東松山市にも絵馬師がいた(5)というが詳細は不明である。

絵馬師とか絵馬屋と呼ばれてはいても、一年を通じて小絵馬作りに専念している人はほとんどいない。小絵馬の多くは、需要の時期が限られている際物《きわもの》でもあった。「拝み」や「め」のような一般的図柄のものは例外として、各地の馬頭観音縁日で売られる小絵馬、荒神様を祀るための小絵馬、玄関に貼る鬼や天狗の小絵馬、初午に奉納する狐の小絵馬など、いずれも時節が決まっていた。そのため絵馬師の側としても、製作時期を限っていることが多かったのである。

際物の代表は、雛人形や五月人形であろう。人形屋は最近ではおもちゃ屋を兼ねる例が多い。季節の移り変わりに先んじて、人形屋の店先には羽子板・破魔矢・雛人形・五月人形などが並び、小絵馬もまた際物の一つであった。前述の絵馬師の中では、戸田の萩原、所沢の肥沼、秩父の浅賀、小川の池田、幸手の大久保の諸氏は、いずれも人形屋を表看板にして、そのかたわら小絵馬を製作し販売していた。

提灯屋や傘屋が絵馬師を兼ねることもあった。絵心があって筆が立つので小絵馬を手掛ける人が多かったようで、川越の安藤、土屋両氏、さいたま市岩槻区の中川氏は提灯屋、秩父の浅賀氏も人形を商う以前は提灯屋であった。

このように専門の商売を別にもっている絵馬師が多くいた一方で、農業のかたわら一時期だけ小絵馬作りをする人もいた。熊谷市とその周辺に居住して、東松山市上岡の馬頭観音（妙安寺）の小絵馬の製作にたずさわった人々である。詳しくは「絵馬講と絵馬市」の項で述べるが、彼らは二月十九日の縁日に向けて前年から仕事にとりかかり、縁日には大量の小絵馬を荷車やリヤカーに積んで妙安寺へ運び入れた。この絵馬師たちは、縁日には各自でそれぞれ露店を開いて俄か商人となり、縁日後は再び農業中心の生活に戻るのである。

絵馬師の性格が一様でないとともに、小絵馬の販売にもさまざまな方法があった。その一つは自分の家で売るやり方で、前述の人形屋や提灯屋を兼ねた家では、たいていこの販売方法をとっていた。店では際物的な小絵馬だけでなく、奉納時期が限定されない図柄の小絵馬をも扱っていたので、時期により数の多少はあるものの、年間を通じて販売するのが普通だった。ただしこの場合、購入者は近在の人であることが多く、奉納する社寺も狭い地域内だけとなる。

神仏具店、雑貨屋、荒物屋、社寺近くの小店、さらには社寺での販売も盛んに行われていた。絵馬師から仕入れて売ったものである。各地の社寺に今に残る小絵馬は、奉納者が自ら製作して奉納したものを除けば、大半がこうしたところで購入して奉納したものと思われる。

販路は絵馬師により差はあるものの、かなり広い地域に及んでいたようである。たとえばさいたま市岩槻区の中川氏は「向かい天狗」の小絵馬を同市大戸の第六天神社に卸すほか、越谷市や川口市などの店に各種図柄の小絵馬を卸していた。幸手の大久保氏は久喜市や加須市など県北東部の店のほか、古河市・松戸市・船橋市など県外にも卸していたという。所沢の肥沼氏も近在の店のほかに、東京都下の五日市・青梅・国分寺・調布・府中・田無・中野・石神井などの店や社寺に卸し、今でも若干続けている。

特定の日に社寺境内の露店で小絵馬を売る販売方法もある。東松山市の妙安寺（馬頭観音）の絵馬市は、多くの店が出ることで知られているが、最近は一、二軒が店を出すにすぎなくなっている。

江戸時代の『東都歳事記』には、「十二月日不定、此節より煤竹売あるく、荒神のえま　うりあるく」と江戸市中の絵馬売りの記事がある。火の神である荒神様の神棚に小絵馬を納める風習は、今日でも県南部の農家にわずかに残っている。多くは小売りの店や絵馬師の家で買い求めたが、戸田市あたりでは絵馬売りが家々を回ることもあったという(6)。ただその時期は『東都歳事記』と異なり、十月晦日の前であった。

2　形態と製作方法

小絵馬の形態には多種多様なものがあり、これまでにも幾多の報告がなされている。埼玉では、上部を屋根型にして周囲を黒い縁枠で囲んだ、いわゆる家型の小絵馬が多い。それ以外にもさまざまな形の小絵馬がみられるが、この違いがなぜ生じ、何を意味しているのかは明らかでない。庶民受けする形、いいかえれば庶民にとっての絵馬らしい絵馬の形が、長い年月の間に固定化したものと考えられる。形態の相違は、その固定化のなかでのわずかな変化にすぎない。

一方、製作者である絵馬師は、先代、先々代からの伝統をそのまま継承しており、異なる形の小絵馬が新たに作り出されることは皆無に近い。

小絵馬の大きさは、画面となる板材の横幅の数値で表わされる。いくつか例をあげると、所沢の肥沼氏や飯能の小槻氏のものは六寸、戸田の萩原氏や第六天神社のものは五寸である。板材の縦の長さは、地蔵図のように縦長のものを例外として、いずれも横幅よりも一寸ほど短い。上岡馬頭観音の絵馬は、現在縦五寸×横六寸のものを中心にして、まれに一尺×一尺二寸のものも含まれるが、かつては一尺×一尺、七寸×八寸のものも作られていたという。

木地の材料は絵馬師により異なるが、多くは杉もしくは樅で、縁枠も同材にすることが多い。大絵馬に桐が多く用いられていたのと対照的で、より安価な板材を求めたためだろう。ただ樅使用の場合は、価格よりも木地の美しさを重視する傾向が強い。特殊なものでは、戸田の萩原氏の小絵馬や第六天神社の小絵馬のように、経木状に薄く削ったエゾマツを用いたものもある。なお第二次大戦後の一時期、樅が入手しにくくなって松を利用したこともあり、近年ではより安価なラワン材も使われている。

木地の製作は、絵馬師自ら板材を切断し、縁枠をニカワや釘で接着する人もいれば、所沢の肥沼氏や飯能の小槻氏のように、製作は他所に依頼して、描くことに専念する人もいて一様ではない。

彩料には広く泥絵具が使用されていた。胡粉（白）、煙墨《えんずみ》（黒）、朱（赤）、丹（同）、新洋粉（同）、群青（青）、アオタケ（緑）、黄土（黄）などである。彩色にあたっては、木地への接着剤としてニカワが用いられ、薄いニカワ液を泥絵具に混ぜ入れた。ニカワの凝固を防ぐため、彩料は常に炭火などで温めながら使用した。

各種の図柄は木地に直接描かれることが多いが、木地表面に胡粉を下塗りした絵馬もよく見かける。岩槻の中川氏の場合は、群青と胡粉を混合した青色の下地で、珍しいものである。なお節の部分はヤニで彩料が

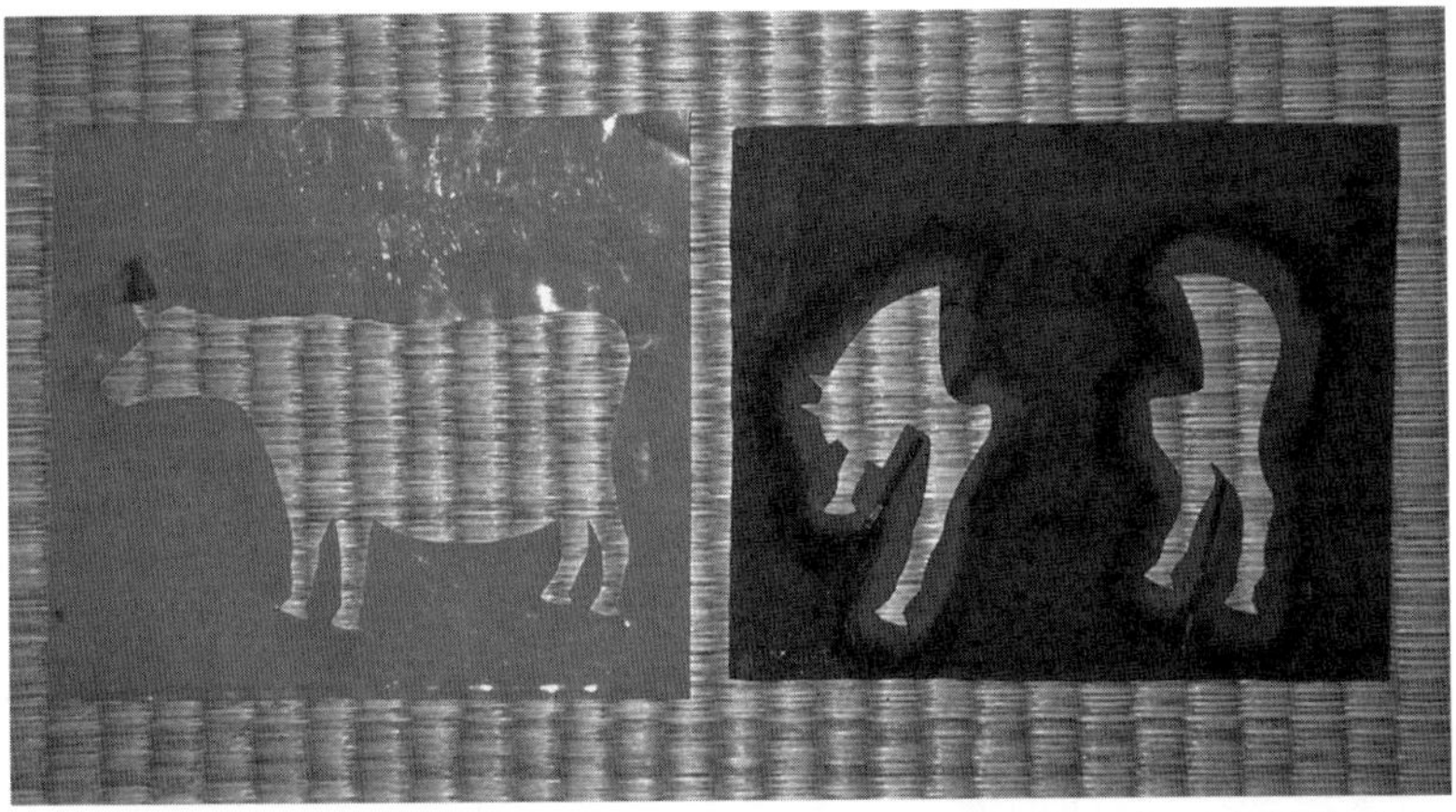

4-5　渋紙製の「馬」（右）とセルロイド製の「牛」の型紙（熊谷市・小板徳治氏蔵）

つきにくくなるために、節の上に和紙片を貼ることもあり、また木地全体に和紙を貼ってから下塗りしたものも見られた。

　数種類の彩料を用いた絵馬では、色の境を黒い墨線で縁取りしていることが多い。泥絵具の着色自体にはそれほどの緻密さがみられず、最終的な縁取りの作業に絵馬師の手わざが要求される。人物を描く場合は、顔の表現（面相）も縁取りと同時に最後に行われる。

　製作は絵馬師により、手描きと型紙使用の二通りがあった。渋紙製の型紙を使うことで大量生産が可能になり、これには二種類の方法があった。一つは川越の安藤氏が行ったような、輪郭線のみの型紙[7]である。最初に木地に型紙をあてて刷毛で墨入れをし、その後手描きで着色をする。もう一つは、東松山市の馬頭観音の小絵馬に代表される方法である。数枚の型紙を順次使って配色を重ね（スリコミという）、輪郭線は最後に手描きした。後者による方法は、現在も熊谷の小板氏が継承しているが、型紙には渋紙に変わって薄く丈夫なセルロイドを利用している（写真4―5）。

嵐山町吉田・手白神社の小絵馬の製作には、薄い銅板を裏から打ち出した型が使われた。掌の形に打ち出された部分に胡粉を塗り、板材に押しあてて白い掌の図の小絵馬としたものである。

以上は一般的な木製の小絵馬であるが、珍しいものとして幸手市・正福寺に伝わる紙製の小絵馬がある。縦約七㎝×横一〇㎝の和紙に木版で馬を刷ったものである。寺では檀家などにこれを配布し、譲り受けた家では、厩に貼って馬の守護にしたという。

註

（1）島田桂一郎『埼玉の絵馬』（一九七一年　埼玉新聞社出版部）
（2）岩井宏実『絵馬』（一九七四年　法政大学出版局）
（3）埼玉県立博物館（現埼玉県立歴史と民俗の博物館）の絵馬調査の結果を利用。
（4）大久根茂「絵馬に描かれた晴の生活・褻の生活」（『埼玉県立博物館紀要　六』）
（5）『滑川村史調査報告書　第二集』（一九八〇年　滑川村史編纂室）
（6）『惣右衛門の民俗』（一九七九年　戸田市史編纂室）
（7）（1）に同じ

V 小絵馬と信仰

はじめに

一般に絵馬というと、大絵馬よりも小絵馬を思い浮かべる人が多い。大絵馬と小絵馬を明確な一線で画すのは多少の無理があるが、ここでは「およそ三〇㎝以下の大きさで吊り懸け形式をもち、民間信仰的要素の濃厚なもの」と定義しておこう。しかし、すべてがこの定義にあてはまるというわけではない。吊り懸け形式でないものもあるし、現代の観光絵馬や創作絵馬のように信仰に結びつかないものもある。

「民間信仰的要素」とは、庶民の切ない祈りと言ってもいいだろう。記念や感謝を目的に奉納されることの多い大絵馬と違い、伝統的な小絵馬の奉納目的は、一部の例外はあるにせよ、祈りや願いを神仏に聞き届けてもらうためのものであった。合掌したり柏手を打って祈るだけでは満足せず、より確実に自分の思いを伝えるための表現方法の一つとして小絵馬を奉納したのである。

その小絵馬の図柄は非常にバラエティに富んでいる。埼玉県内のものだけを取り上げても、拝み、目、天神、地蔵、弁財天、天狗、河童、相撲、馬、牛、猿、狐、狼、鹿頭、蛇、雀、鳩、烏、鶏、どじょう、たにし、大根、剣、草鞋、鳥居、繭、宝珠、泥団子などがある。この中で、拝みの図は寺社を問わず広く奉納されたものだが、それ以外の図柄の小絵馬はそれぞれ奉納先が決まっているものが多い。目は薬師様、狐は稲荷様というのはよく知られているところで、そのほか猿は山王様（日枝神社）、鳩は八幡様、剣は不動様といった具合である。

以下、本稿では、こうした一般的な祈願の小絵馬ではなく、一風変わった小絵馬を取り上げてみた。社寺に奉納するのではなく、家に持ち帰り、家に祀る小絵馬である。家を守る小絵馬といってもいい。

1 家に祀る小絵馬

小絵馬というと、祈願のため社寺に奉納するものを想起しがちであるが、ここで扱うのは、家々のうちに捧げ祀られる特殊な小絵馬である。一般的な祈願の小絵馬との違いは、個人との結びつきよりも「家」のために祀られていること、毎年一定の日に納めるものであって、年中行事のごとくになっている点にある。神札（お札）やダルマと同じ意味合いをもつ小絵馬ともいえよう。その代表が嵐山町・鬼鎮神社の「鬼」と、さいたま市岩槻区大戸・第六天神社の「向かい天狗」、東松山市・妙安寺（馬頭観音）に代表される「馬」の小絵馬である。これらはいずれも社寺への奉納が目的でない。奉納されるにしても、一年間のつとめを終えた古い小絵馬に限られる。

鬼鎮神社と第六天神社の小絵馬は、ともに家の入口に貼られるもので、今日でも風習は続き、その分布は県内を二分している。明確な区分になるわけではないが、県の北部から西部一帯は前者、東部から南部にかけては後者となっている。都内でも練馬区あたりでは、第六天神社の小絵馬を買い求めたとの報告がある。(1)

鬼鎮神社の節分祭は賑やかで、境内の神楽殿では神楽が奉納される。「福は内、鬼は外」ではなく、「福は内、鬼は内」という豆まきの際の掛け声も有名である。小絵馬は年間を通じて神社近くの店で売られ、正月

5-1　鬼鎮神社の「赤鬼・青鬼」（嵐山町）

と節分祭の折りに買い求める人が多かった。参拝者は店で買った小絵馬を神社に持参し、画面に「神璽」の判を押してもらう。このことで小絵馬はお札と同様のものに変わるのだという（写真5―1）。しかし最近は、あらかじめ判を押してあるものを、神社側で直接販売する方法をとっている。縦約三寸×横約四寸の長方形の小絵馬は、杉板に金棒を手にした赤鬼・青鬼を描いたものである（古くは一匹だけの縦長のものであった）。これは悪魔除け・厄病除けとして母屋の入口に貼られ、節分のヤッカガシ（大豆の小枝にイワシの頭をさしたもの）とともに、一年間家を守り続けている（写真5―2）。

第六天神社の小絵馬は、盗難除けを目的としている。縦約四寸×横約五寸の家型で、図柄は赤い天狗と青い烏天狗が向き合っている。厚板ではなく、経木状の薄手の小絵馬である（写真5―3）。第六天神社は特に農家の人々の信仰が厚く、昔から農作業を始める前に必ず詣で

5−2　玄関に貼られた鬼鎮神社のお札と絵馬（羽生市）

て、火災、盗難その他の災厄を除き、五穀の豊穣を祈る風習があった。そのため四月頃には多数の参詣者で賑わい、東京都練馬区など遠方から代参するところもあった[2]（写真5−4）。

　盗難よけに御利益があるとされていることから、この小絵馬を農作物の盗難よけに畑に立てる風習もあった。盗まれやすい作物であるキュウリ・スイカ・ショウガなど、一軒の家で数か所の畑に立てることもあった。長さ一mほどの竹の上部を割って、小絵馬を挟んで麻紐でしばり、先端には杉葉を笠状に結びつけた。これと同じ方法は、道端や川岸にお札を立てるときにも行われている。

　県南部の特徴的なものに、荒神の神棚に供える小絵馬がある。荒神はオカマサマとも呼ばれ、竈の神・火の神として台所に祀られている。荒神は十月晦日に出雲国に出かけ、十一月晦日に帰って来る。しかも三六

5-3　第六天神社の「向かい天狗」(さいたま市岩槻区大戸)

5-4　第六天神社に納められた前年の絵馬

人の子供をもつ女の神様ということで、その両日には三六個の団子を供えて出立・帰宅を祝った。小絵馬は馬もしくは鶏の図柄で、馬も鶏も荒神の乗り物とされ、出発日までに神棚に供える風習であった[3]。馬か鶏のいずれか一枚を供えるのが普通のようだが、蕨市内では往きに馬、帰りに鶏を供えるところがあり[4]、川口市内では出発日に、鶏の小絵馬を笹竹に結んで用水のほとりに立てたという事例がある[5]。

荒神の絵馬は、戸田の萩原氏か岩槻の中川氏の作ったものが広く出回っていた（岩槻にはかつて黒田氏という絵馬師もいたが詳細は不明）。なお荒神の乗り物ということからすれば、この小絵馬のつとめは一か月で終えることになるが、実際は翌年までの一年間神棚に供えておき、その後に新しいものに代えるか、何枚か溜まった時点で下ろすことが多かった。そして古い小絵馬はその家でお焚き上げにし、第六天神社の小絵馬のように神社に戻すことはなかった。〈詳細は次項参照〉

蛇を描いた小絵馬は、諏訪神社あるいは水神との関連で弁天様に奉納されたが、それとは別にこれを屋内に祀る風習もあった。蛇は鼠を食べることから、養蚕の盛んな県北部の農家では、蚕室での鼠の害を防ぐために蛇の小絵馬を買い求めた。たとえば熊谷市の諏訪神社で出す「蛇」は神棚に供え、妻沼町・聖天院の「蛇」は家の入口に打ちつけておくことで、鼠よけの呪いにしたという[6]。

厩の入口に馬の小絵馬を懸けるのは、ごく一般的な風習で、述べるまでもないであろう。この小絵馬は馬頭観音の縁日で求めることが多く、東松山市の妙安寺は「上岡の観音様」と呼ばれて広い信仰圏をもっていた。県内はもちろん、東京や群馬からの参拝者も少なくなかった。二月の縁日には絵馬市が立ち、一〇〇人

5-5　馬頭観音に陰刻された絵馬（東秩父村大内沢）

を超す売り手が境内に露店を出したものである。参拝者は自分の家で飼育している馬に似た毛色の図柄の小絵馬を買い求め、厩に貼っておいた。〈詳細は次項参照〉

変わったところでは、東秩父村大内沢には馬図の小絵馬を刻んだ馬頭観音の石塔がある。寛政三年（一七九一）に村境の峠上に建てられたもので、「馬頭観世音」の文字の上部に、裸馬を描いた家型の小絵馬を陰刻してある（**写真5―5**）。峠の頂上という場所から考えると、この石塔は馬の供養塔というよりも、馬の守護を目的としたもので、小絵馬の像はその目的をさらに強調したものといえよう。

2 荒神の絵馬

はじめに

絵馬というと一般には「祈願または報謝のために社寺に奉納する絵の額。」（広辞苑）と定義されている。博物館や資料館で開催される絵馬の企画展や、各地の教育委員会発行の調査報告書を見ても、大絵馬と小絵馬の区別はあるものの、社寺に奉納されているものだけを対象にしていることが多い。

ところが、こうした奉納絵馬とは別に、家に持ち帰る絵馬というのがあった。県内では東松山市の妙安寺馬頭観音堂（通称「上岡の観音様」）で売られる馬の絵馬、嵐山町の鬼鎮神社で売られる赤鬼・青鬼の絵馬、さいたま市岩槻区大戸の第六天神社で売られる向かい天狗の絵馬などが代表的なものである。上岡の観音様の絵馬は厩に掛け、鬼鎮神社と第六天神社の絵馬は玄関に掛けたり打ち付けるということで、その用途に違いはあるが、いずれも毎年同じ時期に買い求め、一年後に新しいものに買い換える点は共通している。社寺に奉納する絵馬のように個人的な祈願や報謝と結びついているわけではなく、社寺から受けてくるお札（神札）と同様の意識で扱われていることに特徴がある。

本稿で取り上げる「荒神の絵馬」もこの仲間のものである。荒神様というのは台所などに祀られる火の神であり、この荒神様に絵馬を供える風習が、県南部から東京都にかけての一帯に分布していた。埼玉県内の荒神様については、すでに多くの先学によってその複雑な信仰形態が言及されているが[(7)]、こと絵馬に限っては詳しい報告はされていない。

さらに興味深いのは、この絵馬の製作から販売に至る風習である。前にあげた三か所の絵馬は、いずれも当人が社寺に参拝に行って買い求めてくるのに対して、荒神の絵馬は職人が製作したものを行商人が売り歩いていた。しかもその商売を現在もなお昔ながらに続け、何百軒もの家々を回っている人がいることを知った。

そのため、以下ではこの絵馬を荒神様に供える風習に加え、絵馬を作る職人やそれを売り歩いた人たちのことについても取り上げてみることにする。

1　神無月と荒神様

荒神様の祀り方は、どの家の例を見ても非常に簡素である。竈の近くの柱や壁に小さな棚板を打ち付けただけのものが多く、その上に一本ないし三本（三宝荒神を意味するものという）の御幣を立て、少し上に注連を張っているだけという家が大半である。

年中行事としての荒神様への関わり方については、地域により、また同じ地域であっても家によって一様でなく、次にあげるようにわずかずつではあるが違いが見られる。

〈事例1―戸田市内〉　荒神様は火伏せの神とも子供の守り神とも言われている。十月三十一日には出雲に出かけて十一月三十日に帰ってくるというので、行きの日までに神馬の絵馬を買い求めて荒神様の棚に上げておく。そして行き帰りの両日には、三六個の団子と松の枝や菊の花を供える。十月半ばに荒神様は一度だけ帰ってくるというので、十五日などの適当な日に、ナカイワイとかルスイギョウといって、ぼた餅などを上げる。(8)

〈事例2―本庄市児玉町小平〉　田植えのあとのサナブリには、荒神様に苗束を二束供えるほか、赤飯や寿司などを作って供えた。稲刈りが終わると、根の付いた稲株をつるして供え、新米がとれた感謝をする。(9)

〈事例3―坂戸市石井〉　荒神様は竈の神と縁結びの神を兼ねる神である。小正月には三六個の団子を枝に挿したものを供える。サナブリのときには、田植えに参加した全員から手苗を集めて二束にまとめたものを供えた。十月三十一日には荒神様が出雲に出かけるのでぼた餅を五個か七個、十一月三十日には出雲から帰ってくるので同じ数のぼた餅を供えた。(10)

はじめに荒神様は火の神であると述べたが、各地に伝承されている荒神様の信仰あるいは祀り方を見てみると、そう単純に決めつけられるものではないことがわかる。ここに例示したものだけを見ても、戸田市の事例は神無月に出雲に行き来するので供え物を上げるというもの、本庄市の事例は田植えと稲刈りのときに

5-6　荒神様に団子と菊と松と「馬」の絵馬を供える
（蕨市立歴史民俗資料館の展示より）

苗や稲束を供えるというもの、そして坂戸市の事例はその両方を併せもっているものということができる。

また、その呼称についても地域的な特徴があり、コウジンサマのほかにオカマサマ、カマガミサマ、オカマコウジン、サンポウコウジン、サンボウコウジンなどいろいろに呼ばれている。さらに台所に祀る神と囲炉裏に祀る神とを呼び分けている例も見られるが、ここでは荒神様という名称で代表させておくことにする。

荒神様の性格について内田賢作氏は「竈の神・火の神としての信仰ばかりでなく、農神としての性格や産の神・子供の神としての性格を持ち、また福の神であるエビス大黒との類似性をみせ、さらに正月や神無月などの年中行事の折にも登場するなど、多彩な性格を示し、古い家の神信仰の根幹に触れるものではないか」としている。荒神様の神棚が台所の一角、竈のそばに設けられていることから、当然ながら火の神・火伏せの神だとする信仰は強い。しかし、生業（農業）や年中行事、あるいは人生儀礼などの機会における荒神様の祀り方を見てみると、同氏の言うように火の神以外に様々な性格が浮き出てくるのである。

その一つが神無月になると出雲の国に出かけるという信仰である。十月晦日（三十日とする家と三十一日とする家とがある）に出雲に旅立ち、十一月晦日に家に戻ってくるというもので、この両日を「荒神様の日」などと称して、家々では神送り・神迎えの行事を行う（写真5―6）。なかには半月後に一度戻るという中帰り（中通いとも）の伝承をもつところもあり、これは埼玉県独特のものとされている。[11] この期間中に出かけるのは荒神様以外の神々であって、荒神様は留守を守るのだという伝承もまれに見られるが、県内では留守神は恵比須様だとするところの方が一般的である。

出雲に出かけるときの荒神様は、火の神としてではなく、家の神の代表と見なされている。そしてその目的は、縁談の相談ということでほとんど一致しており、そのためか普段でも荒神様は縁結びの神だという信仰を広く見ることができる。

ただ一方で、荒神様を祀っていながら、こうした出雲行きの伝承を持っていない地域があるのもひとつの特徴になっている。特に秩父地方から児玉地方にかけての一帯でこの傾向が強い。[12] この地域では神無月と荒神様との関係そのものの伝承がなく、当然ながら神送り・神迎えの行事も行われていない。神無月に荒神様が出雲に行くという伝承の有無を分布の上で調べたなら興味深い結果が得られることと思われるが、本稿のテーマから外れてしまうので、ここではこの程度に留めておくことにしたい。

2 馬の絵馬と鶏の絵馬

埼玉の風習

前述したように、神無月に荒神様が出雲に行くという伝承だけなら秩父と児玉地方を除く県内広い地域で聞くことができるのであるが、県南部ではこのときに馬もしくは鶏（鳥という場合もある）に乗って行き来するという伝承が加わっていることに特徴がある。この場合、家による違いが見られ、最も多いのは行き帰りとも馬という家、次いで行きは馬で帰りは鶏という家、そして行き帰りとも鶏という家はわずかであった。なかには、雨が降ると船で行き天気だと馬で行く（川口市赤山）という変わった伝承もある。

なぜここに馬や鶏が登場するのかであるが、鶏は荒神様のお使いとされており、子供の夜泣きを治すには荒神様に鶏の絵馬を上げる[13]という俗信もある。ただこの場合は、鶏が荒神様のお使いだからというよりも、鶏は夜鳴かないからというのが理由になっている。一方の馬であるが、なぜ馬なのかということについての言い伝えは聞くことができない。馬は神の乗り物だという信仰は一般的であり、荒神様もこれにあやかったということになろうか。

5-7　荒神様に供えた「馬」と「鶏」（戸田市）

馬と鶏を比べると、圧倒的に馬という伝承の方が多い。そのため、十一月晦日には帰ってくる荒神様のために団子や菊の花を供えるだけでなく、荒神様を乗せてきた馬のために「足洗いの水」というのを玄関先に用意しておく風習も見られた（家によってはこの水は荒神様自身が足を洗うためと伝えている）。

荒神様が馬に乗って行き来するという伝承は、県南部を中心にかなり広い範囲で聞くことができるが、草加・川口・さいたま・蕨・戸田・朝霞・和光・新座などの各市では、荒神様の日に馬（もしくは鶏）の絵馬を供える風習が、家々の年中行事としてごく普通に行われていた（写真5―7）。いくつか事例を示してみることにしよう。

〈事例4―川口市〉十月の晦日は荒神様が出雲に泊まりに行くといわれ、みやげ団子三六個を作って供えた。荒神様には三六人の子供がいるという。荒神様が出かけるとき、馬に乗っていったということで、馬の絵馬を供える家もある。また、十一月晦日には荒神様が帰ってくるのでお神酒と団子を供え、門を開け、戸を開

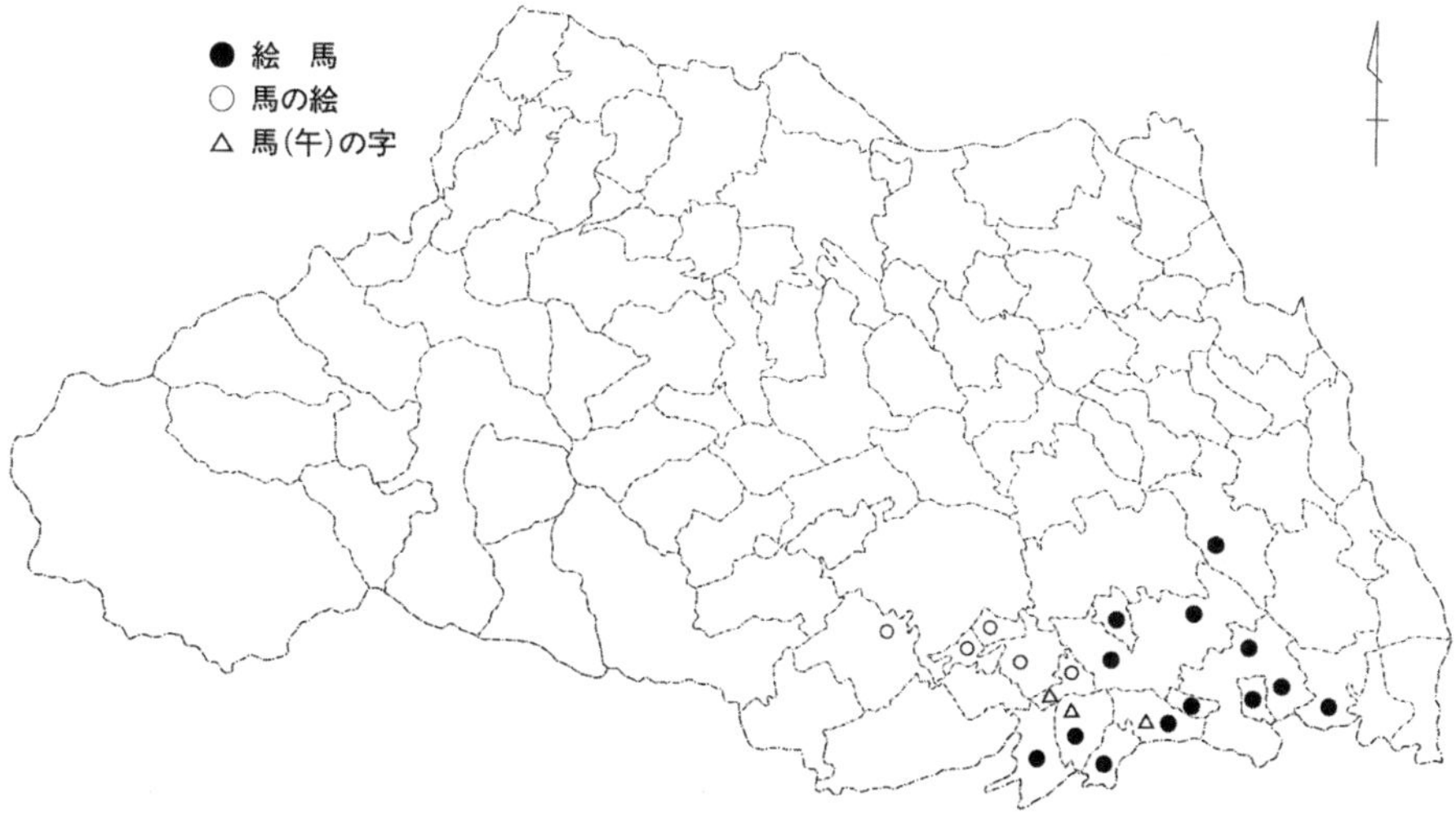

図5-1　荒神様に供えるもの

けておいて迎え入れる。[14]

〈事例5―さいたま市桜区道場〉　荒神様は十月三十一日から一か月、出雲のお宮に出かける。三十一日には団子を重箱いっぱいに詰めて供える。団子は大きければ大きいほどよい。ほかに菊の花、榊、馬の絵馬を供える。荒神様の団子のころがった方から縁談があるともいう。[15]

〈事例6―戸田市新曽南〉　十月晦日に荒神様は馬に乗って出雲の国に行き、十一月晦日に鶏に乗って帰ってくる。または鶏が家で迎える。荒神様には女の子ばかり三六人もいたので、両日とも団子三六個と菊の花と水を供え、灯明を上げる。馬もしくは馬と鶏の二枚の絵馬を買い求めて供える。二枚買った家では、十月晦日に二枚一緒に上げてしまう。この絵馬はその後一年間そのままにしておき、翌年の十月晦日に下げて燃やしたり、初詣のときに神社に持って行って納めた。

このような荒神様の日に絵馬や馬の絵を供えるという事例を地図の上に落としてみたのが図5—1である。一目瞭然、この習俗が県南の限られた地域に集中していることがわかる。ただ唯一の例外となるのが、図中には落としてないが県の北東部の旧鷲宮町（現久喜市）でもかつて行われていたことを示す文書の存在である。同町でかつて名主を務めていた相沢家に残る文化七年（一八一〇）の「家務歳中行事[16]」のなかに次のような記述がある。

九月　晦日荒神祭之事　但絵馬可上事

十月　晦日荒神を祭之事　但絵馬可上事

旧暦のために九月晦日と十月晦日になっているものの、これはまさに荒神様の日に絵馬を上げる習俗にほかならない。絵馬の図柄にまでは触れていないが、馬の絵ならばあえて「馬の」と記すことはなかったものと思われる。

なぜ遠く離れた鷲宮町にこの習俗があったのかは明らかではない。同家のみの特例なのか、それともこの一帯の家々でも行われていたものなのだろうか。

以上、荒神様の日に絵馬を上げるという習俗について取り上げてみた。ところが、図5—1に示すように、戸田・朝霞・志木の三市には、この日に「馬」または「午」と書いた紙を供える風習があり、また志木・新座・富士見・ふじみ野・狭山の各市には、馬の絵を描いた紙を供える風習があったという。いくつかの事例を上げてみよう。

〈事例7—志木市幸町〉　十月三十日を初荒神・願い荒神といって榊を上げ、荒神様が出雲に行く土産として団子を供える。十一月十五日は中荒神・中帰りといって家に様子を見に戻る。十一月三十日は終い荒神といい、よい結果を「聞く」ようにと菊の花を上げる。小豆粥は三回とも上げ、また紙飾りといって馬の字を三つ書いたものを上げる。(17)

〈事例8—ふじみ野市上福岡〉　昭和三〇年代半ばごろまでは、市内全域の家々で十月三十一日（または三十日）、十一月十五日、十一月三十日の三回、荒神様の祭りを行っていた。十月になると鶴間（富士見市）の太夫が、紙に馬の絵を描いてある刷り物を竹に挟んで各戸に配った（写真5—8）。これを「ジンメの馬」と呼び、荒神様が出雲に行くときに乗るためのものとされていた。十月三十一日（または三十日）には主婦が荒神様の棚を掃除してから、小豆粥と三六個の団子と菊の花を供え、「ジンメの馬」は門のところや、屋敷と道路が接する場所に挿しておいた。

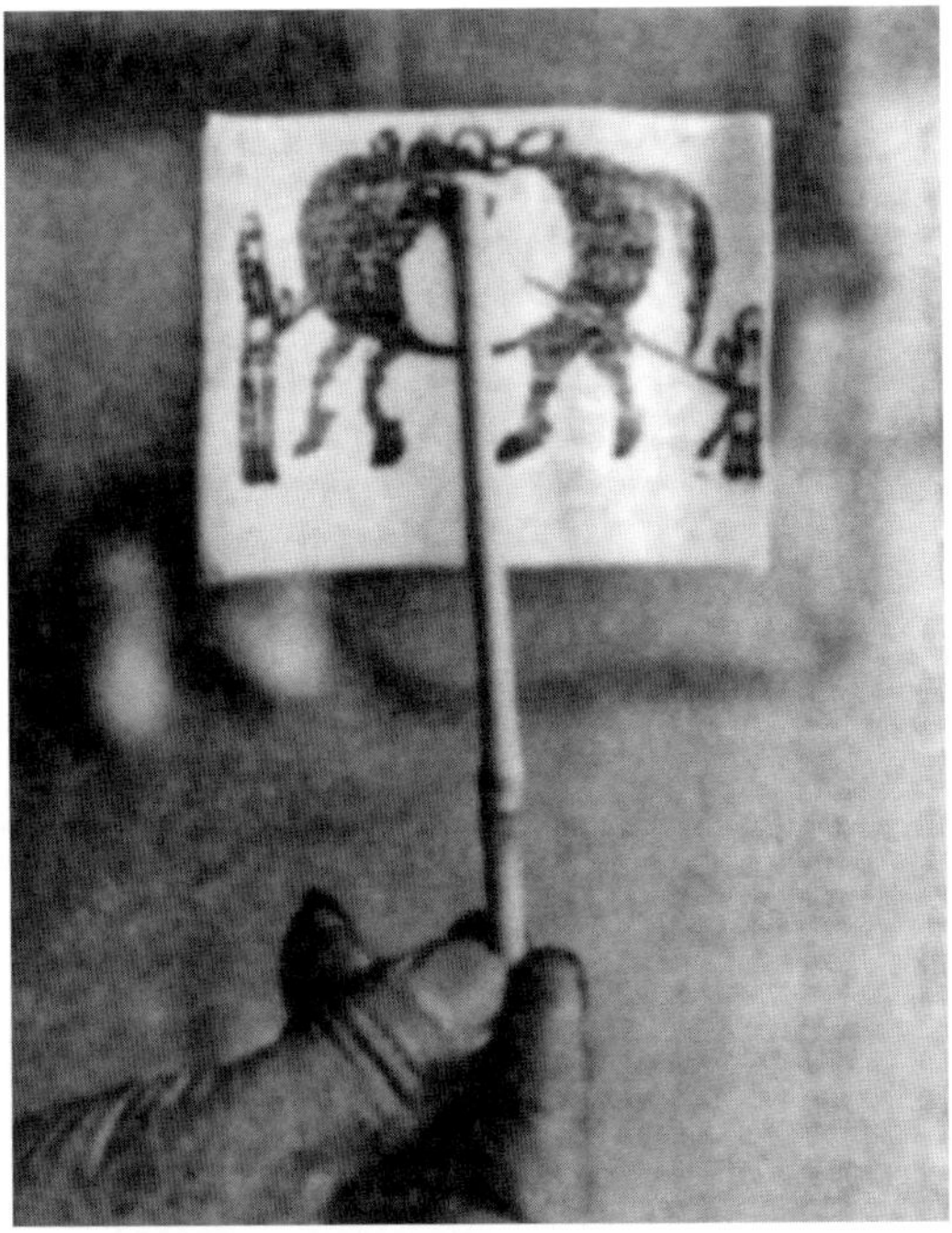

5-8　馬の絵の刷り物（『新座市史民俗編』より複写）

これはその日の早いうちに挿すものとされ、そうしないと縁遠くなると言われていた。[18]

この事例のように、「馬（午）」という字もしくは馬の絵を描いた紙を供える習俗が、やはり県南の限られた地域に分布している。文字だけの場合は自分の家で用意したようだが、馬の絵の場合は木版による刷り物を神主や太夫と呼ばれる人から買い求めていた。その分布状況を見てみると、絵馬の分布と一部は重なるものの、それよりも西側に広がっていたことがわかる。

荒神様の日に供えるのが馬（もしくは鶏）の絵馬であったり、馬の絵を書いた紙であったり、馬（午）という文字であったりと様々であるが、こうした違いが生じている理由については明らかでない。ただ、荒神様の日に供える理由は、いずれも出雲に行くための乗り物と伝えていることから、この分布はひとつながりのものと見ていいだろう。

江戸東京の風習

次に、隣接する東京都の状況を見てみることにしよう。東京都における荒神様の信仰については、大嶋一人氏による詳細な報告がある。[19] それによると、都内でも神無月に火所の神が出雲に行き来するという伝承が広がっているが、その神は東部と西部（ただし奥多摩は除く）ではオカマ様といい、その間に挟まれた一帯では荒神様と呼んでいるという。そして、「荒神様が去来する地域には、馬や鳥（鶏）の絵馬が供えられることが多く、その理由として、馬に乗っていき、鳥（鶏）に乗って帰ってくるといわれる」と述べている。

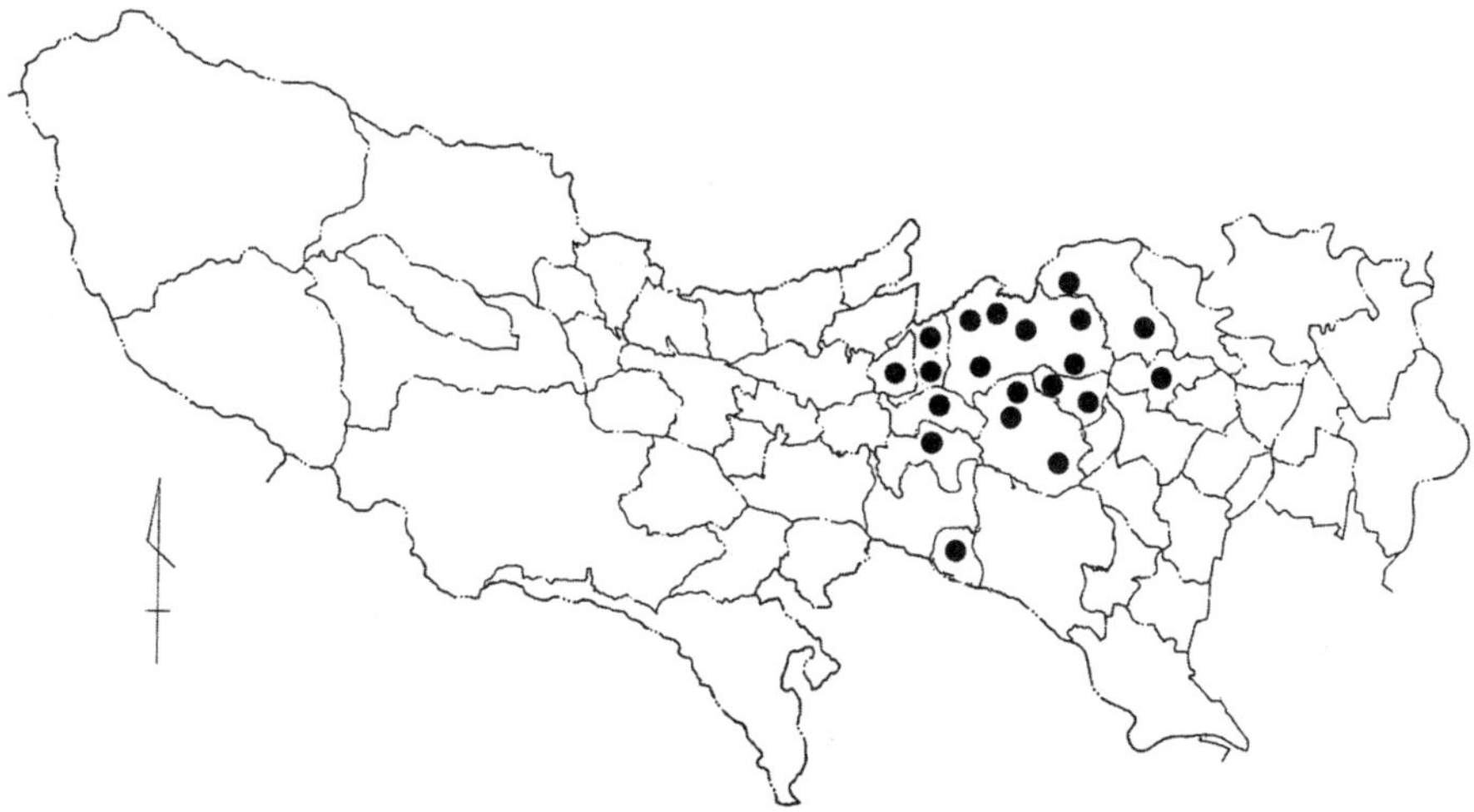

図5−2　荒神様に絵馬を供える地域
（大嶋一人「神無月に去来する火所の神−東京都の事例−」より）

例えば、練馬区内では次のような伝承がある。

〈事例9―練馬区〉荒神様のお立ちは十月三十一日で、十一月三十日はお帰りである。お立ちの日には馬の絵馬を、帰りの日には鶏の絵馬を上げる風習がある。十一月十五日に中帰りをするというところでは、鶏の絵馬をそのときに上げる。この絵馬はいずれも出雲へ往復する神の乗り物として使われるのだという[20]。

その分布を示すのが図5―2である。これを見ると絵馬を供える習俗の分布が図5―1で示した埼玉からつながっていることがわかる。荒神様の出雲行きの伝承と絵馬を供える習俗を併せ持つ地域が、このように埼玉県南部から東京都にかけて広がっていたのである。ただ、東京都の場合は馬（午）という字や馬の絵を描いた紙を供えるという習俗はなかったようだ。

都内での分布について、大嶋氏は「これは、見方によっては江戸の町に近い場所だと、荒神様が去来しているともいえる」と指摘している。さかのぼって江戸時代における江戸市中でのこの風習を示す資料を探してみると、天保九年（一八三八）の『東都歳事記』や嘉永六年（一八五三）の『守貞謾稿』などがあげられる。『守貞謾稿』には「荒神松売」として、京坂では竈神である荒神の祭りに松の枝と榊を供えるが、江戸では一尺余りの松の小枝だけで榊は用いないとあり、さらに次のように記している。

江戸ニテハ鶏ヲ画ル絵馬ヲ兼売ル。是亦、荒神ニ供スルノ料也。鶏ノ絵馬ヲ荒神ニ供スレバ、油虫ヲ除ノ呪ト、江俗云伝へ行之。

この文中では、絵馬の図柄が馬ではなく鶏と言い切っていること、そしてその目的が荒神様の出雲行きの乗り物ではなく、油虫（台所に出没するゴキブリのことであろう）を退治してくれるためとなっていることが興味深い。

また、『東都歳事記』には「十二月、日不定」としながらも年の暮れになると「此節より煤竹売あるく、荒神のえまうりあるく」と記されている。江戸では年末の煤払いは十二月十三日に行うのが一般的となっていた。そのため煤竹売りは十三日よりも前に回り歩いていたわけだが、同じころに荒神の絵馬売りが回っていたというのである。同様の記事は享保二十年（一七三五）の『続江戸砂子』の中にも「屋敷方、町屋ともに多く当日（註：十二月十三日）すすをはくなり、すす竹売る、荒神の絵馬売る」とある。

このように、江戸の年中行事では荒神様の絵馬は年の暮れのものとされ、図柄は鶏だったことがわかる。

となると、埼玉から東京にかけて盛んに行われてきた、神無月に馬の図柄の絵馬を上げる習俗との関係がわからなくなる。単に時代差なり地域差と言い切っていいものなのだろうか。この点について大嶋氏は「江戸の近在でも、荒神松と絵馬は売られたことであろう。その商売人たちが神無月の去来伝承に目をつけ、荒神松と絵馬をセットで売り歩いて、去来する神が荒神様であり、馬で行って鳥で帰ってくるという伝承を広めたのかもしれない。」と述べている。埼玉の習俗は、はたして江戸の風習に基づくものなのだろうか。

5-9　ありし日の萩原末吉氏（『戸田の絵馬』より複写）

3　絵馬作りの職人

荒神様の日に絵馬を供える風習が県南から東京都にかけて広がっていたわけだが、それではその絵馬はどこでどのように作られていたものなのだろうか。

国道一七号に面して店舗を構える戸田市上

戸田の萩原玉伝《ぎょくでん》人形店では、雛人形や五月人形を商うかたわら、平成十三年の今でも十月になると荒神様に上げるための馬と鶏の絵馬を店に置いている。製作しているのは当家の主人、萩原博（昭和十八年生まれ）〈以下、敬称略〉である。また、蕨市中央の萩原人形店、萩原暢子《まさこ》（昭和九年生まれ）も平成十二年に亡くなるまで、年間千枚もの絵馬を作っていたし、もう少しさかのぼれば戸田市下笹目で人形屋を営んでいた萩原末吉も、昭和五十四年に亡くなるまで絵馬を作り続けていた（写真5―9）。

いずれも萩原姓なのは親類筋に当たるためであり、その系譜は次のようになっている。

佐吉（戸田市下笹目）
- □□（戦死）
- 佐傳次（戸田市上戸田）――吉次――博
- 光吉（蕨市中央）――――暢子
- 末吉（戸田市下笹目）

明治初期のこと、戸田市下笹目の萩原佐吉（安政三年生まれ）が一五、六歳のころ大宮で絵馬作りの技法を身につけたことに始まると伝えている（人形作りもこのときに覚えたのかは不明）。家業を継いだのは末子の末吉だったが、佐吉には多くの子供がいて、佐傳次は戸田市上戸田に、光吉は蕨市中央に分家し、ほかに志木市と東京都板橋区志村に分家した者もいて、そのいずれもが人形屋を営んだ。絵馬作りについては、志木市と板橋区に出た二人については不明だが、佐傳次、光吉、末吉の三人は親から習い覚えており、その技は佐傳次から吉次（昭和四十一年没）、博と代々継がれ、光吉（昭和三十一年に五八歳で没）には子供がいなかったので養女の暢子が継いだ。末吉の場合は当人限りで廃業している。

このように一時は親類筋に当たる五軒ほどで同じように人形屋を営み、絵馬も作っていたのであるが、現在も続けているのは萩原博ただ一人となってしまっている。

次に、絵馬の製作について、萩原暢子の夫・萩原武雄からの聞き書きをまとめておくことにする。武雄は養子ではあるが、義父の光吉から人形作りを継ぎ、今でも蕨市の中心部で人形屋を営んでいる。

萩原家では毎年九月になると絵馬を作り始め、九月末までに約千枚（暢子が亡くなる直前のこと）の絵馬を仕上げた。図柄は馬と鶏の二種類で、圧倒的に馬の方が多かった。絵は暢子が描き、武雄が材料を切り貼ったりする作業をして、夫婦して絵馬作りに専念した。出来上がった絵馬は、家で売るほか、数人の行商人に売り歩いてもらい、またあちこちの雑貨屋（遠くは東京都の板橋や赤羽まで）にも卸していた。

製作工程は次のようであった。

①厚さ一・五㎜ほどの杉か桧の経木（薄い板）を経木屋から仕入れる。仕入れの段階で縦一一㎝×横一五㎝の長方形になっているため、この上部を斜めに切り落として家型にする。

②ごく普通の割箸を切って、経木の周囲に糊（かつては御飯粒を練った続飯《そくい》を使用）で貼り付け、縁木とする。

③画面全体に胡粉を塗って、下地を白くしておく。
④型紙を当て、墨を刷毛で刷り込む。これをスリコミといい、用いる型紙は馬にしても鶏にしても一枚のみである。
⑤型紙で刷り込まれたものはあくまでも見当であり、この上に絵筆で彩色する。ただし、馬の足だけはスリコミの墨がそのまま最後まで残る。輪郭線は書かない。
⑥割箸の縁木に墨を塗って完了。
図柄は、馬は二本の杭に綱でつながれている様子、鶏は雌雄の親鳥と三羽のひよこが並んでいる様子である。

入手することのできた萩原末吉・暢子・博各氏の作ったものを比較してみると、絵馬の形と大きさ、基本的な構図は共通しているが、細部の描き方ではそれぞれに少しずつの違いが見られる。馬の絵では腹帯の色と模様、それと綱の描き方に個性がある。鶏の絵では雄鳥の鶏冠の形、雄鳥と雌鳥の胸の模様、草の有無と形に三人の特徴を見ることができる。この描き方は、同じ家の中では昔から変えていないと伝えていることから、萩原佐吉から分かれた子供たちが、それぞれ少しずつ変化をつけることで個性を持たせようとし、それが代々受け継がれているものと思われる。
〈追記〉萩原末吉・暢子・博各氏が製作した絵馬、及び型紙の写真は、本稿初出の『埼玉民俗　第27号』を参照されたい。

同家で作っていた絵馬は、荒神様の馬と鶏だけではなかった。この地域では初午にも屋敷神に絵馬を供える風習があり、初午の前になるとやはり大量の絵馬をこしらえていた。形と大きさは荒神様の絵馬と同じだが、図柄は二匹の狐が宝珠を真ん中にして向かい合っている「向かい狐」の絵である。萩原人形店には、川口市に数多くあった鋳物屋がよく買いに来たという。

また、かつては「拝み」「地蔵」「向かいめ」などの絵馬も作っており、八月の盆前には盆棚に供える盆花も作っていたという。季節ごとに作り物を変える際物師だったのである。

前項で述べたように、かつては都内でも荒神様に絵馬を上げる風習が広まっていた。そのため都内にも絵馬を作る職人はかなりいたようで、例えば練馬区貫井の国華堂《こっかどう》（平田郡司）は、本業は提灯屋だが荒神様の絵馬を今でも作っており[21]、同区北町で「じんめ屋」とか「えんま屋」と呼ばれた餅菓子屋でも、昭和四十年ごろまでは初午や荒神様の絵馬を大量に作って売り子に卸していたという[22]。その後の聞き取りによれば、国華堂は蕨市にあった提灯屋（現在は廃業）から分かれ、東京に移ってから絵馬の製作を始めるようになったという。この店で作った絵馬は練馬区内のほか、隣接する保谷市（現西東京市）や新座市でも売られ、製作する馬と鶏の比率はほぼ半々だったという。

4　絵馬の行商

『東都歳事記』に記されている絵馬売りは、年末の江戸の様子であるが、県内でも荒神様の日を前にして家々を売り歩く行商人のいたことはあまり知られていない。しかも、過去の話ではなく、今でもこの商売を続けている人がいるのは驚きでもあった。

稲垣勝司（昭和十三年生まれ）、六三歳。戸田市新曽南で自転車店を営むかたわら、毎年八月には盆花、十月には荒神様の絵馬を売り歩いてきた。仕入先はずっと蕨市の萩原人形店（萩原暢子）だったが、暢子が亡くなってからは戸田市の萩原玉伝人形店（萩原博）となっている。

同家でこの商売を始めたのは、勝司の母親の稲垣美代子で、戦後まもなくのことという。旧大宮市（現さいたま市）の実家で盆花を作っていたことから、稲垣家に嫁いだのち実家から盆花を仕入れて売り歩くようになり、それがきっかけで荒神様の絵馬も扱うようになった。絵馬は当初は萩原末吉のところから仕入れていたが、末吉が亡くなってからは萩原人形店で仕入れるようになった。かさばらない商品なので、一日分を手提げ袋に入れ、一人で周辺の農家を回っていた。

これを毎年繰り返していたが、六〇歳くらいになって歩いて回るのがきつそうになったため、息子の勝司がバイクに乗せて回るようになった。勝司は屋敷の入口で母親を下ろし、母親が戻ってくるまで待った。

平成八年、八〇を超える年になった美代子はこの商売から手を引き、そのあとを勝司が引き継ぐことになった。一人になってからは自転車で回るようになり、今もなお続けている。以下、勝司の商売の様子を紹介しよう。

ただ、本人はこれを商売とは思っていないという。売りに行くのではなく、お得意さんに届けに行く意識でいるようだ。毎年九月二十五日ごろ、約八〇〇枚の絵馬をまとめて仕入れる。およそ七割が馬、三割が鶏の図柄である。売り始めるのは十月一日と決めている。それからは雨の日以外は毎日休むことなく回る。九時過ぎに自宅を出て、帰宅は七時から七時半になった。昼間留守の家でも夕方には戻ってきているので、夕方を外すわけにはいかないという。

得意先の帳簿はない。六〇〇軒近い家を記憶だけで回る。東は国道一七号まで、北は旧浦和市南部の松本・曲本あたりまで（その先は同市田島にある田島観音で販売していたという）、西と南は荒川までで、遠いところでも自宅から四㎞ほどの範囲内である。荒川を越えて都内に入ることはなかった。

先方も顔なじみになっているので、「ジンメ売りが来た」とか「荒神様を売りに来た」と言って快く迎えてくれた。そのほとんどは農家だった。都市化の進んだ最近は農業をやめた家もあるが、家を建て替えても荒神様の棚は設けてある家が多いので、断られることは少ない。ただ、留守の家が増えたために出直すことも多くなっている。時間を変え、日を変えて同じ家に何度も出向くこともあるため、六〇〇軒といっても実際は一〇〇〇軒近く回ることになってしまうという。また、せっかく行っても、その年に不幸のあったブクの家では神祭りを控えるために、絵馬を買ってもらえない。

こうしてほとんど毎日回り、届け終わるのは十月二十五、六日のことになる。得意先が決まっており、先方も稲垣氏が来るのを待っているので、仕入れた絵馬が売れ残ることはほとんどない。読み違いがあるとすれば、ブクに当たっている家の数くらいだという。

几帳面な性格の稲垣氏は、母親から金を任されるようになった平成元年以降、毎日の売り上げ枚数と金額、さらにその日に食べた昼食の内容と値段までを帳簿に付けてきた。表5―1は、平成元年から十三年までの売り上げ枚数を年ごとにまとめたものである。八年から鶏の枚数が減っているのは、美代子から勝司に代わったことを機に、それまで馬と鶏の二枚を買っていた家が、馬だけになってしまったことによる。また、十三年にかなり減っているのは、この年はブクの家が異常に多く、その親類でも買うのを控えたためであった。

馬と鶏の二枚を買う家はあっても鶏だけという家はないため、売れた馬の枚数が稲垣氏が回った戸数になる。その馬を見てみると、この十数年で二〇枚ほど減ったにすぎない。都市化の進んだ地域にもかかわらず、この程度の減少

表5-1　絵馬の売り上げ枚数

年	馬	鶏
平成元年	583	218
〃 2年	588	251
〃 3年	598	251
〃 4年	585	242
〃 5年	581	223
〃 6年	582	204
〃 7年	597	212
〃 8年	581	190
〃 9年	567	184
〃 10年	563	183
〃 11年	563	184
〃 12年	564	182
〃 13年	534	168

にとどまっているのは意外といえるのではないだろうか。

おわりに

日本常民文化研究所の前身であるアチック・ミューゼアムの同人・高橋文太郎は、生まれ育った東京都保谷市（現西東京市）下保谷の民俗を調査して『武蔵保谷村郷土資料[23]』という本にまとめている。この中に「絵馬売」という項目があり、次のように記している。

下保谷字上の農家（青木伍作氏）の老婆はオジンメ（絵馬）を背負籠の中に入れて売り歩く。当村はじめ隣村では多くこの老婆から、荒神、稲荷などに供へる絵馬を買ひ求めて居る。昔から此の家はオジンメ屋と呼ばれる位で、村の家々でも亦この売手を当てにしている。品は中野（現在東京市中野区）の絵馬屋から仕入れている。

この本が出されたのは昭和十年（一九三五）のことである。当時の保谷村は純粋な農村地帯であり、ほとんどが専業農家であったろう。しかし、保谷と隣り合った埼玉の、それも都市化の進んだ県南部で、今でもこれとほぼ同じことが行われているのである。

保谷のジンメ屋が売り歩いた絵馬の図柄が何であったのかまでは書かれていないが、隣接する練馬区の絵馬屋（国華堂）では馬と鶏が半々だというし、大嶋一人氏の報告でも都内では馬と鶏の絵馬が同じように使われていたという。

これに対して稲垣氏の記憶では、母親がこの商売を始めたころは鶏はわずかに三〇枚くらいと少なく、大半は馬だったという。そのため母は、馬しか買わない家に対して、荒神様が出雲から帰ってくるときには鶏に乗って来るのだからと言って鶏も勧め、その結果、次第に増えて二〇〇枚を超えるまでになったのだという。

絵馬を供える風習が、県南の限られた地域に偏っていることはすでに述べたが、県内では鶏よりも馬が圧倒的に多くを占めている。絵馬でなく文字あるいは紙に描いたものを供えるときも、馬であって鶏という事例はない。となると、県内と都内とで馬と鶏の比率が大きく異なっているわけで、その理由が明らかでない。さらにもう一点、年の暮れに荒神様に鶏の絵馬を供えたという古き江戸の習俗とどうつながるのか、興味深い問題を含んでいるのである。

以上、荒神の絵馬について、信仰、製作技術、行商販売などの面から広く取り上げてみた。戸田市や蕨市の旧家では、荒神の神棚に小さな絵馬が立て掛けてあるのを今でも目にすることができる。ただ、稲垣氏自身も言っているように、こちらから訪ねて行くので買ってくれるのであって、届け手がいなくなればこの風習は一気に衰えてしまうだろう。台所に荒神の神棚はあっても、神無月の出雲行きの伝承とともに荒神様の信仰は徐々に薄らいできているようである。

註

(1)『練馬の絵馬』(一九七八年　練馬区教育委員会)

(2)坂本一也「大戸第六天の起上り」(浦和㊀名店会『浦和　五』)

(3)『浦和市史　民俗編』(一九八〇年　浦和市史編纂室)

(4)『惣右衛門の民俗』(一九七九年　戸田市史編纂室)

(5)『川口市史　民俗編』(一九八〇年　川口市史編纂室)

(6)島田桂一郎「水の絵馬」(『みずのわ　四二』)

(7)長井五郎『埼玉の民俗　年中行事』(一九六三年　北辰図書)、津山旬子「オカマサマ」(『日本民俗学　第一一七号』)、内田賢作「埼玉のカマド荒神信仰について」(『日本民俗学　第一三五号』)、津山正幹「関東のカマド神」(『関東地方の住い習俗』一九八四年　明玄書房)

(8)『戸田市史　民俗編』七〇七頁

(9)『児玉町史　民俗編』五三〇頁

(10)『坂戸市史　民俗史料編Ⅰ』七二頁　ただし坂戸市あたりでは荒神様は囲炉裏の近くに祀る神であって、台所にはオカマ様を祀っている。

(11)『埼玉県史　民俗二』三九二頁

(12)津山正幹氏は、関東地方では栃木県及び神奈川県の一部などでは出雲行きの伝承がほとんど聞かれないとしている。(「関東のカマド神」)

(13)『埼玉県史　民俗二』一二一頁

(14)『川口市史　民俗編』五三二頁

(15)『浦和市史　民俗編』七〇五頁

(16)『相沢家文書目録』No.六〇七(一九七一年　県立浦和図書館)

(17)『志木市史　民俗資料編Ｉ』四〇一頁

(18)『上福岡市史　民俗編』五四四頁

(19)大嶋一人「神無月に去来する火所の神―東京都の事例―」(『西郊民俗　第一六三・一六四合併号』)

(20)『練馬の絵馬』(一九七八年　練馬区教育委員会)

(21)『江戸東京の諸職　下』(一九九四年　東京都教育庁生涯学習部文化課)

(22)(20)に同じ

(23)『日本常民生活資料叢書　第一一巻』

《追記》

本稿脱稿後に入手した高橋典子氏の「川崎市域の絵馬奉納について」(『川崎市市民ミュージアム紀要　第一四集』)に、かつて川崎市高津区溝口の人形店では暮れになると鶏の絵馬を売っていたと報告されていることを知った。それによると、「鶏の絵馬は、トビコミと呼ばれ、雄鳥と雌鳥、雛三羽の鶏の一家が描かれているもので、右向きと左向きの二種類がある。この絵馬は家の荒神様にお祀りするもので、年の暮れに掛け替える。家の入り口から見て荒神様がどの位置に祀られているかによって、右向き・左向きのどちらを使うかが決まる。入り口から屋内に向かって立って、左手に荒神様が祀ってあれば、右向きの鶏図を掛け、鶏が家の中を向くようにする。これは、福の神が家の中に飛び込むようにという意味が込められているそうだ。」とある。

暮れに鶏の絵馬を上げるという伝承はこれまで得られなかったものであり、古き江戸の風習を伝えるものと言えよう。しかも、家の中に福の神を招くように鶏の向きを選ぶという点は、飛騨高山の紙絵馬（この場合は馬図だが）と同じであり、非常に興味深いものがある。

Ⅵ　上岡観音の絵馬

1 絵馬講と絵馬市

武州上岡観音（または上岡の馬頭観音）の名で知られる、東松山市岡の妙安寺の縁日は、今でも毎年二月十九日に行われている（写真6—1）。たいていの家で農耕馬を飼育していた頃には、近在の衆は飾りつけた馬を曳いて参拝し、遠方からも人々が参集して、広い境内は非常な賑わいをみせた。泊まりがけまでして馬を連れてきた人もいたという。寺では神馬一頭を境内につないだ。その毛色は檀家の相談によって選ばれ、黒毛の馬が神馬となった年は雨の多い年、赤毛のときには晴れの多い年になると言い伝えられてきた。

この縁日に、各種の露店商とともに絵馬売りが出た。盛時には東松山市・熊谷市・小川町などから一二〇人にも及ぶ売り手が集まり、各自が戸板を利用して、その上に小絵馬を並べた。このなかには前述の熊谷市内の絵馬師たちも混じってはいたが、大半は農家の人々がその日限りの副業として販売を行ったものである。彼らは毎年一定の金額を寺に納めることで、戸板一枚分の権利が与えられた（写真6—2）。

熊谷市久下を中心に何名かいた絵馬師（問屋と呼ばれた）は、売り手とともに観音絵馬講という組織を作っていた。一月十五日に総会を開き、その年の小絵馬の値段、売り手に配分する小絵馬の数、寺への納付金額などを定め、また縁日の前日にも寄合を開いて当日の段取りが話し合われた。

6-1　縁日の上岡観音

6-2　戸板の上に絵馬を並べ、後ろにも戸板を立てかけている

小絵馬の製作は、型紙を用いての大量生産で、前年の十二月初旬から作り始め、一軒で七〇〇〇枚くらい作ったという。しかし、昭和三十五年前後を境に農耕馬が激減したことで売り上げが減り、今日では久下地区で小板徳治氏一人が製作を続けるにすぎない状況である。製作開始の時期も以前より一か月近く遅くなり、それも昼間の作業は二月十五日頃から数日間のみで、あとは夜だけの作業で間に合った。現在の製作数は一二〇〇枚くらいという。

図柄は馬を中心として、牛と豚が若干あり、ときには耕耘機の小絵馬を作ったこともある。馬は杭につながれた飾り馬で、タチ（おとなしい馬）とハネ（暴れ馬）の二種類があり、毛色もそれぞれに七種くらいある。縦一尺、横一尺二寸のやや大きい絵馬も作られ、その図柄はツナと称する七頭つなぎの美しいものである。

上岡観音の小絵馬は、一般の奉納絵馬とは性格を異にする。参拝者は、買い求めた小絵馬をそれぞれ自分の家の厩に貼りつけ、馬の無事息災を祈った。そのため自分の持ち馬に似た毛色のものを買うのが普通であった（**写真6―3**）。

絵馬市の小絵馬は、ダルマや熊手と同様の際物・縁起物として、ダルマ市などにみられるのと同じ方法の売り買いが行われた。近年はきまった値で販売しているが、かつては観音絵馬講の会合で、事前に一応の価格を取りきめ、縁日当日の売り値は、買い手と売り手との間の賑やかな取引きで決められていた。ときには手じめの光景も見られた。

6-3　色違いの「馬」が山積みになって売られている

6-4　笹を買って帰り、馬に食べさせた

一方、妙安寺の側でも大豆と笹の葉を用意して参拝者に売った（写真6―4）。笹は健康祈願に馬に食わせ、大豆は馬が病気になったときなどに与えた。なお当日寺側で小絵馬を販売はしないが、縁日以外の日には参拝者の求めに応じて小絵馬を売り、これは今に続いている。

埼玉県内には、妙安寺以外にも馬頭観音を祀る寺が各所にある。規模に違いはあるものの、年に一度の縁日が開かれ、飾り馬を曳いた参拝者を集めていた。やはりこのとき馬図の小絵馬が売られた所もある。滑川町・成安寺、熊谷市・龍泉寺、同市・観音寺、さいたま市岩槻区・常福寺などである。常福寺以外は、上岡観音と同じく熊谷市内の絵馬師の作った小絵馬が売られていた。「上岡の観音様」は「福田の観音様」（滑川町・成安寺）から分かれたとも、両寺の観音様は向き合っているとも伝えられ、かつては縁日が同じ日だったので双方を参拝する人も多かったという。

2 縁日のにぎわい

新聞記事より

「上岡の観音様」の縁日は、関東でも有数の人出があったと伝えられている。明治四十四年（一九一一）発行の『武蔵松山案内』には、「毎年祭日は二月十九日にして此の日二三十里四方位の地より人馬賽する実に多し」とあり、ほとんど関東一円から参拝者が押し掛けていたという。

それだけに新聞記事としてもよく取り上げられていた。縁日翌日の二十日の紙面には、毎年のようにそのにぎわいの様子が取り上げられていた。二つほど紹介しておこう。

○うねる人の波　大岡村の観世音祭

伝統を誇る関東名物の一つ、比企郡大岡村上岡の馬頭観世音祭は今年も十九日さかんに行われた。関東地方の農民やバクロウさんをはじめ、遠く越後や信濃路からも参拝者が殺到、観世音社頭にムシロでかこった高さ三尺三間四方のサイ銭箱ならぬサイ銭投げ場は一円札から千円札まで色とりどりの札の山を築く物すごさ。この金額およそ二十万円は下るまいという。境内には八十余の絵馬店がズラリならび、人の波が花にさきがけてうねりにうねった。

（昭和二十八年二月二十日付　毎日新聞埼玉版）

○三万の人でにぎわう　上岡馬頭観音の大祭

関東一の馬の神さま、東松山市岡の上岡馬頭観音春の大祭に十九日夜明けから長野、山梨、栃木、神奈川の観光バス二、三百台ものりつけ、地元の馬参りなどでゴッタ返し、ササ市や絵馬市が飛ぶような売行き。東松山署では警備本部を設けて警戒に当ったが人出はザッと三万余という。この馬頭観音は天正年間、僧直禅の開基したものと伝えられ、比企郡滑川村福田馬頭観音と元祖争いがあるが両観音ともこの日大祭をやり、福田馬頭さまは素人のど自慢などでにぎわった。

（昭和三十一年二月二十日付　毎日新聞埼玉版）

観光バスが押し掛けたことは、同じく三十二年二月二十日付の紙面でも「熊谷街道は遠来の貸切りバスで埋まり……」とあり、地元の古老たちも、当時一番の思い出は観光バスの多さだったと述懐している。また、夜行列車を利用して熊谷駅で下車し、そこから上岡まで歩く人もたくさんいて、往還は行列が途切れることがなかった。観音様の境内では、早朝から参拝にやって来る人のためにたき火も用意されていた。

上岡やその付近に親戚のある家では、正月の年始参りをしないで、縁日のときに伺うことも多かった。家々では赤飯などの御馳走を作ってもてなした。女衆は来客への対応が忙しくて観音様のお参りに行けないことも少なくなく、行けたにしても夕方になってからだった。

人出については、戦前には一〇万人を超えたとも伝えられているが、昭和二十六年と三十年の記事では五万人、三十一年と三十二年の記事では三万人に減っている。

様々な参拝者

上岡観音の縁日には、どのような人たちが参拝にやって来ていたのだろうか。しかし、地元に残る多数の帳簿類を見ても、参拝者の職業まで書き留めてあるものは皆無なため、この点については古老からの聞き取りに頼るしかない。

参拝者のうち最も多かったのは、自宅で馬を飼育していた農家の人たちであった。ちなみに明治九年の『武蔵国郡村誌』を見ると、例えば上岡にほど近い福田村（現滑川町福田）では、戸数一九六戸に対して牡馬一二八頭、大谷村（現東松山市大谷）では、戸数二一〇戸に対して牡馬一〇二頭という数字が上がっている。大谷村では約五割、福田村では六割以上の家で馬を飼育していたことになる。こうした農家では馬は家族の一員でもあり、馬の無病息災を願って年に一度の上岡観音の縁日には必ず参拝に出かけたものであった。

上岡観音に近い農家では、飼っている馬を連れて参拝に行った。たいていは普段と変わらない裸馬だったが、大尽の家では飾り立てた「花馬」にして連れていくこともあった。一方、遠方の農家は馬は連れずに徒歩や自転車で参拝に行った。ほとんどは日帰りの人たちであったが、交通手段の発達してない時代には門前に数軒あった宿屋に泊まる人も少なくなかった。

参拝したあとは絵馬一枚と、オササと呼ぶ一束の笹を買い求めて帰る。普通の農家で買う絵馬は一番小さい「六寸」のもので、飼っている馬と同じ毛色の馬が描かれているものを求めた。これは厩の入口に一年間掛けておき、翌年の縁日には上岡観音に納める風習になっていた。なかには正月にこの絵馬に灯明とオサゴ(米)を上げ、二日の仕事始めには絵馬に酒を供える農家もあったという。笹は持ち帰り、無病息災の祈願として、あるいは腹痛の薬だとして馬に食べさせた。

しかし、昭和十二年に勃発した日中戦争を機に農耕馬が軍馬として徴発されるようになると、農家では代わりに牛を飼育するようになり、こうした風習は少しずつ変わっていった。牛になってもこれまでと同じように参拝を続ける人もいれば、馬頭観音は馬の神様だからと参拝をやめる人も出てきた。参拝しても買い求めるのは馬ではなく牛の絵馬になり、笹を持ち帰ることはなくなった。

牛馬の売買をしたり、時には病気の馬の治療を行ったりすることを生業とする博労も、上岡観音を深く信仰した人たちであった。参拝者のうち博労がどのくらいの割合を占めていたかを示す資料は残っていないが、古老の記憶では相当遠くからも電車を利用してやって来ていたという。上岡観音に奉納されている絵馬の中には、一人ないし二人で数頭の馬を曳き連れた様子を描いたものが何点か残されているが、これらはおそら

6-5　穀屋の通用口に貼られた「馬」には1頭と3頭と7頭のものがあった（東松山市）

く博労が自分の姿を描いてもらい奉納したものと思われる。例えば絵馬堂には、明治二十六年に栃木県下都賀郡水代村の佐山國吉という人物が奉納した絵馬がある。図柄は七頭の馬を前後二人で曳いている様子を描いている。二人の男はいずれも印半纏に股引、草鞋がけで、頭には笠をかぶっている。奉納月日が九月二十七日になっているので、絵馬そのものは二月の縁日とは関係ないにしても、この男はおそらく縁日にも参拝に来ていたことであろう。

博労が縁日で買い求めた絵馬は、「尺」（横の長さが一尺のもの）や「尺二」（同じく一尺二寸のもの）といった大型のものが多かった。これらは三頭立てや七頭立ての図柄であり、一般農家ではまず買うことのないものであった。

馬力と呼ばれる輸送業者も、上岡観音を信仰していた。一頭の馬に二輪や四輪の車を曳かせたもので、自動車が普及する以前、中長距離の物資輸送の中心になっていたのはこの馬力たちであった。鉄道以前はもちろんのこと、鉄道が敷かれてからも、最寄りの駅までの輸送になくてはならない存在になっていた。

馬力には個人で営業していた人もいれば、大きな商店に雇われた人や、会社組織の下で働いていた人もいた。商店に雇われた例としては、東松山市本町の江野家がある。同家はもと米麦などを扱う穀屋で、商品の輸送のために馬力を抱えていた。同家の通用口には色あせた上岡観音の絵馬が今なお残っている（写真6―5）。家人の話では、かつてこの通用口は穀物を運ぶ馬力が頻繁に通ったもので、馬の無事息災と商売繁盛を願って絵馬を打ち付けておいたのだという。絵馬は「尺」と「尺二」という大型のもので、前者は一頭または三頭立て、後者は七頭立ての図柄である。

会社組織の馬力としては、県南や東京方面からの参拝者がよく来ていたようである。絵馬堂に残る絵馬や扁額の奉納者を見ても、「東京芝区　運送馬車組合連中」「渋谷㊣」「川崎荷馬車業組合」「吹上馬車組」などの銘が確認されている。このほか「奉納　千住馬車鉄道株式会社」と書かれた絵馬がある。この鉄道会社は明治二十六年から三十年までの間、春日部から東京千住までをレールを利用して一頭立ての馬に客車や貨車を引かせた珍しい輸送機関であった（写真6―6）。

なお、馬力が登場する以前、馬の背に荷をつけて運ぶ馬方が輸送業の中心になっていた時代もあったが、早くに馬力に切り替わってしまったために調査の中では馬方衆の信仰については明らかにすることはできなかった。ただ、奉納絵馬の中に一人で一頭の馬を連れた図柄のものが何点かあり、いずれも明治一〇年代以

6-6　千住馬車鉄道が奉納した絵馬

前のものなので、これらは馬方が奉納したものと考えられる。

昭和三〇年代に入ると農家で馬を飼育しなくなり、馬力や博労も姿を消していったが、そうした人たちに代わって酪農関係者が数多く参拝するようになった。乳牛や肉牛をとるための酪農が各地で行われるようになったため、牛の無病息災を願っての参拝がかなりあった。絵馬や扁額の奉納者の中にも、群馬県館林市の酪農組合や農協酪農部などの名前が見られる。また、東京の大井競馬場や府中競馬場などから競馬関係者も多数来るようになった。馬主や調教師だけでなく、一般の競馬ファンもやって来ていたという。これら酪農関係者や競馬関係者の参拝は今なお続き、最近ではこうした人たちが参拝者の主流になっているようである。

馬の観音参り

馬を飼育していた近在の農家では、馬を曳き連れて参拝に行く人がたくさんいた。これを「馬の観音参り」といい、観音様への一番のりは自慢にもなるので、夜明け前から境内はにぎわい始めていたという。普通の農家では裸馬だったが、豪農や博労は馬を飾り立てた「花馬」にして祭りの雰囲気を盛り上げていた。

花馬というのは、婚礼のときに祝いの餅を運ぶ馬を飾り立てるのと同じで、たてがみをシュロ縄で結い、紅白の手綱をつけ、定紋を染め抜いた緞子の腹掛に、背中には五色の布を垂らし、尻にはたくさんの小さな鈴をつけていた。歩くと鈴の音が「シャンシャン」あるいは「シャンコシャンコ」と鳴った。馬方や博労自身も、紺の腹掛に法被《はっぴ》を羽織り、豆絞りの鉢巻をしめるといった出で立ちでやって来た。

同じ道をたくさんの馬と人が行き来し、境内でも人馬が入り乱れているので事故の心配もあった。そのため、跳ねるくせのある馬には尾に紙や赤い布を結んでおき、かみつくくせのある馬には頭に結んで目につくようにしていた。観音様は終日たくさんの人や馬を守らなければならず、寒い時期でもびっしょり汗をかくと言われていた。

観音堂の回りには杭を打って柵が設けてあった。参拝者は馬を曳いてこの柵の内側を威勢よく右回りに一、二周回る。そのあと妙安寺の裏手の札木山というところに馬をつないでおき、絵馬や笹を買ったり、庫裡で酒の振る舞いを受けた。馬が多くてつなぐ場所がないときには、中岡地区や境内の西方にある競馬山という場所につなぐこともあった。

この笹は「オササ」といい、上岡と中岡の人たちが参拝者に売って地区費に充てていた。孟宗竹を切ってきて枝を一握りずつ束ね、手元にはお札を巻き付けてあった。孟宗竹にしたのは、真竹よりも葉がこみ入っていて見栄えがよかったからという。これを売る店を「笹屋」といい、上岡と中岡の人が毎年交替で雑事として出ていた。遠方から代参で来た人は買わないこともあったが、近在の人はたいてい絵馬と一緒にこれを買って帰り、健康のためにと馬に食べさせたものであった。

この日は、かつては福田（現滑川町）の観音様の縁日でもあった。福田が本家、上岡は分家と言われているためもあってか、馬を連れて双方をお参りする人も少なくなかった。どちらを先に参拝するかは決まっていない。絵馬や笹は双方で売っていたので、どちらか一か所で買えばいいとされていた。

観音講と代参

上岡からそれほど遠くない村々の人たちは、一人であるいは隣近所の人と誘い合わせて、徒歩や自転車で観音参りをしていたが、上岡観音の信仰圏は関東一円、ときには甲信地方にまで及んでいた。そうした遠方からは、観光バスを仕立ててやって来るか、もしくは地区ごとに講を作って代参という形で、列車やバスを乗り継いで参拝に来ていた。妙安寺にはそれぞれの講中が訪れた際に記録した講中台帳が保管されている。

6-7　馬頭観音堂に奉納された絵馬（朝霞市）

それを見ると埼玉県はもとより、栃木、群馬、茨城、千葉、東京、神奈川、長野、山梨などの都県から参拝に来た代参者と世話人の名前、寺に納めた講金の額を知ることができる。以下、かつて代参をしていた地区の事例をいくつか紹介しておくことにする。

横浜市港北区茅ヶ崎・大棚では、「馬日待ち」と称して昭和十五、六年ごろまで馬持ち三〇軒ほどで作る講があった。講員の中から毎年二人が輪番で講を代表し、一泊二日で上岡観音に代参に行った。代参者はお札、絵馬、笹を講員の数だけ買い求めたが、その際にあの家は黒毛の馬だから黒馬の絵馬というように、気を遣って各講員用の絵馬を買い求めたという。これらは次の講の集まりの日に講員に配られた。

東京都西多摩郡の山間部でも馬持ちが「観音講」を作り、縁日には代参を送り込んでいた。代参者が地元に帰ってくると餅をついて迎え、代参者は受けてきたお札を配って会食した。同郡瑞穂町では、馬方や博労仲間で「馬頭講」というのを作っていたという。

朝霞市では浜崎・宮戸・根岸台の三地区で、現在でも馬頭観音をまつる「馬頭観音講」を行っており、浜崎と根岸台では上岡観音の縁日にも毎年出かけている。浜崎の馬頭観音講は、かつては牛馬を飼っている家三〇軒ほどで構成され、毎年交替で三人が代参に出ていた。代参者は各講員用のお札（馬頭観音の図像が刷られた「お姿」と家内安全守護札の二種類）とお守り、そして一枚の絵馬を買い求めて帰った。当時は電車を利用しての日帰りだったので、翌日以降、講員は三光院の境内にある馬頭観音堂に集まってお堂に絵馬を供えて拝んだのち、宿（代参者のうちその年の当番に当たった家）に集まって宴会をした（写真6―7）。お札とお守りはそのときに各講員に配られた。

浜崎の場合、こうした講員のほかに、牛馬を飼っていない家では家内安全のお札だけをもらってきてもらう講員も三〇軒ほど加入していた。これを「札講」といい、お札代だけなのでその分講費は安かった。しかし、やがてこの札講も廃止され、なおかつ一般の講員も減って、現在では一〇軒ほどが全員で参拝に行くように変わってきている。その様子は平成十二年の縁日の場合、次のようであった。

〈以下、地元を出発してから帰るまでの行動は省略〉

3 熊谷以外の絵馬師

各地の問屋

上岡観音の縁日で頒布する絵馬を作っていた絵馬師は「問屋」と呼ばれていた。問屋は、熊谷市久下を中心に、現在の熊谷市域に何人もいて、大量の需要に応えていた。〈註・熊谷市域の問屋については、『東松山上岡観音の絵馬市の習俗』（二〇〇一年　東松山市教育委員会）に詳細が収録されている〉

しかし、絵馬市を支えたのは熊谷の問屋だけではなかった。縁日が盛んだった昭和三〇年代半ばまでは、熊谷以外にも各地に問屋がいて、絵馬を作り、市に出荷していた。そうした問屋のいた地区名と氏名をあげると次のようであった。上岡に残る絵馬講関係の綴りを見ると、それぞれの年度ごとにどの問屋が絵馬を出荷していたかがわかるので、最後に出荷した年を併せて記しておくことにする。

小川（現小川町小川）　池田　茂詮　昭和四十年
鎌塚（現鴻巣市鎌塚）　福島富士太郎　昭和三十七年
起会（現深谷市起会）　高田太源治　昭和三十五年

同　　　　　　　　　　金井　嘉平　　昭和三十六年
同　　　　　　　　　　金井仙太郎　　昭和三十六年
同　　　　　　　　　　福島　定一　　昭和三十七年
東大沼（現深谷市東大沼）古田　喜八　　昭和三十三年

これを見ると、昭和四〇年代まで続けていたのは一人だけで、ほかの六人はいずれも三〇年代に廃業している。世はまさに高度経済成長の時代に突入したときである。農村から馬がいなくなり、町や村から馬力と呼ばれる運送業者も博労も姿を消して、縁日のにぎわいが薄れてきた時代に重なっている。以下、それぞれの問屋の履歴などを簡単に記しておくことにする（敬称略）。

小川町では大字小川（のち下里に移転）の池田茂詮（明治四十三年―昭和四十一年）が問屋をしていた。町の中心部（相生町）で提灯屋を本業にしていたが、紙製の鯉幟も作ったというから際物職人的な仕事もしていたようである。上岡観音の絵馬講から製作枚数を指示され、毎年二〇〇枚くらいを作ったという。製作したのは上岡観音の絵馬だけで、一般的な「拝み」の絵馬などを作ることはなかった。絵馬市には本人も店を出していた。

鴻巣市では鎌塚の福島富士太郎（明治二十二年？―昭和四十四年）が問屋だった。帳簿上では「富太郎」と記されていることが多い。小川の池田氏とほとんど似た状況で、本業は提灯屋だった。提灯作りの技術は、近くの大芦地区の職人のところで修業を積んだと伝えられる。縁日が近づくと絵馬を製作し、当日は自分でも店を出した。

深谷市では起会に四人と東大沼に一人の問屋がいた。ただし、問屋といっても絵馬本体の絵を描いていたのは起会の高田家と東大沼の古田家の二軒だけで、ほかの人たちは高田氏や古田氏が描いた板に縁木を取り付けるだけの仕事をしていたようである。

起会の高田家では、太源治の父・幸三郎（昭和十一年頃没）が盛んに絵馬を作っていた。しかし、同家での絵馬作りは幸三郎で終わり、その技は東大沼から弟子入りしていた古田喜八に受け継がれた。幸三郎が何を専業にしていたのかは不明である。その子太源治は紙製の鯉幟、鍾馗様の幟、破魔弓などの製作を行う際物職人の道に入った。自分で絵馬を描くことはなく、古田喜八が描いたものを仕入れて市に出すことで問屋として認められていた。「小旗屋」という屋号だったが、近所の人は幸三郎の代に使われていた「エマヤンチ（絵馬屋のうち）」と呼ぶことの方が多かったという。なお、太源治の子は早世したため、孫の房義が祖父の太源治を手伝って一緒に市に出かけたが、それもやめる直前の数年間だけのことであった。

金井家では、義兄弟の間柄である嘉平と仙太郎とがそれぞれ一店舗ずつ持っていた。いずれも専業農家で自分で絵馬を描くことはせず、高田氏や古田氏の描いたものを仕入れ、縁木をつけて市に出していた。嘉平没後は本家に当たる金井要助が名義を受け継いで問屋としての商売を続けた。現当主の道雄も、やめる前の五、六年間は父の仙太郎を手伝って一緒に店に出ていたという。

福島定一（昭和三十三年没）も専業農家であった。冬場は俵編みや縄ない、養蚕に使うまぶし作りなどしか仕事はなく、絵馬の販売は農家にとっていい収入であった。最初は高田幸三郎の作る絵馬を仕入れていたが、幸三郎没後は古田喜八から仕入れて市に出すようになった。高田幸三郎は自分で材料の板を用意していたようだが、古田喜八の場合は福島家で板を提供していたという。モミの板を大工に削ってもらって古田氏に届け、これに古田氏が絵を描いたものを受け取ったのち、福島家で周囲に縁木を取り付ける仕事をした。縁木は杉の廃材などを利用し、自分のところで細く削ってから、御飯を練った糊（続飯《そくい》）で本体に接着させ、塗料で黒く塗る。塗料は松煙墨ににかわを混ぜたものを使った。こうして用意した絵馬は、二月十九日の上岡観音の縁日に出すだけではなかった。一月後半に熊谷、妻沼、岡部など各地で観音様の縁日が開かれていたので、そうしたところにも店を出していた。店割りのときには、「絵馬屋は観音様の申し子」だということで、いつも一番いい場所を確保することができたという。そして、これらの縁日で販売する絵馬には、売れたときにその場で「開運」という判を押すことになっていた。その場で押すのは、売れ残りをすべて上岡に持っていくためであり、判が押してあっては上岡では売れなかった。

福島定一の子・寅夫（大正十五年生まれ）は昭和十六年以降、父を手伝って縁日に出かけていた。定一は三十三年に亡くなるが、その後も数年間は定一の名義のまま寅夫が問屋を引き継ぎ、最後に上岡に出店したのは帳簿では昭和三十七年となっている。

なお、古田喜八の描いた絵馬を仕入れ、上岡その他の縁日で売っていたのは、福島定一だけではない。同じ起会に住む高田太源治、金井嘉平、金井仙太郎、金井要助もまた同じような形で問屋として認められてい

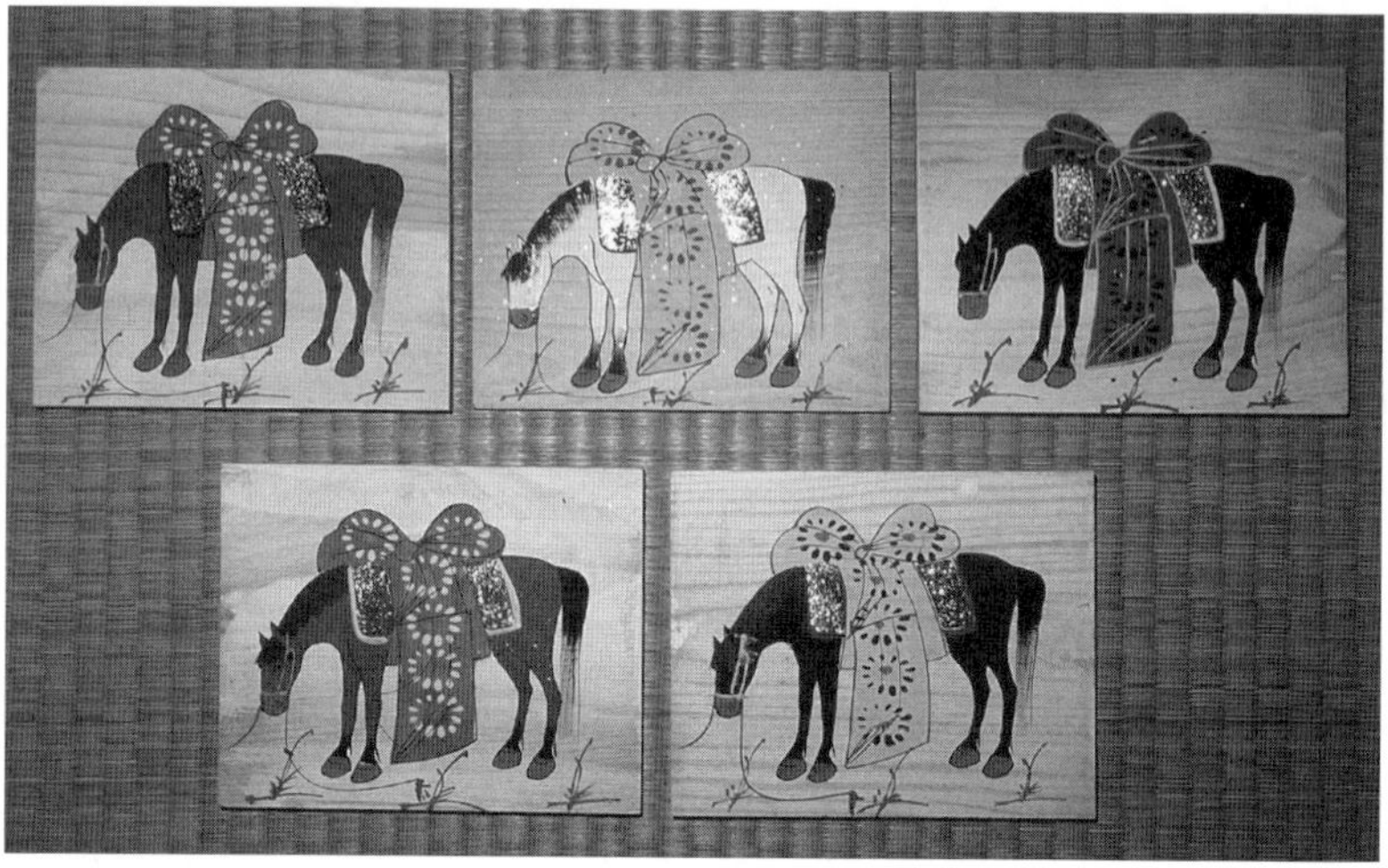
6-8　5種類の「六寸」の絵馬

た。帳簿上ではすべて問屋として扱われているものの、実際は自分で描き自分でも市に出た人と、絵が描かれた板を仕入れて縁木をつけた上で市に出た人の二通りの問屋がいたわけである。

絵馬の種類と製作枚数

製作していた絵馬の種類は、熊谷の絵馬師のそれと同じであった。大きさは板の左右の幅で言い表し、小さいものから順に「六寸」「八寸」「尺」「尺二」の四種類があった。最大の「尺二」は七頭の馬をつないだ図柄から別名ツナとも呼ばれている（写真6―8・9）。

絵馬講が残した帳簿綴りには、昭和二十二年度以降の各問屋の出荷枚数が記録されている。その中から昭和二十五年度を見てみると、当時の問屋の数は熊谷在住の人が六人、熊谷以外の人が前記の七人となっている（表6―1）。こ

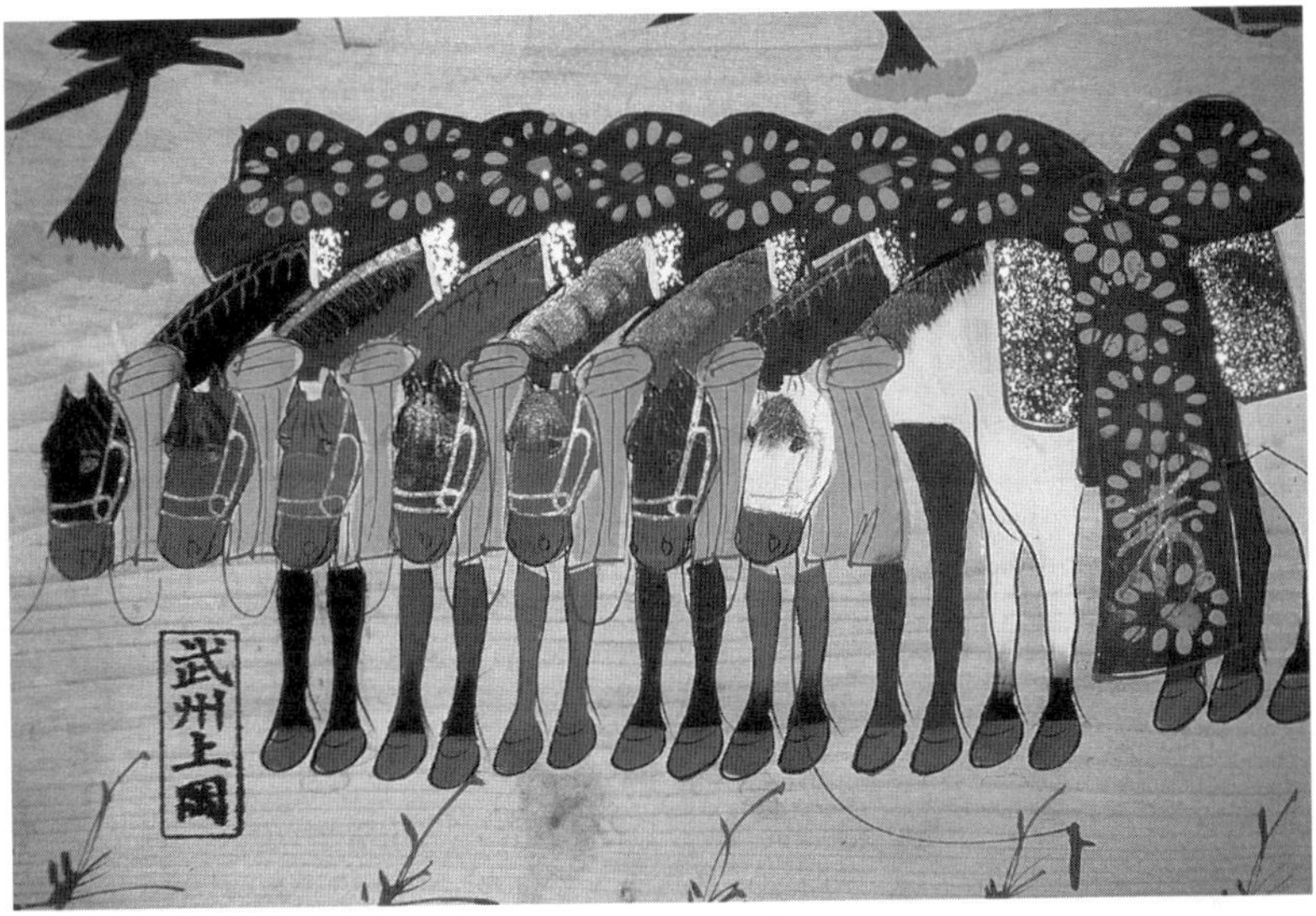

6-9　7頭つなぎの「尺二」

表6-1　各問屋の出荷枚数（昭和25年度）

地区名	現市町村	問屋	6寸	8寸	尺	尺2	計
		帳元	3550			30	3580
久下	熊谷市	小板武次郎	2200	25	40	28	2293
久下	熊谷市	中島幸次郎	2000		35	22	2057
久下	熊谷市	伴　高吉	945	12	14	16	987
石原	熊谷市	松本萬之助	900	40	50	40	1030
万吉	熊谷市	小久保治平					0
下奈良	熊谷市	野中　実	950		10	5	965
小川	小川町	池田　茂詮	300		5	3	308
鎌塚	鴻巣市	福島富士太郎	1000	25	30	13	1068
起会	深谷市	高田太源治	300		35		335
起会	深谷市	金井　嘉平	300		25		325
起会	深谷市	金井仙太郎	300		25		325
起会	深谷市	福島　定一	300		8	2	310
東大沼	深谷市	古田　喜八	200		6		206
計			13245	102	283	159	13789

の七人が出荷した枚数は合計二八七七枚で、これは問屋全体の総出荷枚数一万三七八九枚の約二割になる。二八七七枚の内訳は、「六寸」が二七〇〇枚で突出し、そのほか「八寸」が二五枚、「尺」が一三四枚、「尺二」が一八枚となっている。

一方、個人別の出荷枚数を見てみると、鎌塚の福島富士太郎が計一〇六八枚で三分の一以上を占め、小川の池田茂詮、起会の高田太源治・金井嘉平・金井仙太郎・福島定一の四人はいずれも約三〇〇枚、東大沼の古田喜八のみが約二〇〇枚と少ない数字になっている。実際に絵馬を描いていた古田氏が最も少ない出荷枚数だったことが特徴としてあげられよう。

こうした出荷枚数は、毎年一月に開かれた絵馬講の総会において各問屋に伝えられたのだが、それが縁日においてどの程度守られていたのかは明らかでない。決まりが遵守されにくかったのは、問屋全員の名で次のような誓約書が出されていることからも窺うことができる。

誓約書

今般昭和二十九年二月十九日上岡観音お絵馬発売に際し、去る一月十日絵馬講規約に違反したる事実を御指摘されました事は誠に申訳ありません、以後左記事項固く相守り決して規約を破る様な事は致しませんから何卒今回に限り御寛大なる処置を頂き度、茲に誓約申上ます

一、規定以外の絵馬は何人の求めと雖も作成致しません

二、問屋として自家販売する場合規定以外の枚数は販売致しません
三、前二項の外規定に反する様な事は絶対に致しません

昭和二十九年二月二十八日

熊谷市石原七九五　松本萬之助
熊谷市久下一三四八　中島幸次郎
熊谷市字久下一三四三　小板　武治
北埼玉郡下忍村大字鎌塚一一五〇　福島富士太郎
熊谷市大字久下一一二八　伴　松男
比企郡小川町下里　池田　茂詮
大寄村大字起会一九五　金井　要助
大寄村大字起会一九一番地　福島　定一
同　一九四番地　金井仙太郎
同　二三一番地　高田太源治
深谷町東大沼二一二番地　古田　喜八

絵馬市での出店

問屋は、社寺の縁日に開かれる市のことをタカマチと呼んだ。上岡観音の縁日にはかつて一〇〇軒を超す絵馬屋が露店を出したというが、前記の問屋たちも当日はそれぞれ出店していた。一月に開かれる絵馬講の総会で各自の出荷枚数が決められると、それぞれの問屋は二月十日くらいまでにその数の絵馬を寺に納めに行く。起会の人たちは早朝三時か四時ごろ、誘い合わせて自転車で家を出た。自転車の荷台には絵馬が山積みされていた。起会から深谷の市街地を抜け、中山道を通って熊谷、さらに荒川大橋を渡って上岡まで行く。およそ二〇㎞ほどの距離である。

寺に納められた大量の絵馬は、役員がそれぞれの売り子に種類や大きさに偏りなく行き渡るように区分けしたのち、住職の祈祷を受ける。そして縁日の前日までに絵馬講の講員である売り子に配布された。売り子は自宅まで持ち帰る人もいれば、寺の近くの懇意な家に当日朝まで預けておく人もいた。起会の福島家では、主人の定一は東大沼の古田喜八と一緒に前日のうちに汽車とバスを乗り継いで上岡で泊まり、当日は息子の寅夫が店を手伝うために、早朝五時ごろに自転車で現地に向かったという。

問屋たちは、一般の売り子に混じって、それぞれ一枚の戸板を利用して境内に店を開いた。「六寸」の小さい絵馬を買うのは農家の人、「尺二」のツナを買うのは博労や、馬力という運送業者たちであった。現在は定価のまま販売することになっているが、当時は客とのやりとりでいくらでも値段は上下した。特にまとめて買っていく代参の人や、大型の絵馬を買う博労や馬力とは、盛んに値段の掛け合いが行われた。回りの客に値段を知られないように、小さい算盤を使って額を示したり、博労とは指を握り合って額を決めることもあった。このとき四のつく値段は嫌われた。また、前年売れ残ったものも売っていたが、板の色が少しでも変色していると、博労からは「これはトオネッコじゃなくてニセッコだんべえ」などと言われて安くたたかれることもあった。トオネッコは「当年っ子」、ニセッコは「二歳っ子」という馬の年齢で、これを絵馬にあてはめたのである。

あとがき

本書では、これまでに発表してきた絵馬関係の著作から、絵馬の歴史、大絵馬と小絵馬の違い、生業を描いた大絵馬と特殊絵馬、小絵馬の信仰などを取り上げてみました。美術的な大絵馬や大絵馬の絵師については、専門外のためほとんど触れていません。その点では不十分なものですが、埼玉県内における絵馬の特徴を描き出すことはできたのではないかと思います。

過去に発表した著作をまとめるだけなら、それほどの手間はかからないと踏んでいたのですが、いざ始めてみると簡単ではありませんでした。全体の構成を整えるのに一苦労し、そのため新たに原稿を書き下ろす必要も生じました。さらに加除筆や表現の統一、合併後の市町村名への書き換え、掲載写真の撮り直しもあって、ようやく形にすることができました。今後の絵馬の調査・研究に役立てていただければ幸いです。

なお、朝霞市、川越市、久喜市、飯能市、庄和町（現春日部市）などからの依頼で調査や執筆をしたものは、個別市町村の状況なので省略したことをお断りしておきます。

本書の出版にあたっては、さきたま出版会の星野会長さんにご高配をいただくとともに、関東図書株式会社の小川雅彦さんには多大なお力添えをいただきました。ここに厚くお礼を申し上げます。

各項目の初出等は次のとおりです。

〈初出等一覧〉

はじめに―絵馬の魅力―

・書き下ろし

Ⅰ　絵馬について

・『川越の大絵馬』（川越市立博物館企画展図録　二〇〇六年）に加筆

Ⅱ　埼玉の大絵馬

1 大絵馬の概要

・書き下ろし

2 画題と奉納目的

・『祈りのメッセージ―飯能の絵馬―』（飯能市郷土館　一九九七年）に加筆

3 特殊絵馬

・書き下ろし

Ⅲ　大絵馬に描かれた庶民生活

1 **絵馬に描かれた晴の生活・褻の生活**

・『埼玉県立博物館紀要　6』（埼玉県立博物館　一九八〇年）に加筆

2 **絵馬に見る伊勢参宮**

・『埼玉県立歴史と民俗の博物館紀要　第七号』（埼玉県立歴史と民俗の博物館　二〇一三年）に加筆

3 **四季農耕図絵馬**

1〜4

・『絵馬にみる日本常民生活史の研究』（国立歴史民俗博物館民俗研究部　一九八四年）に加筆

5 **農耕図絵馬をどう見るか？**

・『博物館だより　第二六号』（埼玉県立歴史と民俗の博物館　二〇一四年）に加筆

4 **職人図絵馬**

・『埼玉県立民俗文化センター研究紀要　第六号』（埼玉県立民俗文化センター　一九八九年）に加筆

5 **中川水系の船絵馬**

・『中川水系Ⅲ　人文』（埼玉県　一九九三年）に加筆

6 **河川改修図絵馬**

・『利根川文化研究　31』（利根川文化史研究会　二〇〇八年）に加筆

・『さいたま川の博物館紀要　四号』（さいたま川の博物館　二〇〇四年）に加筆

7 雨乞いの絵馬

・『みずのわ　第九九号』（前澤工業株式会社　一九九六年）に加筆

Ⅳ　埼玉の小絵馬

・『関東地方の民具』（明玄書房　一九八二年）に加筆

Ⅴ　小絵馬と信仰

1 家に祀る小絵馬

・『関東地方の民具』（明玄書房　一九八二年）に加筆

2 荒神の絵馬

・『埼玉民俗　第二七号』（埼玉民俗の会　二〇〇二年）に加筆

Ⅵ　上岡観音の絵馬

1 絵馬講と絵馬市

・『関東地方の民具』（明玄書房　一九八二年）に加筆

2 縁日のにぎわい

・『東松山上岡観音の絵馬市の習俗』（東松山市教育委員会　二〇〇一年）に加筆

3 熊谷以外の絵馬師

・『東松山上岡観音の絵馬市の習俗』（東松山市教育委員会　二〇〇一年）に加筆

名称	奉納先	和暦	西暦	絵師	寸法	備考
工 事						
寛保の水害手伝普請	川越市渋井　観音堂	寛保3	1743		99×126	
水防	春日部市倉常　倉常神社	明治3	1870		81×121	
土手普請	東松山市上野本　八幡神社	明治25	1892	山口甕山	90×362	
権現堂堤修復	幸手市北　熊野神社	明治28	1895		105×182	
利根川ケレープ工事	加須市本郷　鷲神社	明治16	1883		106×175	
護岸工夫連	加須市小野袋　鷲神社	明治18	1885	重応	89×178	焼失
渡良瀬川重助裏護岸工	加須市栄西　鷲神社	明治18	1885	露月楼穣窓	91×136	
渡良瀬川重助裏護岸工	加須市栄東　鷲神社	明治18	1885	中野源三郎	91×136	
利根川・新川・三間圦工事	加須市上崎　雷電神社	明治24	1891		102×188	
河川改修	羽生市上新郷　天神社	明治24	1891	玉川堂水玉	120×182	

※刀鍛冶（謡曲「小鍛冶」の場面）、馬方、博労の絵馬はカットしました。

◎業種別

名称	奉納先	和暦	西暦	絵師	寸法	備考
商　売						
呉服屋	東松山市箭弓町 箭弓稲荷神社	天保12	1841		60×91	
呉服屋	羽生市羽生 天神社	明治22	1889		61×91	
菓子屋	幸手市中 金比羅神社	明治12	1879		54×59	市郷土資料館保管
菓子屋店先	加須市旗井 とかき稲荷				40×45	
米屋	飯能市吾野 我野神社				37×50	
商家店頭(米屋)	志木市下宗岡 氷川神社	嘉永6	1853		90×117	
茶屋	さいたま市中央区本町 不動堂				60×90	与野郷土資料館保管
煙草屋	所沢市上山口 金乗院	文化2	1805		90×150	
紙問屋	小川町奈良梨 八和田神社	慶応元	1865		47×90	
太物屋店先	蕨市	明治14	1881		50×92	市立歴史民俗資料館保管
河岸場材木商	吉川市高久 蕎高神社	明治23	1890		85×167	
桶川宿商家店先	桶川市寿 小高家稲荷社	文久3	1863	北尾重光	52×73	市歴史民俗資料館保管
帳場	所沢市上山口 金乗院					
帳場風景	越生町黒岩 五大尊					
商家店頭	春日部市飯沼 香取神社				47×63	
商売繁盛	久喜市菖蒲町新堀 久伊豆神社	安永3	1774		95×136	
商人	川口市江戸袋 氷川神社	明治14	1881		39×57	
物売り	小鹿野町両神薄 薬師堂			杉麓腰□	36×60	
舟　運						
舟運(肥船)	草加市稲荷町　稲荷神社	大正11	1922		55×61	
新川早船	行田市下忍 琴平神社	明治6	1873	霞岳	75×104	市立博物館保管
海船	行田市斎条 剣神社	寛政元	1789			
船	八潮市八條 大経寺	嘉永6	1853		78×108	
帆掛船(酒の初荷)	三郷市上口 香取神社				75×89	
利根川通運丸	幸手市北 熊野神社				80×133	
大杉船	幸手市西関宿 保食神社	明治30	1897		58×88	
船	吉川市高久 蕎高神社	明治			46×59	
船進水	春日部市西親野井 不動堂	明治14	1881		59×102	
船進水祝い	幸手市中 菅谷不動	明治27	1894		45×60	
船	松伏町下赤岩 香取神社	大正3	1914		44×82	

名称	奉納先	和暦	西暦	絵師	寸法	備考
養蚕	久喜市栗橋 常薫寺				36×45	
紺屋	羽生市岩瀬 小松神社	昭和61	1986	小槻正信	70×103	
紺屋	所沢市中富 多聞院毘沙門堂	明治14	1881		52×67	
紺屋	熊谷市下川上 愛染堂	天保10	1839		90×121	
紺屋	熊谷市下川上 愛染堂				61×92	
紺屋	熊谷市下川上 愛染堂	明治16	1883		113×122	
紺屋	熊谷市下川上 愛染堂				31×42	
染色・機織り	蕨市中央 下宮神社か	明治35	1902		62×85	市立歴史民俗資料館保管
富岡製糸場	深谷市田谷 永明稲荷神社	明治13	1880		107×178	
深谷八須製糸工場	深谷市田谷 永明稲荷神社	明治23	1890		64×91	
職人						
大工職人	加須市北平野 稲荷神社	明治3	1870		43×58	
棟梁送り	草加市金明町 天神社	大正2	1913		52×69	
棟梁送り	草加市金明町 氷川神社	大正2	1913		52×69	
手斧初め	飯能市大河原 八耳堂	安政4	1857		42×60	
上棟式	久喜市菖蒲町新堀 久伊豆神社	天明2	1782		71×98	
本行院本堂造営	川越市久保町 本行院	明治7	1874		100×148	市立博物館保管
籠堂棟上げ	加須市不動岡 總願寺	明治16	1883	川辺悦房	78×100	
真上棟柱建図	春日部市西親野井 不動堂	明治25	1892		64×99	
出初式	久喜市本町 千勝神社	明治		大久保亀山	60×91	市立郷土資料館保管
鍛冶職人	川越市幸町 金山神社	嘉永7	1854	三代目ム蝶	57×62	市立博物館保管
鍛冶職人	飯能市唐竹 白鬚神社				38×50	
刀鍛冶	加須市不動岡 總願寺	安政4	1857		135×182	
桶づくり	杉戸町茨島 稲荷神社	明治23	1890	国信	59×89	
提灯づくり	さいたま市浦和区本太 山神神社	明治24	1891		36×50	
植木職人	さいたま市西区高木 氷川神社	明治15	1882		53×99	
鳶職	春日部市西金野井 香取神社	大正10	1921	春玉斎義清	92×137	
火事消防	さいたま市南区関 神明神社	明治27	1894			
火消し（鳶）	寄居町小園 壱岐天手長男神社				□×369	
消防組	行田市佐間 天神社	明治32	1899		105×162	
井戸掘り	行田市谷郷 春日神社				89×92	
井戸掘り	松伏町魚沼 香取神社				82×53	
煙火の図	加須市新川通　神武天皇社	明治34	1901	堀越常松	88×121	

◎業種別

名称	奉納先	和暦	西暦	絵師	寸法	備考
農林業						
農耕	蕨市錦町 水深観音堂	嘉永 2	1849	玄哉	36×90	
農耕	鴻巣市北根 久伊豆神社	明治 9	1876		65×88	
農耕	小川町角山 八幡神社	明治 2	1869		36×94	
農耕	吉見町御所 安楽寺	寛政12	1800	東山斎	149×176	
農耕	久喜市間鎌 稲荷社	嘉永 3	1850		110×160	焼失
農耕	久喜市北広島 地蔵堂	明治13	1880		104×170	焼失
農耕	吉川市木売 和井田家屋敷神	江戸末?			52×60	
新川通略図(農耕)	加須市新川通 神武天皇社	明治13	1880	雲峰	107×185	
製材業	飯能市久須見 白鬚神社	明治35	1902		46×76	
西川林業	飯能市下名栗 諏訪神社	明治24	1891		64×121	
木挽き	ふじみ野市長宮 長宮氷川神社	明治30	1897	香圃	109×202	
木挽き	ふじみ野市仲 水天宮	明治28	1895	春山	63×118	
木挽き・杣	毛呂山町平山 古宮神社				34×42	
製造・醸造						
酒造	北本市荒井 千手堂(味噌観音)	明和 5	1768		91×127	
酒造	狭山市上奥富 梅宮神社	文化14	1817	奥富竹外	42×43	市立博物館保管 計16枚
酒造	熊谷市新堀 大正寺	文化			94×128	
酒造	行田市谷郷 春日神社	天明 6	1786		81×105	
酒造	久喜市本町 千勝神社	弘化 4	1847	隆光	81×120	市立郷土資料館保管
酒造	春日部市倉常 倉常神社	元禄15	1702		128×151	
酒造	三郷市彦糸 女体神社	明治18	1885		122×190	
酒造	杉戸町茨島 稲荷神社	明治44	1911	国信	75×119	
油搾り	所沢市上山口 金乗院	享和 2	1802		74×91	
油搾り	行田市斎条 剣神社	安政 4	1857		124×185	
醤油醸造	吉川市半割 春日神社				100×135	
醸造	草加市柿木町 女体神社				162×158	
製茶	さいたま市西区中釘 秋葉神社	明治12	1879		91×183	
素麺づくり	さいたま市西区中釘 秋葉神社	文政12	1829	遥斎□白	66×157	
養蚕・染織						
養蚕	熊谷市妻沼 聖天院				198×284	
養蚕	川越市藤倉 猪鼻不動堂	明治18	1885	十方斉一圓	70×107	
養蚕	寄居町小園 壱岐天手長男神社	明治35	1902		91×125	
養蚕	加須市本郷 鷲神社	明治26	1893		15×53	上下欠損
養蚕	久喜市中妻 千勝神社	明治32	1899		57×89	

指定	種類	名　称	員数	所在地	所有者（管理者）	備考
市	絵画	箭弓稲荷神社の絵馬	8	東松山市箭弓町	箭弓稲荷神社	関羽と張飛図他
市	絵画	野本八幡神社の絵馬	1	東松山市上野本	野本八幡神社	土手普請図
市	絵画	大雷神社の絵馬	1	東松山市大谷	大雷神社	辻相撲図
市	絵画	泉蔵寺の絵馬	1	東松山市上押垂	泉蔵寺	馬図
市	絵画	狐開帳図絵馬	1	深谷市田谷	高台院	
市	歴史	富岡製糸場図大絵馬	1	深谷市田谷	永明稲荷神社	
市	有民	向かい天狗図絵馬	1	ふじみ野市長宮	長宮氷川神社	
市	有民	旗本奉納の絵馬	3	ふじみ野市長宮	長宮氷川神社	馬図他
市	有民	大杉神社奉納額	1	ふじみ野市福岡	大杉神社	
市	絵画	亀久保神明神社の絵馬	3	ふじみ野市亀久保	亀久保神明神社	大江山鬼退治図他
市	歴史	八幡神社の日清戦争奉納額	1	本庄市児玉町児玉	八幡神社	
町	有民	蓮福寺の絵馬	一括	松伏町下赤岩	蓮福寺	小絵馬多数
町	有民	不動堂の絵馬	一括	松伏町築比地	不動堂	小絵馬多数 禁酒図他
町	有民	正法寺観音堂の大絵馬	1	皆野町金沢	正法寺	玉取り姫図
町	有民	住吉社の大絵馬	1	皆野町金沢	住吉社	神社縁起図
町	工芸品	姫宮神社絵馬	3	宮代町姫宮	姫宮神社	熊野詣図他
町	美術品	木ノ宮地蔵堂絵馬類	52	三芳町上富	多福寺	力士図他
町	歴史	神馬奉納絵馬	1	毛呂山町葛貫	住吉四所神社	
市	有民	西袋・柳之宮氷川神社絵馬	一括	八潮市西袋	西袋・柳之宮氷川神社	約80点 富士講図他
町	絵画	姥神の絵馬	1	横瀬町芦ヶ久保	第21区	観音堂縁日図
町	絵画	里宮本殿絵馬	1	横瀬町横瀬	武甲山御嶽神社	神馬図
市	有民	大絵馬 高久商家河岸場の図	1	吉川市高久	高久蕎高神社	
町	有民	絵馬「手習塾の図」	1	吉見町下細谷	天神社	
市	歴史	機織図絵馬	1	蕨市中央	市立歴史民俗資料館	下宮神社奉納
市	有民	機神社参拝絵馬	1	蕨市塚越	塚越稲荷社	
市	有民	元禄十年銘銅板向い狐絵馬	1	蕨市錦町	御嶽山	

◎市町村アイウエオ順

指定	種類	名　称	員数	所在地	所有者（管理者）	備考
市	有民	身形神社の雨乞い絵馬	3	さいたま市緑区三室	市立浦和博物館	
市	有民	本太観音堂連経講絵馬	3	さいたま市緑区三室	市立浦和博物館	延命寺奉納 連経講図他
市	有民	大久保領家囃子連奉納絵馬	1	さいたま市緑区三室	市立浦和博物館	日枝社奉納、参詣図
国	絵画	三十六歌仙額	36	さいたま市大宮区高鼻町	県立歴史と民俗の博物館	川越市東照宮奉納
市	有民	権現堂堤修復絵馬	1	幸手市北	熊野神社	
市	歴史	天神島天神神社所蔵資料	一括	幸手市天神島	天神島天神神社	元和8年銘絵馬他
市	絵画	白鬚神社韋駄天の額	1	狭山市柏原	白鬚神社	
市	絵画	ねずみの図	1	狭山市稲荷町	市立博物館	西浄寺奉納
市	絵画	桃園三傑図	1	狭山市上奥富	梅宮神社	
市	有民	絵馬「子返しの図」	1	狭山市柏原	白髭神社	
市	有民	絵馬「陰陽和合図」	1	狭山市柏原	白鬚神社	
市	有民	柴山諏訪八幡神社の奉納絵馬	50	白岡市柴山	柴山諏訪八幡神社	酒呑童子図他
市	有民	下大崎住吉神社の奉納絵馬	9	白岡市下大崎	下大崎住吉神社	釣船図他
市	有民	白岡八幡宮奉納絵馬群	32	白岡市白岡	白岡八幡宮	神功皇后図他
市	有民	高岩天満神社奉納絵馬群	39	白岡市高岩	高岩天満神社	神馬図他
町	絵画	出役図絵馬•伊勢太々神楽図絵馬	2	杉戸町鷲巣	鷲神社	
町	絵画	酒造図絵馬・桶づくり図絵馬	2	杉戸町茨島	稲荷神社	
町	絵画	神馬奉献図絵馬	1	杉戸町杉戸	愛宕神社	
県	絵画	石燕の納額「景清のろう破り」	1	秩父市下影森	円融寺	
市	古文書	菊水寺の子返しの図、孝行和讃の図　版木・大絵馬	一括	秩父市下吉田	菊水寺	
市	工芸品	三峯神社の銅板絵馬	4	秩父市三峰	三峯神社	馬図
市	絵画	石川文松筆 六歌仙図大絵馬	1	所沢市上山口	金乗院	
市	絵画	観斎筆 煙草屋図大絵馬	1	所沢市上山口	金乗院	
市	絵画	三上文筌筆 富士巻狩図大絵馬	1	所沢市上山口	金乗院	
市	絵画	妙顕寺三十六歌仙絵額	5	戸田市新曽	市立郷土博物館	
市	有民	千手観音供養図絵馬	1	戸田市新曽	市立郷土博物館	徳祥寺奉納
市	有民	妙顕寺絵馬群	一括	戸田市新曽	妙顕寺	日蓮上人図他
町	絵画	多宝寺奉納絵馬	1	長瀞町本野上	多宝寺	念仏踊り図
市	有民	断髪奉納額	1	新座市野火止	若宮八幡神社	
町	絵画	円正寺不動堂の絵馬	一括	鳩山町赤沼	円正寺	
市	有民	朝鮮使節来朝	1	羽生市小松	小松神社	
市	有民	河川改修図	1	羽生市上新郷	天神社	

指定	種類	名　称	員数	所在地	所有者 （管理者）	備考
県	絵画	鷹絵額	12	川越市郭町	市立博物館	東照宮奉納
県	有民	川越氷川祭山車 付絵馬	1	川越市郭町	市立博物館	氷川神社奉納
市	有民	馬図大絵馬	1	川越市郭町	市立博物館	古尾谷八幡神社奉納
市	有民	木彫鷹額	1	川越市郭町	市立博物館	古尾谷八幡神社奉納
市	有民	三国志図大絵馬	1	川越市郭町	市立博物館	古尾谷八幡神社奉納
市	有民	黒馬図大絵馬	1	川越市郭町	市立博物館	氷川神社奉納
市	有民	朝鮮通信使行列図大絵馬	1	川越市郭町	市立博物館	氷川神社奉納
市	有民	高島流砲術額	1	川越市郭町	市立博物館	氷川神社奉納
市	有民	鉄砲台を打つ鍛冶職人図大絵馬	1	川越市郭町	市立博物館	金山神社奉納
市	有民	本行院本堂造営図大絵馬	1	川越市郭町	市立博物館	本行院奉納
市	有民	荷馬車馬子拝み図絵馬	1	川越市郭町	市立博物館	春日神社奉納
市	有民	寛保の水害手伝普請図大絵馬	1	川越市渋井	蓮光寺	観音堂奉納
市	有民	石刻絵馬「菅原道真」	1	北本市石戸宿	石戸宿天神社	
市	有民	観音堂大絵馬	3	北本市荒井	荒井観音堂	酒造図他
市	有民	祖師堂絵馬群	一括	北本市本町	市教育委員会	石橋山合戦図他
市	歴史	新川早船絵馬	1	行田市本丸	市郷土博物館	琴平神社奉納
市	歴史	納額	1	行田市行田	八幡神社	三韓征伐図
市	歴史	剣神社の油しぼりの絵馬	2	行田市本丸	市郷土博物館	
市	歴史	真観寺の絵馬	1	行田市小見	真観寺	板立馬
市	有民	上新堀久伊豆神社絵馬	16	久喜市菖蒲町新堀	上新堀久伊豆神社	上棟式図他
市	有民	菖蒲神社絵馬	6	久喜市菖蒲町菖蒲	菖蒲神社	百人一首図他
市	有民	台久伊豆神社絵馬	11	久喜市菖蒲町台	台久伊豆神社	獅子図他
市	絵画	八幡神社歌舞伎絵馬	1	久喜市佐間	佐間八幡神社	
市	絵画	黒馬図	1	熊谷市上川上	伊弉諾神社	
市	歴史	鷹図絵馬5枚 付箱1口	一括	熊谷市三ヶ尻	八幡神社	
市	有民	相撲絵馬2枚	2	熊谷市上川上	伊弉諾神社	
市	有民	藍染絵馬・奉納額	5	熊谷市下川上	宝乗院愛染堂	
市	歴史	平田篤胤奉納大絵馬	1	越谷市越ヶ谷	久伊豆神社	天岩戸図
市	歴史	「観音堂の縁日風景」絵馬	1	越谷市大泊	安国寺	観音堂奉納
市	工芸	鏝絵の絵馬	1	さいたま市中央区 本町東	市立与野郷土 資料館	円乗院奉納 八岐大蛇退治図
市	有民	厳島神社絵馬	1	さいたま市緑区三室	市立浦和博物館	馬図
市	有民	文殊寺絵馬	3	さいたま市緑区三室	文殊寺	文殊菩薩図他
市	有民	廣田寺本尊縁起絵馬	1	さいたま市南区沼影	広田寺	観音堂奉納
市	有民	天満宮絵馬	2	さいたま市桜区道場	天満宮	寺子屋図他

◎市町村アイウエオ順

指定	種類	名　称	員数	所在地	所有者（管理者）	備考
市	有民	相頓寺絵馬群	21	上尾市五番	相頓寺	
市	歴史	内間木神社大絵馬	4	朝霞市岡	市博物館	秩父札所参り図他
市	有民	古谷重松奉納祭囃子祭礼図絵馬	1	入間市二本木	市博物館	久保稲荷神社奉納
町	彫刻	森玄黄斎絵馬	1	小鹿野町両神薄	法養寺	め図
市	歴史	桶川宿商家店先絵馬	1	桶川市川田谷	市歴史民俗資料館	小高家稲荷社奉納
市	有民	前領家矢部家山王社の奉納絵馬等	68	桶川市川田谷	山王社	鷹図他
市	有民	足立坂東観音霊場参詣大絵馬	1	桶川市川田谷	砂ヶ谷戸観音堂	
市	工芸品	寺子屋絵馬	1	加須市大越	徳性寺	
市	有民	竜宝寺絵馬	12	加須市戸崎	竜宝寺	大江山図他
市	有民	神楽講の大絵馬	1	加須市騎西	玉敷神社	
市	有民	利根川・新川・三間圦工事絵馬	1	加須市上崎	雷電神社	
市	有民	医王寺朝鮮通信使行列絵馬	1	加須市芋茎	医王寺	
市	絵画	香取神社絵馬	1	加須市北大桑	香取神社	獅子神楽図
市	有民	農耕絵馬	1	加須市新川通	神武天皇社	
市	絵画	観音堂参拝図	1	加須市飯積	正音寺	
市	絵画	伊勢講道中二見浦図	1	加須市飯積	鷲神社	
市	絵画	板絵着色手習図	1	加須市向古河	鷲神社	
市	絵画	板絵着色手習図	1	加須市向古河	鷲神社	
市	絵画	板絵着色手習の図	1	加須市向古河	鷲神社	
市	歴史	板絵着色利根川ケレープ工事図	1	加須市本郷	鷲神社	
市	歴史	渡良瀬川重助裏護岸工之図	1	加須市栄西	鷲神社	
市	絵画	板絵着色遊女立姿	1	加須市飯積	正音寺	
市	有民	景清の牢破り図絵馬	1	川口市前川	観福寺	
市	有民	浅間神社参拝図絵馬	1	川口市差間	東沼神社	
市	有民	伊勢代々神楽図絵馬	1	川口市新井宿	子日神社	
市	有民	日光東照宮参拝図絵馬	2	川口市東川口	諏訪神社	
市	有民	曳き馬図絵馬	1	川口市鳩ケ谷本町	市立郷土資料館	中居神明社奉納
市	有民	鎌倉権五郎矢抜き図絵馬	1	川口市鳩ケ谷本町	市立郷土資料館	中居神明社奉納
市	有民	曳き馬図ガラス絵馬	1	川口市八幡木	八幡神社	
市	有民	八幡神社祭礼図絵馬	1	川口市八幡木	八幡神社	
市	有民	日光社参御小休所図絵馬	1	川口市三ツ和	氷川神社	
市	有民	川中島合戦図絵馬	1	川口市三ツ和	氷川神社	
市	有民	三条小鍛冶宗近図絵馬	1	川口市八幡木	上新田稲荷社	
市	有民	武者絵図絵馬	1	川口市八幡木	八幡神社	

名　称	発行年	出　典　等
大久根茂「絵馬に見る伊勢参宮」	2013	埼玉県立歴史と民俗の博物館『紀要 第7号』
大久根茂「農耕図絵馬をどう見るか？」	2014	埼玉県立歴史と民俗の博物館 「博物館だより 第26号」
大久根茂「天明稲荷神社の絵馬・扁額」	2019	『朝霞市博物館調査報告書 第9集』
大久根茂「久喜市の大絵馬について」	2019	特別展図録『久喜市の大絵馬』
小倉 均「浦和市本太山神神社の絵馬について」	1990	『浦和市史研究 第5号』
小倉 均「浦和の絵馬について」	1990	『浦和市立博物館研究調査報告書 第17集』
尾崎泰弘「飯能とその周辺の絵師について」	2001	『飯能市郷土館研究紀要 第1号』
鹿島高光「深谷出身の三大先駆者と大絵馬」	2007	『青淵』平成19年3月号
倉林正次「身形神社の雨乞い絵馬」	1997	『浦和市文化財調査報告書 第41集』
倉林正次「大久保領家囃子連奉納絵馬」	2001	『浦和市文化財調査報告書 第45集』
島田桂一郎『埼玉の絵馬』	1971	埼玉新聞社出版部
島田桂一郎「広田寺本尊縁起絵馬」	1977	『浦和市文化財調査報告書 第22集』
島田桂一郎「絵馬小考—その源流にあるものについて—」	1979	『埼玉県史研究 第3号』
島田桂一郎「水の絵馬」	1980	『みずのわ 第42号』
島田桂一郎「水と絵馬」	1988	『荒川 人文Ⅲ』
田村 均「機織図絵馬について」	2015	『蕨市立歴史民俗資料館研究紀要 第12号』
西口正純「行田市琴平神社「新川早船」絵馬について —複製製作にあたって—」	1999	『さいたま川の博物館紀要 創刊号』
仁村勉ほか「大宮市内絵馬・奉納額調査報告」	1989	『大宮市立博物館研究紀要 第1号』
針谷浩一「草加市内所在の特殊絵馬について」	1996	『草加市の文化財 15』
藤田 晃「所沢の絵馬」	1984	『所沢市史研究 第8号』
藤田 晃「所沢の絵馬」	1985	『所沢市史研究 第9号』
藤原真吾「現代の小絵馬の資料分析について —第7回企画展から—」	2002	『朝霞市博物館研究紀要 第5号』
三田村佳子「講帳よりみた絵馬講の推移」	1985	『埼玉県立民俗文化センター研究紀要 第2号』
柳井章宏「木ノ宮地蔵堂の絵馬」	1992	『三芳町立歴史民俗資料館研究紀要 第2号』

◎個人の著作（アイウエオ順）

名　称	発行年	出　典　等
板垣時夫「小絵馬分類考―白岡町諏訪八幡神社奉納絵馬をめぐって―」	1985	『埼玉民俗 第14号』
板垣時夫「秋葉神社・第六天神社の信仰と民俗～扁額・絵馬と石造物をとおして～」	2018	『さいたま市アーカイブズセンター紀要 第2号』
板垣時夫「白岡市内の伊勢信仰―社寺奉納物をめぐって―」	2021	『白岡市生涯学習センター歴史資料展示室紀要 3』
板垣時夫「一山神社の信仰～扁額・絵馬と石造物をとおして～」	2022	『さいたま市史 民俗編1』
板垣時夫「一山神社の信仰～扁額・絵馬と石造物をとおして～」	2022	『さいたま市アーカイブズセンター紀要 第6号』
井上 浩「狭山市柏原の間引き絵馬」	1982	『埼玉文化 第251号』
大久根茂「絵馬に描かれた晴の生活・褻の生活」	1980	『埼玉県立博物館紀要 6』
大久根茂「川越の絵馬」	1981	『川越の文化財 第19号』
大久根茂「川越の絵馬」	1981	蔵造り資料館特別展展示品目録
大久根茂「川越の絵馬」	1981	埼玉新聞連載
大久根茂「埼玉の小絵馬」	1982	『関東地方の民具』明玄書房
大久根茂「四季農耕図絵馬の諸相」	1984	『絵馬にみる日本常民生活史の研究』国立歴博
大久根茂「武蔵の農耕図絵馬」	1986	『日本民俗文化体系 第14巻』小学館
大久根茂「四季農耕図絵馬」	1988	『悠久 第35号』鶴岡八幡宮
大久根茂「埼玉の職人図絵馬」	1990	『埼玉県立民俗文化センター研究紀要 第6号』
大久根茂「絵馬に見る農耕の様子」	1990	『広報いたばし』
大久根茂「船絵馬」	1993	『中川水系 人文』
大久根茂「雨乞いの絵馬」	1996	『みずのわ 第99号』
大久根茂「埼玉の絵馬とその信仰」	1997	飯能市郷土館特別展図録『飯能の絵馬』
大久根茂「朝霞の絵馬について」	2001	『朝霞市博物館紀要 第4号』
大久根茂「熊谷以外の絵馬師」他	2001	『東松山上岡観音の絵馬市の習俗』
大久根茂「奉納絵馬」	2002	『小川町の歴史 別編 民俗編』
大久根茂「荒神の絵馬」	2002	『埼玉民俗 第27号』
大久根茂「庄和町の絵馬と扁額」	2002	庄和町史編さん資料 9『絵馬・扁額』
大久根茂「河川改修を描いた絵馬」	2003	『みずのわ 第127号』
大久根茂「河川改修図絵馬」	2004	『さいたま川の博物館紀要 第4号』
大久根茂「絵馬について」	2006	川越市立博物館特別展図録
大久根茂「絵馬に描かれた河川改修」	2008	『利根川文化研究 第31号』

◎展示図録・目録(発行年順)

書　名	発行年	発　行　者
『埼玉の絵馬』	1969	埼玉会館郷土資料室
『行田地方の絵馬展』	1973	埼玉県立さきたま資料館
『大宮の絵馬展』	1975	大宮市教育委員会
『絵馬』	1979	埼玉県立博物館
『絵馬』	1980	草加市教育委員会
『くまがやの絵馬』	1981	熊谷市立文化センター
『川越の絵馬』	1981	川越市文化財保護協会
『わらびの絵馬展』	1981	蕨市教育委員会
『幸手町の絵馬』	1983	幸手町教育委員会
『熊谷の絵馬展』	1984	熊谷市立図書館郷土資料展示室
『飯能の絵馬』	1985	飯能市教育委員会
『上尾の絵馬』	1985	上尾市教育委員会
『久喜の絵馬』	1986	久喜市教育委員会
『絵馬にみる昔の旅』	1987	埼玉会館郷土資料室
『絵馬』	1988	大宮市立博物館
『羽生の社・寺にみる絵馬』	1988	羽生市教育委員会
『うらわの絵馬』	1989	浦和市郷土博物館
『絵馬展』	1990	加須市郷土史研究会
『うまどしの絵馬展』	1990	川越市立博物館
『埼玉の小絵馬』	1991	埼玉県立浦和図書館
『わらびの絵馬』	1992	蕨市立歴史民俗資料館
『奉納された道中アルバム』	1994	埼玉県立博物館
『埼玉の武者絵馬』	1994	埼玉県立歴史資料館
『絵馬に願いをこめて』	1995	川里村郷土資料館
『絵馬が伝える人々のくらし』	1996	川里村郷土資料館
『祈りのメッセージ』	1997	飯能市郷土館
『八潮の絵馬』	1999	八潮市教育委員会
『江戸時代の旅と絵馬』	1999	宮代町郷土資料館
『祈り・願い・想い』	2000	朝霞市博物館
『あげおの絵馬』	2001	上尾市教育委員会
『絵馬』	2002	鷲宮町郷土資料館
『川越の大絵馬』	2005	川越市立博物館
『祈り・生業・美』	2005	蕨市立歴史民俗資料館
『埼玉の絵馬』	2007	埼玉県立歴史と民俗の博物館
『絵馬—描かれた祈り—』	2009	行田市郷土博物館
『戸田の絵馬』	2012	戸田市立郷土博物館
『妻沼聖天山の絵馬展』	2017	熊谷市妻沼展示館
『久喜市の大絵馬』	2019	久喜市立郷土資料館

◎調査報告書（発行年順）

書　名	発行年	発　行　者
『北本の絵馬』	1974	北本市教育委員会
『私たちの文化財 第25号』	1975	大宮市教育委員会
『加須市の神社・寺院』	1978	加須市史編さん室
『戸田の絵馬』	1980	戸田市史編さん室ほか
『北川辺の絵馬』	1980	北川辺町史編さん委員会
『民俗資料 2集』	1980	滑川村史編さん室
『鳩ヶ谷市の文化財 第7集』	1982	鳩ヶ谷市教育委員会
『鳩ヶ谷市の文化財 第8集』	1983	鳩ヶ谷市教育委員会
『幸手町の絵馬』	1983	幸手町教育委員会
『志木市の絵馬』	1983	志木市教育委員会
『大井町の絵馬』	1984	大井町教育委員会
『草加の絵馬』	1984	草加市教育委員会
『大利根町の絵馬』	1984	大利根町教育委員会
『川口市文化財調査報告書 第19集』	1984	川口市教育委員会
『栗橋町の絵馬』	1985	栗橋町教育委員会
『ふきあげの文化財 第4集』	1986	吹上町教育委員会
『上尾の絵馬』	1988	上尾市教育委員会
『菖蒲町の絵馬』	1988	菖蒲町教育委員会
『はにゅうの絵馬』	1988	羽生市教育委員会
『宮代町の絵馬Ｉ』	1988	宮代町教育委員会
『熊谷の絵馬』	1992	立正大学北埼玉地域研究センター
『八潮市の文化財 第5号』	1992	八潮市教育委員会
『八潮市の文化財 第6号』	1993	八潮市教育委員会
『蕨の絵馬と扁額』	1993	蕨市
『八潮市の文化財 第7号』	1994	八潮市教育委員会
『飯能の絵馬』	1997	飯能市教育委員会
『あさかの絵馬と扁額Ｉ』	1998	朝霞市教育委員会
『上福岡の絵馬・奉納額』	1999	上福岡市教育委員会
『鏝絵の絵馬』	1999	与野市教育委員会
『八潮の絵馬』	1999	八潮市教育委員会
『三郷の絵馬』	2001	三郷市教育委員会
『入間市の絵馬・扁額』	2001	入間市教育委員会
『絵馬・扁額』	2002	庄和町教育委員会
『妻沼聖天山本殿奉納絵馬』	2005	妻沼町文化財調査研究会
『埼葛の酒文化』(絵馬)	2005	埼葛地区文化財担当者会
『大宮の郷土史 第32号』	2013	大宮郷土史研究会
『大宮の郷土史 第34号』	2015	大宮郷土史研究会
『天明稲荷神社の絵馬・扁額』	2019	朝霞市博物館
『埼玉県の伊勢講』 (絵馬から考える神楽奉奏)	2021	神道新報社
『松伏町史　文化財編』	2024	松伏町教育委員会
『真観寺観音堂 扁額・絵馬調査報告書』	2024	行田市小見真観寺

【著者略歴】

大久根　茂（おおくね　しげる）

1952年、埼玉県生まれ。

立教大学文学部史学科卒。1975年より学芸員（専門は民俗学）として埼玉県立博物館（現在の埼玉県立歴史と民俗の博物館）をはじめとする県内の博物館、埼玉県史編さん室、埼玉県教育局文化財保護課などを歴任。2023年、埼玉県立川の博物館を最後に退職。

東秩父村文化財保護審議会会長、川越市文化財保護審議会委員、埼玉民俗の会会員ほか

著書に『秩父の峠』『峠　秩父への道』『奥武蔵・秩父　峠歩きガイド』『記憶のなかの古民家埼玉』（以上、さきたま出版会）、『水と樹へ―埼玉の滝・名水・巨樹めぐり』『埼玉巨樹紀行』『埼玉花紀行』（以上、幹書房）などがある。

川越市在住

埼玉《さいたま》の大絵馬《おおえま》 小絵馬《こえま》

2024年10月30日　初版第１刷発行

著　　者　大久根　茂

発 売 元　株式会社 さきたま出版会
〒336−0022 さいたま市南区白幡3−6−10
電話 048−711−8041　振替 00150−9−40787

発 行 所　関東図書株式会社
〒336−0021 さいたま市南区別所3−1−10
電話 048−862−2901　URL https://kanto-t.jp

印刷・製本　関東図書株式会社

　ISBN 978−4−87891−496−6